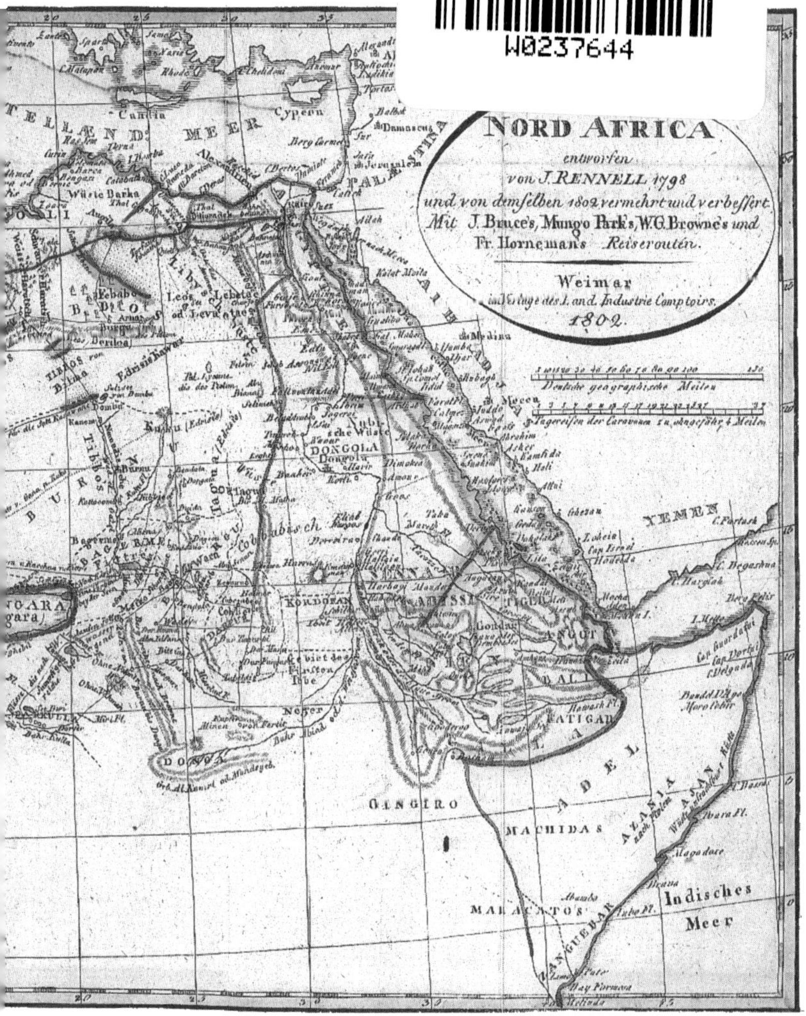

Friedrich Konrad Hornemann
deutscher Afrikareisender, *Hildesheim, Sept. 1772, † Bakana (Nigeria) Febr. 1801, durchquerte 1798 als erster Europäer die Sahara von Kairo nach Mursuk. Eine weitere Reise führte ihn nach Tripolis, ehe er, wieder in Mursuk, 1800 in den Sudan aufbrach. Er kam wahrscheinlich an den Tschadsee und bis an den Niger; in Bakana soll er, letzten Berichten nach, 1801 am Fieber gestorben sein.

Veröffentlichungen des
Landschaftsverbandes Hildesheim e.V.
Schriftleitung: Ignaz Jung-Lundberg

Band 8

Friedrich Hornemann

Tagebuch seiner Reise von Cairo nach Murzuck

Friedrich Hornemann

Tagebuch seiner Reise von Cairo nach Murzuck

Mit einer Einleitung
von Erich Heinemann

1997
Georg Olms Verlag
Hildesheim · Zürich · New York

Gedruckt mit freundlicher Unterstützung des
Landschaftsverbandes Hildesheim e.V.

Dem Nachdruck liegt das Exemplar aus der Niedersächsischen
Landesbibliothek Hannover zugrunde. Signatur: Gp – A 403

Die an einigen Stellen auftretende unterschiedliche Qualität
des Druckbildes entspricht dem Original.
Unter mehreren Vorlagen wurde die beste ausgewählt.

Der Originalbrief Hornemanns an Prof. Heeren befindet sich
im Besitz der Universitätsbibliothek Göttingen.
Signatur: 4° Cod. MS philos. 178, Bl. 232–233
Das Format des Nachdrucks ist geringfügig verkleinert.

Vorsatzblatt hinten:
Hornemanns Reiseweg; Karte aus Missions
to the Niger Vol 1, Cambridge 1964
(mit freundlicher Genehmigung der Hakluyt Society)

Die Deutsche Bibliothek – CIP-Einheitsaufnahme

Hornemann, Friedrich Konrad:
Tagebuch seiner Reise von Cairo nach Murzuck / Friedrich Hornemann. – Reprint der Ausg. Weimar 1802 / mit einer Einl. von Erich Heinemann. – Hildesheim ; Zürich ; New York : Olms, 1997
(Veröffentlichungen des Landschaftsverbandes Hildesheim e.V.; Bd. 8)
ISBN 3-487-10272-2
NE: Landschaftsverband Hildesheim: Veröffentlichungen des Landschaftsverbandes...

Nachdruck der Ausg. Weimar 1802

Printed in Germany
Gedruckt auf säurefreiem und alterungsbeständigem Papier
Herstellung: Druckerei Schmücker, Löningen
Umschlagentwurf: Prof. Paul König, Hildesheim
ISBN 3-487-10272-2

Inhalt

Einführung
Erich Heinemann, Der Afrikaforscher
Friedrich Konrad Hornemann VII*

Zeittafel XLI*

Brief Hornemanns vom 14. Oktober 1797
aus Kairo an Prof. Heeren, Göttingen XLIII*

Vorrede des Herausgebers (Carl König, 1802) V

Einleitung von William Young XXI

Friedrich Hornemann
Tagebuch seiner Reise von Cairo
nach Murzuck 1

Anhang
Bemerkungen über Fr. Hornemanns
Beschreibung des Siwah-Landes und
seiner Alterthümer von William Young 92

Nachschrift Fr. Hornemann's fernere
Schicksale betreffend 117

Einige Nachrichten über das Innere des
nördlichen Afrika von Fr. Hornemann 124

Geographische Erläuterungen des
Hornemannschen Reiselaufes
von Major Rennell 145

Bemerkungen über die Sprache der Siwaher
von Willhelm Marsden 235

Der Afrikaforscher Friedrich Konrad Hornemann

Von Erich Heinemann

> Der Geist Hornemanns ist zu spüren bei Heinrich Barth, Eduard Vogel, Gerhard Rohlfs und Nachtigal.
>
> Hans Plischke

> Friedrich Konrad Hornemann hat die Pforte zu Inner-Afrika erschlossen; denn mit ihm beginnt das neue Wissen vom mittleren Theile des Sudan.
>
> Oskar Peschel

1
Der unerforschte Kontinent

Afrika, Europas dunkle Schwester, blieb lange Zeit ein tiefes, undurchdringliches Geheimnis. Die Umrisse der großen Landmasse waren freilich spätestens seit den Tagen Heinrichs des Seefahrers (1394 – 1460) der Welt bekannt, nicht aber das Innere, das am Ende des 18. Jahrhunderts noch weithin unerforscht im Schoß der Zeiten ruhte. Was man wußte, verdankte man den Griechen und Römern der Antike sowie den arabischen Kosmographen, aber dieses Wissen war bruchstückhaft, zudem vermischt mit Mythen, und nur bedingt brauchbar.

Im Zeitalter der Aufklärung, als ein Alexander von Humboldt (1769 – 1859) sich aufmachte, das Innere so ferner Welten wie Mittel- und Südamerika zu erkunden, ließ es sich nicht mehr länger hinnehmen, daß die Landkarte des vor Europas Haustür gelegenen Kontinents noch immer ausgedehnte weiße Flächen zeigte, „in die der Geograph, gestützt auf die

Autorität eines Leo Africanus und El Edrisi, mit zögernder Hand ein paar Namen unerforschter Flüsse und ungewisser Völker eingetragen"[1] hatte.

Mit der Gründung der „Association for promoting the discovery of the interior parts of Africa" (Gesellschaft zur Förderung der Entdeckung der inneren Teile Afrikas), wie der offizielle, etwas umständliche Name der Afrikanischen Gesellschaft, Sitz London, lautet, beginnt die wissenschaftlich zielbewußte, systematische Erforschung des „Schwarzen Erdteils".[2] Die Afrikanische Gesellschaft sandte zu diesem Zweck wissenschaftlich geschulte Reisende aus, die sie mit einem eher unbritischen Pathos als ihre „geographischen Missionare"[3] bezeichnete. Zweifellos meinte sie es ehrlich, wenn sie den Dienst für die Wissenschaft als ihr vornehmstes Ziel angab, doch war es ihr auch um die Erschließung neuer Ressourcen und Märkte zu tun – verständlich, nachdem England seine nordamerikanischen Kolonien verloren hatte.

Zu den zwölf Männern, die am 9. Juni 1788 in London die Gesellschaft gründeten, zählten so angesehene Gelehrte wie der Naturforscher Sir Joseph Banks (1743 – 1820), der das Präsidentenamt übernahm (er hatte James Cook auf seiner ersten Weltumseglung begleitet), und James Rennell (1742 – 1830), ein vorzüglicher Afrikakenner, berühmt als Kartograph.[4]

Die Grundfrage, die sich die Herren in London stellten, war, wie dem Koloß Afrika am besten beizukommen wäre. Noch immer galt der breite Wüstengürtel, vor dem schon Herodot, der ihn allerdings nur vom Hörensagen kannte, gewarnt hatte, als wahrer Schrecken und schier undurchdringlich, ein endloses Sandmeer, in welchem den Reisenden unter unbarmherzig niederbrennender Sonne der qualvolle Tod des Verdurstens erwartete. Afrika, diesen Schluß zogen die führenden Köpfe der Gesellschaft, war am ehesten zu bezwingen von seinen Flußmündungen her, vom Nordosten, von den Ufern des Nils, und von der Westküste, über die Flußläufe des Senegal oder Gambia und weiter über den legendären, von Ptolemaeus schon erwähnten „Nigir“ (Niger). Noch war es keinem weißen Mann gelungen, bis an seine Gestade vorzudringen. Doch die Kunde von ihm raunte durch die Jahrhunderte. Von einer traumhaften Stadt, die sich in seinen Fluten spiegelte, reich an Gold und anderen Schätzen, erzählten sich die Pilger und reisenden Händler an den nächtlichen Lagerfeuern in der Wüste. Diese Stadt hieß Timbuktu.

Niemand hatte bisher sagen können, ob der Niger nach Osten oder Westen floß. Suchte er unterhalb der Wüstenzone, der Sahara, seinen Weg durch den Sudan, das „Land der Schwarzen“, durch tief verschlungene Tropenwälder, durch fruchtbare grünende Landschaften, vorbei an blühenden Städten? Vereinigte er sich am Ende gar mit dem „Vater“ Nil zu einem gewaltigen, Ost und West verbindenden transkontinentalen Strom?

Fragen über Fragen.

Vielleicht gab es, wo Niger und Nil zusammenflossen, jenen großen innerafrikanischen See Wangara,[5] ein riesiges Sammelbecken, das eine Vielzahl noch unbekannter Flüsse und Wasseradern aufnahm, die ihm aus den Urwäldern und heißen Regenzonen Zentralafrikas zuflossen. Hatte nicht schon Herodot einen großen See im Herzen Afrikas vermutet?

Drei erfahrene Männer schickte die Gesellschaft bald nach ihrer Gründung auf die Suche nach dem Niger. John Ledyard von Kairo aus, Simon Lukas von Tripolis und Major Houghton von der Gambiamündung aus. Keiner von ihnen erreichte sein Ziel. Ledyard erkrankte und starb, Houghton wurde ermordet und Lukas gab frühzeitig auf.

Nach diesen Mißerfolgen, die die Gesellschaft gleich am Anfang trafen, sollte ihrem nächsten Reisenden, dem schottischen Arzt Mungo Park (1771 – 1806), mehr Glück beschieden sein. Wie Houghton drang auch er vom Gambia aus in das Landesinnere vor. Acht Monate später, an einem Tag im Juli 1796, erblickte er als erster Europäer freudetrunken den breit und majestätisch dahinfließenden Niger. Seine Fluten eilten nach Osten. So war denn eines der Rätsel um Niger und Nil gelöst, und Sir Joseph Banks konnte hoffnungsvoller in die Zukunft blicken.

Die Kunde von Mungo Parks abenteuerlicher Reise war auch zu dem 22jährigen Friedrich Konrad Hornemann aus Hildesheim gedrungen, der alle Nachrichten über Afrika mit Eifer sammelte. Hornemann übte nach zügig abgeschlossenem Theologiestudium gerade eine ungeliebte Tätigkeit als Hilfslehrer an der hannoverschen Hofschule aus. Aber jede freie Stunde widmete er seinen geographischen Studien; er kannte seinen Herodot wie kein Zweiter und war mit den Schriften der arabischen Reisenden bestens vertraut. Wie beneidete er doch Park! In das Innere Afrikas vorzudringen, unbekannte Fernen zu erforschen: nichts wünschte er sich sehnlicher. Was der fast gleichaltrige Schotte konnte, könnte er doch auch! Und so reifte schließlich sein Entschluß, Forscher zu werden, nach Afrika zu gehen, das ihn so magisch, so unwiderstehlich anzog. Gewiß, es konnte seinen Tod bedeuten, es konnte ihm ergehen wie dem armen Houghton, der umgebracht worden war. Er nahm es in Kauf.

2
Der junge Hornemann

Friedrich Konrad Hornemann wurde am 20. September 1772[6] zu St. Andreas in Hildesheim getauft. Das weist das Taufregister der evangelischen Kirchengemeinde aus. Zwar war es hier vor 1775 nicht üblich, auch den Tag der Geburt einzutragen, so daß ein exaktes Datum, wann er geboren ist, fehlt, doch wird man hierfür getrost drei bis fünf Tage vor dem 20. September annehmen dürfen.[7] Früher wurden die Kinder gleich oder kurz nach der Geburt getauft. Der Vater Hornemanns, der Pastor war, wird mit der Taufe seines Sohnes erst recht nicht länger gezögert haben. Auch kann es keinen Zweifel daran geben, daß Hornemann – wie sein Vater und dessen Vater – in Hildesheim geboren ist. Das verbürgt schon das Parochialrecht und die Tatsache, daß der Taufakt in Hildesheim stattgefunden hat. Ein früher Biograph stellte die irrige Behauptung auf, Hornemann habe im Jahre 1766 und in „Ahlfeld an der Leine“, der Stadt, aus der die Mutter stammte, das Licht der Welt erblickt.[8] Das eine ist so abwegig wie das andere.

Überhaupt ist festzustellen, daß manche Biographen ziemlich sorglos und oberflächlich recherchierten. So weiß E. W. Bovill in seiner Einleitung zur englischen Ausgabe von Hornemanns Tagebuch über die ersten 23 Jahre seines Lebens ganze zehn Zeilen seiner immerhin 39 Seiten umfassenden Abhandlung zu berichten. „This is all we know...“, erklärt er, und dieses Wenige verdanke er Adolf Pahde.[9] Pahde liefert jedoch bedeutend mehr Informationen, und auch von Plischke[10] und Gebauer[11] hätte er genug erfahren können.

Die kirchliche Tradition spielte im Elternhaus eine nicht unerhebliche Rolle. Der Vater Friedrich Georg Hornemann war, wie schon erwähnt, Geistlicher, seit 1753 Pastor an der Hildesheimer Hauptkirche St. Andreas, und auch die Mutter Katharina Dorothea (1745 – 1800), eine geborene Crome, kam aus einem dem kirchlichen Leben eng verbundenen Hause. Ihr Vater war stift-hildesheimischer Generalsuperintendent und Konsistorialrat in Alfeld. Vom Großvater väterlicherseits ist nur bekannt, daß er Fähnrich in der Hildesheimer Stadtmiliz war und eine Hannoveranerin geheiratet hatte.

Der junge Hornemann besuchte das ehrwürdige Andreasgymnasium[12] seiner Vaterstadt, das von alters her seinen Platz im Schatten der Hauptpfarrkirche einnahm, nicht weit vom elterlichen Pfarrhaus. Etwa hundert Schüler wurden in dieser höheren protestantischen Bildungsstätte unterrichtet, die im Zeitalter der Aufklärung ihren Lehrplan um Fächer wie Weltgeschichte und insbesondere Erdkunde erweiterte.[13] Diese Fächer werden auf den Heranwachsenden einen stärkeren Einfluß ausgeübt haben, doch entsprach der „vornehmlich auf die Aneignung eines umfangreichen formalen Wissens und überdies stark altsprachlich eingestellte Schulbetrieb“[14] wenig seinen Neigungen. Wie viele, die später im Leben Bedeutendes leisteten, war er ein mittelmäßiger Schüler.

Darüber, wie er seine Jugendjahre verbrachte, liegen uns in den Grundaussagen übereinstimmende Berichte von Zeitzeugen vor. Ein Jugendfreund, offenbar ein Mitschüler, war der um 1858 „im hohen Alter“ verstorbene Bernhard Schneidler.[15] Dieser erzählte dem Redakteur des Sonntagsblattes der „Hildesheimer Allgemeinen Zeitung und Anzeigen“[16] Dr. Karl Seifart, Hornemann habe „schon als Knabe einen unbändigen Hang besessen, durch Berg und Wald zu schweifen... Jeder freie Nachmittag [habe ihn] in die Hildesheim umgebenden waldigen Gebirge getrieben und er [sei] dort mit jedem Pfade aufs Genaueste bekannt gewesen; an Begleitung von Kameraden sei ihm wenig gelegen gewesen, allein sei er gern und oft Tagelang zur größten Besorgniß der Mutter umhergeschweift; schon als Tertianer habe er seinen lauschenden Mitschülern Wundermähren von fremden, schönen Ländern, von seltsamen Menschen und Thieren erzählt und seine feste Absicht ausgesprochen, das alles dereinst mit leiblichen Augen anzusehen...“

Aus einer anderen Quelle[17] erfahren wir (vermutlich von dem gleichen Gewährsmann Bernhard Schneidler), daß Hornemann eines Tages Mutter und Schwester in einen Wigwam, den er im Pfarrgarten errichtet hatte, eingeladen und sie dort „auf indianische Weise“ bewirtet habe.

Nach Plischke[18] ist dies insoweit bemerkenswert, als die Indianerbegeisterung in Deutschland erst in der Mitte des 19. Jahrhunderts einsetzte, unter dem Einfluß der Lederstrumpfromane des Amerikaners James Fenimore Cooper (1789 – 1851).[19]

Der Junge wird als Einzelgänger geschildert. Einem Kriegsveteranen, einst Unteroffizier im friderizeanischen Heer, der auf seinen Feldzügen viele Abenteuer erlebt hatte, schloß er sich vertrauensvoll an. Das wird von seinem Vetter Friedrich Gottlieb Crome überliefert,[20] mit dem er an der Stadtschule in Lüneburg von 1788 bis 1791 zusammen die Schulbank drückte. Friedrich war nach dem Tod seines Vaters, 1787, umgeschult worden, vermutlich weil seine Leistungen in Hildesheim zu wünschen übrig ließen und die Mutter sich eine Besserung davon versprach, wenn sie den Jungen in die Obhut ihres Bruders gab, der diese Schule leitete. Der Pfarrerssohn sollte die Familientradition fortsetzen und selbst einmal Pfarrer werden, verspürte dazu aber geringe Lust und wollte – wohl beeinflußt von jenem alten Haudegen – lieber Soldat werden. Diese Neigung hielt wohl noch eine Zeitlang nach seinem Abschied von Hildesheim (1788) an, denn sein Vetter berichtet: „Der Kampf um Gibraltar und die Heldentaten der britischen Seemacht im amerikanischen Kriege... beschäftigten ihn Tag und Nacht.[21] Aber sein Ideal war doch eigentlich der große Friedrich und das preußische Heer.“

Auch über die Lektüre Hornemanns erfahren wir einiges bei Friedrich Gottlieb Crome: „So wie vormals die Geschichtsbücher des Alten Testaments, welche die Heldenzeit der Hebräer beschreiben, der ursprüngliche englische Robinson[22] und die abenteuerliche Geschichte der Insel Felsenburg[23] diejenigen Bücher waren, welche er las und wieder las und fast auswendig wußte, so zogen ihn jetzt die Geschichte des vielgewanderten Odysseus, die Kämpfe um Troja, die Äneide und vor allem die Helden der Varusschlacht gar gewaltig an. Überhaupt liebte er von Dichtern und Prosaikern nur, was sich auf Krieg und Abenteuer bezog."

Der Wille der Mutter – einer „würdigen respektablen Predigerwitwe" (J.F. Blumenbach) – und des Schulrektor-Onkels Crome siegte: Der fast 19jährige trug sich, wenn auch innerlich widerstrebend, am 10. Mai 1791 in das Matrikelbuch der Georgia Augusta in Göttingen ein als Student der Theologie. Er studierte die „Gottesgelehrtheit", wenn auch nicht „mit heißem Bemühn", bis zum Schluß des Wintersemesters 1793/94, doch ließ ihn auch während des Studiums der Gedanke an Afrika nicht los. Dieser Kontinent war durch das Wirken der rührigen African Association immer mehr in den Blickpunkt Europas gerückt. Er wollte zu denen gehören, die den Schleier, der über dem dunklen Erdteil lag, zerrissen. In der Zeit der widerwillig ausgeübten Lehrertätigkeit in Hannover, die sich dem Studium anschloß, nahm dieser Gedanke feste Gestalt an.

Ein bedeutender Mann trat da in sein Leben.

3
Bei Professor Blumenbach in Göttingen

Eine der eindrucksvollsten Persönlichkeiten unter den Gelehrten Göttingens im 19. Jahrhundert war der Hofrat und Professor Johann Friedrich Blumenbach (1752 – 1840). Als Medizinstudent kam er mit 20 Jahren in die berühmte Universitätsstadt und blieb ihr zeitlebens verbunden. Er war Anthropologe, Anatomist, Naturforscher, ein wahres Universalgenie, interessierte sich aber insbesondere für Reisen in ferne Länder, für Länder- und Völkerkunde. Sein wissenschaftlicher Ruf reichte weit über die Grenzen Deutschlands hinaus. Er besuchte die europäischen Großstädte und Universitäten, erhielt eine Audienz bei Napoleon, war Gast im Hause Goethes und unterhielt freundschaftliche Beziehungen zu dem ebenfalls hoch angesehenen englischen Naturforscher Sir Joseph Banks, dem Präsidenten der Afrikanischen Gesellschaft. Namhafte Entdeckungsreisende – wie Alexander von Humboldt, Prinz Max zu Wied und nicht zuletzt Hornemann – hat er auf ihre Aufgaben vorbereitet. „Reisen in fremde Länder aber wissenschaftlich auszunutzen, konnte man damals nirgends besser lernen, als eben bei Blumenbach.“[24]

Im Spätsommer des Jahres 1795 nun meldete sich ein junger Mann bei dem Herrn Hofrat. Dieser kräftig gebaute, sommersprossige Jüngling[25] mit Namen Friedrich Konrad Hornemann hatte einen 120 Kilometer weiten Fußmarsch hinter sich, was ihm aber niemand ansah. Er kam aus Hannover und war immer das Leinetal aufwärts gewandert. Ohne Umschweife trug er sein Anliegen vor. Er wollte Afrikaforscher werden, der Herr Professor möge ihn in London empfehlen. Blumenbach gefiel die gerade Art seines Besuchers und er erfüllte ihm seinen Wunsch, nachdem er sich über ihn erkundigt und sich auch vergewissert hatte, daß er die Einwilligung der verwitweten Mutter besaß. In seinem Brief an den mit ihm befreundeten Banks empfahl er Hornemann wärmstens als Kandidat für Afrika. Banks' Antwort ließ nicht lange auf sich warten: „Wenn Herr Hornemann ist, was Ihr sagt, so ist er der Mann, den wir suchen.“ Bis zu einer endgültigen Entscheidung verstrich jedoch noch einige Zeit. Erstmals taucht der

Name des jungen Deutschen in den Protokollen der Gesellschaft vom 3. Juni 1796 auf, denen ein in Englisch verfaßter Brief Blumenbachs vom 4. Mai sowie eine umfangreiche Niederschrift Hornemanns beigefügt ist, die seine Vorstellungen und Bedingungen, unter denen er eine Reise antreten möchte, enthält. Blumenbach nennt in dem Brief die Niederschrift seines Schützlings „principal articles" (Grundsatzartikel). Er bedauert, sie aus Zeitmangel nicht ins Englische übersetzen zu können.[26] Die Bezeichnung „Grundsatzartikel" scheint den Briten nicht gefallen zu haben; wahrscheinlich klang sie ihnen zu bestimmend. Sie zogen das Wort „proposals" (Vorschläge) vor. Für sie waren es Vorschläge, die Hornemann unterbreitete. Seine etliche Seiten umfassenden Ausführungen betreffen hauptsächlich die Reiseroute, die Vorbereitungen, den Zeitplan der Reise, die Ausrüstung. Er sagt, wie er sich die Übermittlung von Nachrichten vorstellt und äußert die Absicht, Tagebuch zu führen. Er denkt daran, zunächst von Kahira (Kairo) nach Kaschna (Katsena, heute Stadt in Nigeria) zu reisen und bittet, man möge ihm einen „Firman" (Schutzbrief) beschaffen, der ihn bei hochgestellten Persönlichkeiten und Amtsträgern einführt. So begeistert für die Sache er ist, so nüchtern denkt er aber auch an seine Zukunft. Was wird nach der Reise? Er verhehlt nicht, daß er mit einer Versorgung oder staatlichen Belohnung rechnet. Im Falle seines Todes wäre diese an seine Mutter und Schwestern auszuzahlen, wenigstens in Form einer kleinen Leibrente. Er versichert, seine ganze Kraft für das Gelingen seines Auftrages einzusetzen und sich an die Anweisungen, die man ihm erteilen würde, gewissenhaft zu halten. Stichwortartig führt er auf, worauf er unterwegs sein besonderes Augenmerk richten will; die Aufstellung umfaßt rund 30 Begriffe. Die Untersuchung, den Lauf des Nigers betreffend, eigentlich die Hauptsache, steht ziemlich am unteren Ende der Liste.

Die Gesellschaft scheinen diese Ausführungen im großen und ganzen zufriedenzustellen. Sie beschließt, Mr. Hornemann als Reisenden in ihre Dienste zu nehmen. Zuvor sollen die Professoren Blumenbach, Heeren[27] und Heyne ihm sechs Monate lang auf Kosten der Gesellschaft das nötige Wissen für die geplante Reise vermitteln. Einen Dämpfer erteilt Banks ihm allerdings in dem die Oase Siwah betreffenden Punkt. Siwah, der Ort der Altertümer, den schon 1792 der Engländer W. G. Browne besucht hatte, ist ganz offensichtlich Hornemanns Steckenpferd. Sir Joseph Banks erhebt warnend den Finger. Sein Auftrag sei Entdeckung, nicht Archäologie!

4
Der Weg nach Afrika

Vom Sommer 1796 bis Ende Januar 1797 nahmen die drei genannten Göttinger Professoren den künftigen Afrikareisenden in ihre Schule, jeder in seinem Fach, in Geographie, Ethnologie, Arabisch. Unter den Kommilitonen galt er bald als Sonderling, und das an Originalen wahrlich nicht arme Göttingen wurde um ein besonderes Exemplar reicher. Wann hatte es das gegeben: Ein Studierter ließ sich vom Bäcker, Schlachter, Schneider, Schuhmacher, Schreiner in ihr Handwerk einweisen, hielt sich nicht für zu fein, in Werkstatt und Backstube herumzukriechen. Alles Wissen konnte ihm später, in Afrika, von Nutzen sein. Seine Zimmerwirtin mußte annehmen, er habe den Verstand verloren: Bei hochsommerlichen Temperaturen saß er, in dicke Pelze eingehüllt, am rotglühenden, prasselnden Stubenofen und hockte zähneklappernd bei klirrendem Frost, im Januar, nur mit Hemd und Hose bekleidet, im ungeheizten Zimmer am offenen Fenster. Solchen Unsinn nannte der junge Herr Abhärtung. Auf tagelangen Gewaltmärschen ernährte er sich nur von Wildgemüse und Beeren, die er unterwegs fand, aß Heu und Gras wie das liebe Vieh. Weil er es verlangte, mußte ihn der kopfschüttelnde Medicus der Universität wiederholt mit Kinderblattern impfen. Er wollte Abwehrkräfte sammeln.

Wir hätten diese hübschen Geschichten nicht, wäre nicht jener Zimmernachbar der Göttinger Studentenbude gewesen, Carl Fulda, der sie aufgeschrieben hat.[28]

Der Weg nach Afrika führte von Göttingen über London. Banks wollte Hornemann vorher sehen und dem Präsidium vorstellen. Er schrieb Blumenbach (und fügte dem Brief einen Reisescheck über 30 Pfund Sterling bei), er setze große Erwartungen in den jungen Emissär. Hornemann hatte ihm in artigen Worten dafür gedankt, daß er ihm einen „Knabentraum" erfüllte. Blumenbach drückte dem Scheidenden noch eine umfangreiche Liste mit Fragen in die Hand, die den Anthropologen bewegten – nach „einheimischen Krankheiten in Africa", ob Negerfrauen wirklich so leicht gebären könnten und „unter den polygamischen Africaneren weit mehr Mädchen als Knäbchen gebohren" würden. „Wo gehören die langhaarichten Neger zu Hause, wo die rothhaarichten?" Er fragte nach „gefleckten" Negern und „weißen Mohren". „Plätschen wohl noch jetzt manche Neger ihren neugebohrenen Kindern die Nase absichtlich breit?" Aber auch Fragen, die ins Tierreich führten: Wie lange Kamele ohne Wasser auskämen, ob das Wasserreservoir in ihren Mägen „wirklich wasserhell und ohne fremden Geschmack" sei? Die Liste zählte 45 Positionen.

Hornemann verließ Göttingen im Februar 1797. In Hildesheim bewegter Abschied von der Mutter. Spürte sie, daß es ein Abschied für immer sein würde? Sie starb drei Jahre später, noch vor dem Sohn. Die Rente, die er ihr erwirkt hatte, hat sie nie erhalten. Er war glücklich, konnte er doch nun „den Sturmangriff unmittelbar auf das Herz seiner Dame Afrika machen, während Mungo Park sich damit begnügen mußte, ihr Hand und Mund zu küssen".[29]

Mit dem Postboot von Cuxhaven über den Kanal. Eine Postkutsche bringt ihn in die Hauptstadt, Ankunft Mitte März. Am 20. März Audienz im Hause des Herzogs von Moira, wo das Präsidium versammelt ist. Das Protokoll vermerkt nur, daß dem Herrn aus Deutschland, so lange er in London bleibt, für Logis zwölf Schilling und für persönliche Ausgaben eineinhalb Guineas die Woche bewilligt werden. Außerdem darf er diverse Anschaffungen für die Reise – Sextant, Fernrohr, Kompaß, Merkbuch – abrechnen. Der Schatzmeister wird ihm ein Jahressalär von 200 Pfund anweisen, zahlbar ab Eintreffen in Kairo und für die Dauer von fünf Jahren.

Seinen Gastgebern, die sich ihm von der nobelsten Seite zeigten, erschien der junge Deutsche gesund und kräftig und durchaus geeignet, den Kampf mit den Unbilden der Natur und den Strapazen, die ihn erwarteten, aufzunehmen. Sein Auftreten bewies Klugheit und Anstand, er verstand es, sich auszudrücken, war von einem Feuereifer beseelt, kurz: ein properer Mann.

Ein Vierteljahr blieb Hornemann in der britischen Hauptstadt. Er sollte via Paris und Marseille weiter nach Ägypten reisen. Endlich traf aus Paris das Visum für Frankreich ein. Und so verabschiedete die Gesellschaft dann am 23. Juni 1797 ihren frischgebackenen Emissär mit den besten Wünschen. In der Sitzung wurde noch einmal der Reiseplan präzisiert. Hornemann sollte in Kairo, dem Tor zum verschlungenen Garten Afrika, sich einige Zeit aufhalten, sein Arabisch vervollständigen, Kontakt zu Personen suchen, die ihm für sein Vorhaben nützlich sein konnten, und eine günstige Gelegenheit zur Weiterreise in das Landesinnere ausspähen. Nach dem Plan, den

Ledyard nicht mehr hatte ausführen können, sollte er die Sahara westwärts bis zur Mitte durchqueren, dann in die südlichen Negerreiche abbiegen und dort nach dem Niger suchen, der – wie man seit Mungo Park wußte – nach Osten floß, vielleicht dem Nil entgegen. Möglich, daß jener riesige ozeanische See, von dem legendäre Berichte munkelten, das Geheimnis von Niger und Nil in sich barg. Welch eine Aufgabe bot sich hier dem Forscher!

Hornemann sollte sich einer in Richtung Kaschna ziehenden Handelskarawane anschließen und sich von Kaschna nach Südwesten durchschlagen, zur Goldküste, wo europäische Schiffe anzutreffen wären. So lautete der wohlmeinende Rat. Aber am grünen Tisch festlegen ließ sich das alles nicht.

Der Schatzmeister überreichte Hornemann einen Kreditbrief, ausgestellt auf Paris, über eine ausreichende Summe von Louisdors und 60 Pfund Sterling für die anschließende Überfahrt nach Alexandria.

„Wie froh ich über meine Abreise bin!" schrieb er am 26. Juni 1797 an Heeren in Göttingen. Am 12. Juli meldete er Banks seine Ankunft in Paris. Hier empfingen ihn der Astronom Joseph Lalande und der Botaniker Pierre Broussonet, Mitglieder der Royal Society. Durch sie lernte er einen türkischen Kaufmann aus Tripolis kennen, Sidi Mohammed D'Ghies. Der „bärtige Gentleman", den er in Tripolis wiedersehen sollte, riet ihm, seine Reise von Tripolis statt von Kairo aus anzutreten. Das wäre der leichteste und überhaupt der einzig mögliche Weg für einen Christen. Hornemann fühlte sich aber an die Weisungen seiner Auftraggeber gebunden. Der Türke, der ihm wohl gefällig sein wollte, gab ihm ein Empfehlungsschreiben an Freunde in Kairo mit.

Da Hornemann kein Schiff fand, das von Marseille direkt nach Ägypten ging, mußte er die „Adelaide", Kapitän Baizentil, nehmen mit Kurs auf Zypern. Sie legte nach 20tägiger Fahrt, am 31. August, in Lernica an. Ein venezianisches Segelboot brachte ihn dann in vier Tagen nach Alexandria, wo er am 13. September endlich Afrikas heiß ersehnten Boden betreten konnte. Er zog unverweilt weiter nach Rosetta und bestieg dort eine Nilbarke mit dem charakteristischen dreieckigen Segel, die stromaufwärts nach Kairo fuhr. Die Schönheit des Niltals nahm den jungen Reisenden gefangen, aber gleichzeitig schockierte ihn der Anblick der armen Menschen, die er am Ufer sah. „Bei seiner Fruchtbarkeit müßte dieses Land doch zu den glücklichsten zählen!"

Ankunft in Kairo am 4. Oktober 1797.[30] Diese Stadt am Fuße der jahrtausendealten Pyramiden, El Kahira, die Siegreiche, die eigentliche Metropole Afrikas, entfaltete vor ihm ihren ganzen Zauber, mit ihren Palästen und verschlungenen Gassen, ihren Märkten und Basaren, ihrem Menschengetümmel, ihrem Lärm, ihrer morgenländischen Pracht und ihrem Elend.

In dieser fremden, verwirrenden Umgebung sich zurechtzufinden, auf sich allein gestellt, wird dem Jüngling aus dem fernen Norden nicht leicht gefallen sein. Verständlich, daß er sich dem venezianischen Konsul Rosetti, dem er empfohlen worden war, näher anvertraute, als es Sir Joseph Banks in London, der eine vorzeitige Aufdeckung geheimer Absichten seiner Gesellschaft befürchten mochte, lieb war. Banks machte Hornemann in einem Brief, geschrieben im Januar 1798, deshalb auch Vorhaltungen. Sie haben dem Stolz des Niedersachsen wohl einen Schlag versetzt. Mehr noch aber wird ihn die im gleichen Brief enthaltene Mitteilung getroffen haben, daß Mungo Park von seiner Expedition an den Niger erfolgreich zurückgekehrt sei. Nun trieb ihn die Angst, zu spät zu kommen, noch mehr zur Eile an. Aber seine Geduld sollte auf eine harte Probe gestellt werden.

Darüber berichtet er sehr ausführlich dem Sekretär der Gesellschaft Bryan Edwards. Dieser lange, aber anschaulich und in flüssigem Stil verfaßte Brief aus „Cairo, den 31sten August 1798“ ist in der „Vorrede des Herausgebers“ auf den ersten Seiten seines Tagebuches im vollen Wortlaut nachzulesen und wird auch in der Hornemann-Literatur oft zitiert.

Sein Vorhaben, „Cairo mit Ende des Maymonats zu verlassen“, wird vereitelt: Die von Karawanen eingeschleppte Pest zerstreut die Reisegruppe wenige Tage vor ihrem geplanten Aufbruch, die Menschen ziehen sich ängstlich in ihre Häuser und Unterkünfte zurück, um vor Ansteckung sicher zu sein. Die Pestwelle ebbt ab, aber nun läßt das Geld aus London auf sich warten. Ein französisches Handelshaus erklärt sich kurzfristig bereit, auszuhelfen. Da stürzt Kriegsgefahr über das Land am Nil herein. Napoleon ist mit seinem Expeditionsheer gelandet und nähert sich Kairo. Die Europäer in der Stadt fliehen vor dem aufflammenden Fremdenhaß der fanatischen Einwohner auf die Zitadelle. Nach dem Sieg der Franzosen bei den Pyramiden (21. Juli 1798) kommen sie wieder frei. Im Gefolge des Kaisers reisen zwei Gelehrte, der Chemiker Berthollet und der Mathematiker Monge. Sie nehmen sich des deutschen Forschungsreisenden an. „Diese führten mich beym General en Chef ein, dessen Liebe für die Wissenschaften allgemein bekannt ist.“ Napoleon bietet Schutz und finanzielle Hilfe an. Auf das Geld verzichtet Hornemann dankend, die Pässe nimmt er.

Nun dürfte dem endgültigen Aufbruch nichts mehr im Wege stehen. Nur: „Als Christ zu reisen wird gewiß für wenigstens fünf Jahre eine Sache der Unmöglichkeit seyn...“ Er will sich als „Mahometanischer Karawanen-Kaufmann“ ausgeben. Was ihm am Arabischen noch gebricht, wird er durch gute Koran-Kenntnisse wettmachen. Er hat inzwischen einen Deutschen kennengelernt, Joseph Freudenburg, der

Moslem geworden ist; er ist bereit, mit ihm zu gehen und ihm als Dragoman (Dolmetscher) zu dienen. Und so stellt er sich den Verlauf der Reise vor: „Ich denke zu Anfange Novembers in Fessan anzulangen, und im folgenden Jahre nach Agades und Kaschna zu gehen, wo ich etwa zehn Monate zubringen und dann über Mecca oder Senegambien zurückkehren werde."

Was für Entfernungen, die zu Fuß, bestenfalls auf dem Kamelrücken, auf unbekannten Pfaden, durch Wüste und Urwald, unter ständigen Gefahren, die von Menschen, Tieren und der Natur drohen, zurückgelegt werden müssen, über Tausende von Kilometern! Rennells Karte von 1790, die sich in seinem Gepäck befindet, wird ihm nur wenig nützen, so unvollständig, ungenau, wie sie ist. „Nach Verlauf von etwa drey Jahren werde ich mich im Stande sehen, um vieles mehr von dem Innern Afrikas mittheilen zu können." So schließt sein Brief, der unter Napoleons Siegel sicher nach London ging. Am 5. September 1798 – fast elf Monate hatte mithin sein Aufenthalt in Kairo gedauert – bricht die Karawane in den Westen auf, in das gefürchtete Sandmeer der Sahara. Im wiegenden Paßgang trägt ein Kamel den jungen Musa ben Jussuf, dessen eigentlichen Namen Hornemann keiner erfahren darf.

5
Die große Reise

Mit dem Aufbruch von Kardaffi, einem Dorf am Rande von Kairo, beginnen Hornemanns Tagebuchaufzeichnungen; sie schließen mit der Ankunft in Mursuk.

Pahde teilt die Reise in vier Abschnitte ein: *1. Kairo – Schiatha* (5. September bis 3. Oktober 1798), *2. Schiatha – Mursuk* (3. Oktober bis 17. November

1798), *3. Mursuk – Tripolis* (Juni bis August 1799), *Tripolis – Mursuk* (1. Dezember 1799 bis 20. Januar 1800), *4. Mursuk – Niger* (6. April 1800 bis Frühjahr 1801).

Im *ersten* Abschnitt erreicht die Karawane die in einer fruchtbaren Senke gelegene Oase Siwah. Zwar war sechs Jahre zuvor der Engländer W. G. Browne schon hier gewesen, Hornemanns Verdienst aber ist es, in Siwah „den berühmtesten Wüstenpunkt des Altertums, die Oase des Jupiter Ammon erkannt zu haben“ (Pahde). Unablässig war er damit beschäftigt, in den Ruinen und Katakomben herumzustöbern, so daß er das Mißtrauen der Oasenbewohner erregte, und fast hätte er, als böser „Giaur“ entlarvt, seinen Forschungsdrang mit dem Leben bezahlen müssen. Gewiß handelte er auch nicht im Sinne seiner Londoner Auftraggeber, die seinem archäologischen Eifer ja eine deutliche Absage erteilt hatten. Und doch tat er recht daran.

So sicherte er seinem Forscherleben, das ein mißliches Geschick um die eigentlichen Früchte brachte, gleich zu Anfang seiner großen Reise wenigstens diesen, der Welt nicht verborgen gebliebenen Erfolg. (Bemerkenswert übrigens, wie kritisch der Sekretär der Gesellschaft, William Young, die Ergebnisse von Hornemanns Forschungen in Siwah wertete.[31])

Das Siwaher Gebiet, ein 50 Kilometer langer, 4 bis 6 Kilometer breiter Streifen,[32] dicht an der Grenze zu Libyen gelegen, ist seit 1820 ägyptisch. „Der vorzüglichste und fruchtbarste Theil“, behauptete Hornemann, „besteht in einem wasserreichen Thale von etwa fünfzig Meilen im Umfange...“[33] Die von ihm genannte Zahl von 1500 „streitbaren Männern“ paßt zu der Gesamteinwohnerzahl, die der französische Reisende Frédéric Cailliaud 1819 ermittelte. (Heute sollen im Gebiet der Großoase 10.000 Menschen leben.[34])

Da Siwah 33 Meter unter dem Meeresspiegel liegt, am tiefsten Punkt der Katharasenke, herrscht hier ein ungesundes Klima. Von hunderttausend Palmen, klaren Quellen, kühlen Brunnen, von Feigenbäumen, Granatapfelstauden und rankenden Reben schwärmt der Reiseschriftsteller Max Reisch in seinem Buch von 1958.[35] Hornemanns Beschreibung klingt wesentlich nüchterner.

Seine große Zeit erlebte Siwah im Jahre 332 v. Chr., als Alexander der Große auf seinem berühmten Zug nach diesem entlegenen Ort in der Wüste kam, vom Orakel als Sohn des Gottes Ammon feierlich begrüßt. Hornemann hat den Tempel, in dem sich dieses abspielte, ausführlich beschrieben. Nach ihm hat kein Reisender ihn mehr betreten, er stürzte 1811 in sich zusammen.

Im *zweiten* Abschnitt gelangten die Reisenden über Audschila, Temissa und den gebirgigen Harudsch nach Mursuk – noch nie hatte ein Europäer diesen Weg beschritten. Er führte durch hohen Wüstensand, der die Orientierung erschwerte, und über zerklüftete Höhen. Diese Strecke, so schreibt Hornemann später, „war die unangenehmste und ermüdendste von allen." Mit der Ankunft in Mursuk endet der eigentliche Reisebericht. Wenig erfahren wir über den für Handel und Verkehr der damaligen Zeit so wichtigen Ort selbst – offenbar, weil Hornemann ihn nicht sonderlich schätzte („der erbärmlichste Aufenthalt wenn keine Karawanen da sind, und sehr ungesund…"). Über die Bevölkerung des Landes schrieb er allerdings „Einige Nachrichten über das Innere des nördlichen Afrika", die später seinem Tagebuch angefügt wurden. Diese Aufzeichnungen haben bis heute ihren Wert für die Völkerkunde behalten. Er lieferte ferner die erste genaue geographische Bestimmung von Mursuk, die Beurmann und Vogel später bestätigten. Rennells Karte beruhte auf falschen Entfernungsangaben. „Kuka im Sudan", schreibt

Schiffers,[36] „lag so, wie wenn man Berlin nach Petersburg verschoben hätte. Die Entfernung Kairo – Kuka war um die Hälfte zu kurz bemessen." Nach Pahde hatte Rennell die Lage von Mursuk 230 Kilometer zu weit nördlich angenommen. Rennell berichtigte nun seine Karte, wie die Ausgabe von Hornemanns Tagebuch (1802), dem sie beiliegt, zeigt, aber er hätte, so Pahde, besser daran getan, sie vollkommen neu zu zeichnen.

Der *dritte* Reiseabschnitt führt nach Tripolis, wo Hornemann sich drei Monate aufhielt, und wieder zurück nach Mursuk. Die Zeit nützt er, wenn auch vom Lärm in der Karawanserei oft gestört, den in Siwah verlorengegangenen ersten Teil seines Journals aus dem Gedächtnis nachzuschreiben. Warum berichtete er nicht auch über die gerade zurückgelegte, ebenfalls beschwerliche und gefahrenreiche Strecke von Mursuk nach Tripolis, die rund 1000 Kilometer betrug?[37] Barth, Nachtigal, Rohlfs, die viel später kamen, holten nach, was er versäumt hatte und womit er selbst ein Blatt in der Entdeckungsgeschichte hätte füllen können.

Von Tripolis sandte er verschiedene Briefe und vor allem sein nunmehr fertiggestelltes Tagebuch sowie die völkerkundlichen „Nachrichten" (s. oben) auf sicherem Wege nach London. „Ich lebte hier bisher zieml. zufrieden", berichtete er am 19. Oktober 1799 seiner Mutter, „– zufrieden wie man auf d. Küste d. Barberey zufrieden leben kann... Meine arabische Kleidung, m. langer Rosenkranz, m. Lebensart, m. Bart, m. geschorener Kopf u. meine Wohnung in einem türkischen Hause machen es dem Volke leicht glaublich, daß ich ein wahrer Mahomedaner bin." Der Mutter teilt er auch den Tod seines aus Köln stammenden Reisebegleiters Freudenburg mit. Die tapfere Frau hat den Brief nicht mehr zu lesen bekommen. Als er ankam, war sie bereits verstorben.

Die *vierte* und größte Etappe seiner Reise sollte zugleich auch die letzte sein; sie endete mit seinem Tode. In froher Aufbruchstimmung schrieb er am Tage vor der Abreise von Mursuk noch einen Brief an Sir Joseph Banks in London und an seine Mutter in Hildesheim. Ziel der Karawane, der er sich anschließen wollte, war Bornu.[38] Er sei der „erste Europäische Reisende", betonte er stolz, „der eine so weite Reise in diesem Theile der Welt unternimmt." In Bornu gedachte er bis September 1800 zu bleiben, um dann seine Reise in den Sudan[39] fortzusetzen. Die Abschiedsworte an seine Mutter: „Ich bin völlig Africaner und hier wie zu Hause. Doch kehre ich zurück!" Diese beiden Briefe vom 6. April 1800 waren das letzte Lebenszeichen von ihm.

Im Jahre 1802 gab Carl König in Weimar das Tagebuch Hornemanns heraus. Zwar fehlte von diesem zu dieser Zeit noch jede weitere Nachricht, aber einen Grund zur Besorgnis sah darin auch die Gesellschaft in London nicht. Sie war auch 1805 noch voller Zuversicht, hatte sie doch erst erfahren, daß ein maurischer Kaufmann zwei Jahre vorher, im Juni 1803, Hornemann in Kaschna bei bester Gesundheit angetroffen haben wollte. Als es aber auch in den folgenden Jahren still blieb um ihren Mann, der sich nicht meldete, gaben die Engländer langsam doch die Hoffnung auf. Hornemann war und blieb verschollen. Man wußte nicht, was aus ihm geworden war. Diese Meinung herrschte noch Jahrzehnte lang in den Köpfen vor, und selbst Oskar Peschel, maßgeblich auf dem Gebiet der Afrikaforschung, stellte noch 1877[40] kategorisch fest, man habe von dem Vermißten nichts mehr gehört. Doch das traf in dieser Bestimmtheit nicht zu. Es gab durchaus Nachrichten, die das Schicksal Hornemanns betrafen, nur waren sie nicht beachtet worden. Ein aufhellendes Dokument war der Brief des englischen Konsuls in Mursuk, J. Ritchie, vom 25. August 1819, gerichtet an das Auswärtige Amt, Unterstaatssekretär W. Hamilton, London. Darin heißt es:

„Die genauesten Nachrichten über Hornemanns Unternehmungen, nachdem er Fessan[41] verlassen, habe ich von einem Kaufmanne, Namens Hadjee Mohamed Ben Wirdi, gebürtig aus Angela, der mehrfach in Soudan gewesen ist, und selbst persönlich mit Hornemann bekannt war."

Dieser Kaufmann zog mit Hornemanns Karawane nach Bornu; Hornemann blieb dort, wie beabsichtigt, eine Zeitlang. In Kaschna trafen sie sich wieder.

Der Brief fährt fort: „Sie reis'ten in Gesellschaft mit einander von Kashna nach Nyffe...[42] Hadjee Mohamed trennte sich von Hornemann in Nyffe und ging nach Kashna zurück, ohngefähr ein Jahr nachdem er Fessan verlassen hatte.[43] Hornemann war damals in voller Gesundheit... Nachmals hörte er [der Kaufmann] leider, daß er [Hornemann] zu Nyffe vom Fieber befallen worden und daselbst gestorben sey. Der Ort, wo er starb, heißt Bakana,[44] die Hauptstadt von Nyffe, und zwar in dem Hause von Ali Felatni, einem Freunde Hadjee Mohameds." Seinen Bericht schließt Ritchie in der Gewißheit: „Die allgemeine Uebereinstimmung in den Nachrichten über ihn macht mich glauben, daß die obige Aussage in allen Hauptpuncten wahr ist, und läßt mich an dem traurigen Ende dieses unglücklichen Reisenden nicht mehr zweifeln."

Von diesem Brief hatte Blumenbach über die Afrikanische Gesellschaft eine Abschrift erhalten. Blumenbachs Sohn, ein Regierungsrat in Hannover, veröffentlichte 1821 einen Artikel „Letzte Nachricht von dem Tode Hornemanns, des afrikanischen Reisenden",[45] in dem er diesen Brief mitteilte.

Auf Ritchies Gewährsmann ging auch zurück, was der britische Forscher Captain George Francis Lyon in seinem Buch von 1821[46] berichtete. Was nützte es? In Deutschland, in England war Hornemann nahezu vergessen. Das Interesse galt denen, die mehr Glück hatten als der junge Deutsche, der auf sich allein gestellt den Vorstoß in das dunkle Herz Afrikas gewagt hatte. Erst Adolf Pahde ist es zu verdanken, daß Hornemanns Schicksal in der Öffentlichkeit näher bekannt wurde. Er veröffentlichte 1895 seine grundlegenden Arbeiten über Hornemann und hielt an mehreren Orten Vorträge über ihn. In seine Fußtapfen trat Karl Weule. Er schrieb: „Den weiteren Weg des Reisenden bis fast zur Gewißheit aufgedeckt zu haben, ist das Verdienst Dr. Pahde's. Demnach hat Hornemann das damals vielgenannte Katsena wirklich erreicht und ist über Sokoto nach Nupe an den Ufern des heißersehnten Niger gelangt. Dort ist er, wie Pahde errechnet hat, im Frühjahr 1801, erst 28 1/2 Jahre alt, an Dysenterie gestorben.[47] Auf Hornemann geht auch sein 1904 veröffentlichtes Werk[48] näher ein.

Der von Ritchie genannte Ort Bakana (auch Bakkanee oder Bokoni) im Lande Nupe, dort wo Hornemann den Tod fand, ist auch auf älteren Karten nicht zu finden, dürfte aber in der Nähe des heutigen Rabba am Niger gelegen haben, nicht weit von der Stätte, an der Mungo Park, einst sein Idol, später sein Konkurrent, 1806, also fünf Jahre nach Hornemann, umkam.

Die Akten der britischen Afrikaforschung, die lange Zeit der Geheimhaltung unterlagen, durften erst nach dem Zweiten Weltkrieg aufgeschnürt werden. E. W. Bovill schöpfte aus ihnen in „Missions to the Niger", 1964. Im wesentlichen bestätigen seine Ausführungen nur, was der Forschung, zumal über den letzten Teil der Reise Hornemanns, bereits bekannt war.

Wenn es wenigstens gelungen wäre, seinen schriftlichen Nachlaß, der ja wohl im Hause jenes Ali Felatni in Bakana verblieben war, zu retten! Der Afrikareisende Hugh Clapperton hat sich darum bemüht.

Aber der Bote, den er nach Bakana sandte, kam mit leeren Händen zurück. Eingeborene hätten in abergläubischer Furcht alles verbrannt, was der weiße Mann besessen hatte. Wie wertvoll wären die Aufzeichnungen doch für die weitere Erforschung Afrikas – für die Entdeckungsgeschichte überhaupt – gewesen!

Als ziemlich sicher gilt, daß Hornemann um 1800 den Tschadsee erreicht hat. Da stand er eines Tages am Rande des „Großen Wassers", dessen Bild zunächst ein Vorhang aus Papyrusstauden verdeckte. Dahinter aber, bleigrau und gleißend, lag der See, der Tschadsee. Vom „Zad", so ist in seinem Tagebuch zu lesen, hatte Hornemann reisende Kaufleute und Eingeborene reden hören. Sie hatten ihn als breit ausufernden Fluß beschrieben, als Teil des Nigers, der östlich in das Reich Burnu (Bornu) fließe, wo man ihn Zad nenne, das Große Wasser. „Aber vor der regnigen Zeit", schreibt Hornemann, sei dieses Gewässer „sehr unbedeutend, denn der Niger ruhe in der trockenen Jahreszeit oder sei *non fluens*." Auch der Kartograph Rennell glaubte daran, daß der Niger in der „Senke von Nordafrika" ein riesiges Areal bewässere, in dem in der trockenen Jahreszeit das Wasser in Dunst aufginge. Doch Hornemann wie Rennell täuschten sich. Der große westafrikanische Fluß schickt seine Fluten nach einer über 4000 Kilometer weiten Reise in den Golf von Guinea. Hornemanns Tschadsee wird hauptsächlich von dem Fluß, der Tschad heißt, und vom Komaugu gespeist. „In der Mitte des Flusses halten sich immer die Buduma auf, ein heidnisches Volk, welches sehr roh ist",[49] wußte Hornemann zu berichten. Die Buduma wohnen dort heute noch, jedoch als friedfertige Insulaner. Buduma heißt: „Einer, der im Schilf lebt" oder „Mensch der Gräser". Dr. Walter Konrad vom Roemer- und Pelizaeus-Museum Hildesheim berichtete über sie und ihren See im Herzen Afrikas. Er nahm 1962/

63 an einer Reise der Deutschen Forschungsgemeinschaft zum Tschadsee teil.[50]

Die großen Forscher zollten Friedrich Hornemann Achtung und Anerkennung, seiner Pionierleistung, seinem Wagemut, seiner Opferbereitschaft. Auch die Gelehrten seiner Zeit erkannten an, was er für die Wissenschaft geleistet hatte. Seine Verdienste faßte die Allgemeine Deutsche Biographie von 1881 wie folgt zusammen:

„Die Bedeutung dieses Reisenden liegt darin, daß er als der erste wissenschaftlich forschende Europäer den Weg Kairo–Mursuk und Mursuk–Tripolis beschritt, die erste direkte Nachricht über Audschila und Mursuk nebst einer reichen Menge von Erkundigungen über die Länder südlich, westlich und östlich von Mursuk mittheilte, welche für spätere Erforscher bis auf Barth und Vogel herab von Werth gewesen sind. H. gehört zu den ersten jener durch A. v. Humboldt repräsentirten Gruppe moderner Reisenden, die gründliche wissenschaftliche Vorbildung mit Vielseitigkeit der Interessen verbinden."

Es war die Tragik seines Lebens, daß er die Erkenntnisse und Erfahrungen des letzten Teiles seiner großen Reise der Mitwelt nicht mehr übermitteln, ihr nicht mehr nützlich machen konnte. Den Erfolg all seiner Anstrengungen zu erleben, blieb ihm versagt. Ihm wurde nicht der Rote Adlerorden[51] an die Brust geheftet. Sein Los war es, sich damit zu begnügen, Schrittmacher zu sein und Wege zu gehen, bevor andere sie gingen. Er hat das Wissen über Afrika erweitert, die geographischen Bestimmungen des nördlichen Teiles präzisiert und geholfen, die weißen Stellen auf der Landkarte zu tilgen. Nicht lag es in seiner Absicht, Europa neue Märkte zu erschließen und Wege zu neuen Rohstoffen zu öffnen. Gerade dies bemängelten Kritiker denn auch an ihm. In ihm schlug das Herz des Forschers; nur um die Erforschung unentdeckter, unbekannter Gebiete ging es ihm. Deutsche, Engländer, Franzosen, die damals in das Land der glühenden Sonne zogen, kamen nicht als Eroberer, nicht als Kolonialherren. Sie suchten die Verständigung und die Gemeinsamkeit, die alle Weltbewohner miteinander verbindet.

6
Ein Vertreter der neuen Reiseprosa

Der schriftliche Nachlaß Hornemanns besteht aus dem Tagebuch seiner Reise von Kairo nach Mursuk, den „Nachrichten über das Innere des nördlichen Africa" und einigen Briefen.[52] Den ins Englische übersetzten Text des Tagebuches brachten die „Proceedings of the African Association" für das Jahr 1801.[53] Er erschien ferner als Buch (bei G. und W. Nicol, London 1802), herausgegeben von William Young, Sekretär der Gesellschaft, unter dem Titel *The Journal of Frederick Horneman's Travels, from Cairo to Mourzouk, the Capital of the kingdom of Fezzan, in Africa in the years 1797–8.*[54] Dem nicht sehr umfangreichen Tagebuchtext gab der Herausgeber einen Anhang bei mit Hornemanns „Nachrichten...", seinen letzten Briefen und den Beiträgen einiger Gesellschaftsmitglieder (W. Young, *Siwah*; Major Rennell, *Erläuterungen...* nebst Landkarte; W. Marsden, *Sprache der Siwaher*).

Mit einem Nachdruck der Ausgabe London 1802 (Anhang gekürzt) eröffnete die Hakluyt Society, Cambridge 1964, ihre Reihe *Missions to the Niger.* Ihr Herausgeber E. W. Bovill leitete diese Ausgabe ein mit einem 39 Seiten umfassenden Text, der den Verlauf der Reise und das weitere Schicksal Hornemanns schildert.

Die Afrikanische Gesellschaft ließ ein Exemplar des neu erschienenen Tagebuches sogleich dem Ersten Konsul Frankreichs, Napoleon, zugehen – eingedenk der freundlichen Unterstützung, die er Hornemann in Kairo hatte angedeihen lassen. Napoleon ordnete eine französische Übersetzung an, die noch im gleichen Jahr, 1802, erschien. Titel: *Voyages dans l'intérieur de l'Afrique, par Frédéric Horneman, pendant les années 1797, 1798. Traduit de l'anglais. Paris 1802.*[55] Herausgeber war L. Langlès. Er gründete in Paris die „Gesellschaft des Inneren von Afrika und seiner Erforschung", ein Gegenstück zur Londoner Afrikanischen Gesellschaft. Von der englischen Edition stellte der ehemalige Schüler Blumenbachs, Carl König, der Privatsekretär von Sir Joseph Banks, eine deutschsprachige Ausgabe zusammen, der er Hornemanns deutsche Handschrift zugrunde legte. Titel: *Fr. Hornemann's Tagebuch seiner Reise von Cairo nach Mursuk, der Hauptstadt des Königreichs Fessan in Afrika, in den Jahren 1797–98. Aus der teutschen Handschrift desselben herausgegeben. Weimar 1802.*[56] König widmete diese Ausgabe seinem und Hornemanns Lehrer, Johann Friedrich Blumenbach. Ein separater Druck (Berlin und Hamburg) erschien 1803.[57] Ferner: *Friedrich Konrad Hornemann.* In: Zwischen Mittelmeer und Tschadsee. Reisen deutscher Forscher des 19. Jahrhunderts durch Nord- und Zentralafrika (Tagebuch ohne Anhang), Berlin 1966.

Hornemanns Reisejournal scheint also allerorts auf reges Interesse gestoßen zu sein. Der eifrige Leser von Robinson Crusoe verstand es, selbst anregend zu erzählen und seine Berichte abenteuerlich bunt auszugestalten. (Die Szene hinter Siwah, als 300 bewaffnete Männer ihn und seinen Reisebegleiter bedrohen, könnte von Karl May stammen.) Der Literaturwissenschaftler Josef Nadler sagt über Hornemann: „Er steht mit Niebuhr und Humboldt am Beginn jener Reihe von deutschen Reisenden, die aus Beobachtung und Erlebnis die neue Prosa des neunzehnten Jahrhunderts entwickelten. Die deutsche Urschrift von Hornemanns Reisebericht gehört zu den frühesten Denkmälern dieser Art und läßt sich, erstaunlich einfach, schlicht und sachlich, nur mit der klassischen Prosa von Forsters Reisebüchern[58] vergleichen."[59]

Auch die Allgemeine Deutsche Biographie hebt hervor: „Seine Darstellung ist von einer für seine Zeit bemerkenswerthen Einfachheit, Klarheit und Sachlichkeit."[60]

Wer sich heute über Hornemann informieren will, sieht sich einer breiten Sekundärliteratur gegenübergestellt. In allen größeren Nachschlagewerken, in Reisebeschreibungen und Sachbüchern ist sein Name zu finden. Auch in die erzählende Literatur ist seine Lebensgeschichte eingegangen.[61] Zahlreiche Abhandlungen erschienen in Hildesheimer Zeitungen und Zeitschriften. Die Hildesheimer Autoren Johannes H. Gebauer und Walter Konrad legten Monographien zu Leben und Werk Hornemanns vor. Der Berliner Wissenschaftler Karl Weule regte 1895 in der Bürgerschaft an, „eine einfache Gedenktafel" an geeigneter Stelle, etwa am Geburtshaus, anzubringen. Unter dem Einfluß Adolf Pahdes erlebte Hildesheim damals gerade eine kleine „Hornemann-Renaissance". Aus dem Vorschlag wurde trotzdem nichts. Allerdings erinnert seit 1896 in der Nähe des Güterbahnhofs der Name einer Straße an Friedrich Hornemann, den „größten von Hildesheims naturforschenden Söhnen" (J. H. Gebauer). In Hannover-Herrenhausen, nahe der Lutherkirche – dort in der Gegend wird Hornemanns Wohnung 1794/95 zu suchen sein – gibt es einen Hornemann-Weg. Im Frühjahr 1967 besuchte der Präsident der Republik Tschad, François Tombalbaye, Hildesheim, die Stadt Hornemanns. Im Zusammenhang mit dem Staatsbesuch stand eine Tschad-Ausstellung im Roemer- und Pelizaeus-Museum.

Am 29.10.1996 gründeten die Stadt Hildesheim, die Universität Hildesheim sowie die Fachhochschule

Hildesheim/Holzminden gemeinsam einen Verein zur Bewahrung und Erhaltung des Weltkulturerbes. Durch eine Ausstellung auf der „EXPO 2000 Hannover" will der Verein zur Erhaltung des Kulturerbes in allen Teilen der Welt beitragen. Zur Vorbereitung darauf wird im Gewerbegebiet Nord von Hildesheim ein Institut eingerichtet, das den Namen des ersten deutschen Afrikaforschers *Friedrich Konrad Hornemann* trägt. Auch nach der Weltausstellung soll dieses Institut seine Aufgabe, das Weltkulturerbe zu schützen, fortsetzen.

Hildesheim, im Januar 1997

Anmerkungen

1 Aus dem Gründungsbericht der Afrikanischen Gesellschaft, London, vom 9.6.1788 (Proceedings I, 6 – 8).

2 Nach Petermanns Mittheilungen, 34. Bd., Gotha 1888, S. 161 ff.

3 Walter Konrad, Friedrich Hornemann, in: Frühe Wege zum Herzen Afrikas, Darmstadt 1969, S. 22.
Die Hakluyt Society, Cambridge, nennt ihre Reihe über die Entdeckung des Nigers „Missions to the Niger".

4 Nach Hans Plischke, Johann Friedrich Blumenbachs Einfluß auf die Entdeckungsreisenden seiner Zeit, Göttingen 1937, S. 11 f.

5 Nach H. Schiffers-Darvinghausen, Stumme Front, Leipzig 1936, S. 327 ein „im 18. Jh. angenommener, aber nicht existierender Sumpfsee", vermutlich Verwechslung mit dem Tschadsee. Vgl. auch Konrad, a.a.O., S. 11.

6 Die Angabe „Oktober" in: Allgemeine Deutsche Biographie (ADB), 13. Bd. Leipzig 1881, S. 149, ist falsch.

7 Frank Bliss, Das wissenschaftliche Werk Friedrich Hornemanns, in: Tagebuch seiner Reise von Cairo nach Murzuck, Bonn 1987, S. VII. Die konkrete Angabe des Geburtsdatums „15. September" ist nicht belegt.

8 Friedrich Hornemann und seine Verdienste um die afrikanische Geographie, in: Ausland, Jahrg. 31 (1858), S. 269 – 270. Ähnlich: Sonntagsblatt zur Hildesheimer Allg. Zeitung u. Anzeigen vom 13.6.1858 sowie Friedrich Embacher, Lexikon der Reisen und Entdeckungen, Leipzig 1882, S. 150.
Nach Adolf Pahde, Der erste deutsche Afrikaforscher (Fr. K. Hornemann, geb. 1772, gest. 1801), Hamburg 1895, S. 14, ist in den Geburtsregistern der evangelischen Pfarre von Alfeld zwischen 1766 und 1772 ein Kind des Namens Hornemann nicht verzeichnet.

9 E. W. Bovill, Editor's introduction, in: Missions to the Niger. Volume I. The Journal of Friedrich Hornemanns Travels from Cairo to Mursuk in the Years 1797–98, Cambridge 1964, S. 9. Von Nachlässigkeit zeugt es auch, wenn Bovill den Namen der Stadt Hildesheim wiederholt falsch schreibt: S. 9 *Hildisheim*, S. 19 *Hildescheim*.

10 Hans Plischke a.a.O.

11 J. H. Gebauer, Dietrich Pining u. Friedrich Hornemann, in: Niedersachsen, Gestalten und Zeiten (2), Hannover o.J. (ca. 1937), S. 16 ff.

12 Nicht, wie das Unterhaltungsblatt der Hildesheimer Allg. Zeitung u. Anzeigen vom 5.11.1884 berichtet, das Josephinum. Über den Beginn der Schulzeit gibt es keine Angaben, da ein

Schüleralbum, wie Pahde – a.a.O. S. 40 – ermittelte, erst 1830 angelegt wurde.

13 J. H. Gebauer, Geschichte der Stadt Hildesheim, Bd. II, Hildesheim 1924, S. 212.

14 J. H. Gebauer wie Anm. 11.

15 Das Einwohner-Verzeichnis des Magistrats zu Hildesheim von 1835 führt einen Bernhard Schneidler, Particular, ev.-luth., Bürger-Nr. 336 als Eigentümer des Hauses Nr. 266 (Stadtarchiv, Best.-Nr. 101/21).

16 „Friedrich Hornemann, der Afrikanische Reisende", Nr. 24 vom 13.6.1858, S. 188 f.

17 Ausland, Jahrg. 31 (1858), S. 269 – 270.

18 Plischke a.a.O. S. 18.

19 Deutsche Gesamtausgabe 1852–54. Damals viel gelesen wurde auch Carl Friedrich Scheibler, Leben und Schicksale der Pocahuntas, einer edelmütigen Americanischen Prinzessin, 1781. Die hier geschilderte Szene könnte Hornemann auch in diesem Buch gelesen haben. Heute ist der Name „Pocahonta" als Spielzeug und Kinderbuch neu belebt worden.

20 F. G. Crome, Friedrich Konrad Hornemann, in: Zeitgenossen, Bd. I, 3. Abt., Leipzig 1816, S. 133 – 158. Heinrich Kese, Als der dunkle Erdteil rief, Hildesheim o.J. (1940), schildert in freier Nacherzählung eine Szene mit dem väterlichen Freund des jungen Hornemann (S. 8 ff.).

21 Unter den Verteidigern der britischen Festung Gibraltar befanden sich 1782 auch Hildesheimer, die zu dem hannoverschen Truppenverband gehörten. König Georg III. von England verlieh ihnen die Silberne Gibraltarmedaille und das hellblaue Armelband „Gibraltar". Hornemann wird sich mit den Heimkehrenden unterhalten haben. Dieses Ärmelband trug ab 1901 das Hildesheimer Regiment von Voigts-Rhetz Nr. 79 zur Erinnerung an die einstige Waffenbrüderschaft.

22 Daniel Defoe, The life and strange adventures of Robinson Crusoe, 1719. Nach diesem Romanhelden erzählte Hornemann seinen Altersgenossen frei erfundene Abenteuergeschichten, in denen er die Hauptrolle spielte.

23 Verfasser Johann Gottfried Schnabel.

24 H. Thiersch, Ludwig I. von Bayern u. die Georgia Augusta. Berlin 1927, S. 35.

25 Im früheren Rathaussaal der Stadt Hildesheim befand sich links neben dem Wandgemälde (Heimkehr der Sieger von Bleckenstedt 1493) ein Nischenbild, das – nach der Phantasie gezeichnet – den Afrikareisenden Hornemann darstellte, „welcher … theilweise mit Unterstützung Napoleons zu Anfang dieses Jahrhunderts [gemeint ist das 19. Jh.] weite und erfolgreiche Reisen nach Afrika unternommen hat…" In: Das

Rathaus zu Hildesheim u. die Fresken von Hermann Prell. Hildesheim 1900, S. 16. Reprint des Museumsvereins Hildesheim 1992, Abb. S. 36.

26 Brief Blumenbachs vom 4.5.1796, abgedruckt bei Bovill a.a.O. S. 9 ff., ferner eine „Translation of the Proposals from Mr. Hornemann enclosed in the preceeding Letter".

27 Die Gesellschaft dankte Professor Heeren mit einer in rotes Leder gebundenen Prachtausgabe der „Proceedings" von 1790. Widmungstext: „Presented to Professor Heeren by the African Association in greatful aknowledgement of the useful instructions given by him to Mr. Fred. Hornemann during his residence at Göttingen." (Im Besitz der Universitätsbibliothek Göttingen, wo der Verf. den Band im August 1996 einsah.)

28 Carl Fulda und Jacob Hoffmeister, Hessische Zeiten und Persönlichkeiten, Marburg 1876, S. 57 – 60. Nach Plischke a.a.O. S. 16.

29 Crome a.a.O. Zitiert nach: Kese a.a.O. S. 25.

30 Bovill a.a.O. S. 21.

31 Anhang zu Hornemanns Tagebuch, S. 92–116.

32 Nach dem Großen Brockhaus, dtv.-Ausgabe 1980.

33 Umfang von Young bezweifelt. Wie Anm. 31.

34 Reisebericht in NOBILIS, Hannover, Nr. 5/1988. Eine ausgebaute Autostraße führt seit 1986 Touristen von Marsah Matruh nach Siwah.

35 Max Reisch, Siwa, Sinai und Sid, Bern 1958, S. 69.

36 H. Schiffers-Davringhausen, a.a.O. S. 123.

37 Zum Vergleich: Heinrich Barth legte die Strecke Tripolis – Mursuk (1030 km) vom 6.5. bis 13.6.1850 in 38 Tagen zurück, für die Hornemann vom 1.12.1799 bis 20.1.1800 51 Tage benötigte. (Nach Karl Rolf Seufert, Die Karawane der weißen Männer, Freiburg/B. 1962, S. 6.)

38 Bornu, heute im Nordosten von Nigeria, war zur Zeit Hornemanns ein Reich etwa so groß wie Rumänien.

39 Sudan bedeutet „Land der Schwarzen"; darunter ist nicht nur das Staatsgebiet des heutigen Sudan zu verstehen.

40 Oskar Peschel, Geschichte der Erdkunde, Leipzig 1877, S. 565.

41 Hornemanns Karawane hatte Mursuk, die Hauptstadt von Fessan, am 7.4.1800 verlassen.

42 Auf Hornemanns Skizze (neben S. 133 des Tagebuches) erscheint das Land Nyffe südlich von Kaschna. Pahde und Plischke nehmen an, daß es gleichzusetzen ist mit dem Noofy und Nupe genannten Land am Niger.

43 Trennung mithin Frühjahr 1801.

44 „Bakanee" bei George Francis Lyon, Narrative of Travels in Northern Africa in the Years 1818, 19 and 20, London 1821 (deutsch Jena 1822).

45 In: Vaterländisches Archiv, Bd. 4, Hannover 1821, S. 321 – 327. Der Brief vom 15.8.1819 ist auch bei Plischke a.a.O. S. 92 mitgeteilt.

46 G. F. Lyon a.a.O. S 132.

47 Karl Weule, Friedrich Hornemann, in: Unterhaltungsblatt, Gratis-Beilage zur Hildesheimer Allg. Zeitung u. Anzeigen vom 12.8.1895, S. 746 ff.

48 Ders., Geschichte der Erkenntnis u. der geographischen Forschung, Berlin 1904, Bd. 2, S. 146.

49 Hornemanns Tagebuch S. 139.

50 Walter Konrad, Der erste war ein Hildesheimer, in: Hildesheimer Heimatkalender 1959, S. 55 – 57. Ferner: Menschen der Gräser, daselbst 1964, S. 103 – 105; ZAD, Geheimnis zwischen Niger und Nil, Hildesheim 1955.

51 Friedrich Wilhelm IV., der König von Preußen, verlieh dem Afrikaforscher Heinrich Barth in Anerkennung seiner Verdienste 1855 den Roten Adlerorden.

52 Hornemann schrieb an Banks in Englisch, „of which he was no great master" (Bovill). Bevor die Gesellschaft sie veröffentlichte, verbesserte sie die Briefe.

53 Reprint London 1967.

54 Reprint London 1985.

55 Eine weitere französische Ausgabe erschien u.d.T. *Voyage de F. Hornemann, dans l'Afrique septentrionale, Depuis le Caire jusqu'a Mourzouk, capitale de royaume de Fezzan; Suivi d'Eclaircissement sur la Géographie de l'Afrique, par M. Rennell.* 2 Bde., *Paris 1803.*

56 Der Erstdruck Weimar 1802 erschien auch in der Reihe *Bibliothek der neuesten und wichtigsten Reisebeschreibungen zur Erweiterung der Erdkunde,* Bd. 7; sowie im *Archiv der neuesten und interessantesten Reisebeschreibungen*, Bd. 1. Ein *Kurzer Auszug aus Fr. Hornemanns Tagebuch seiner Reise von Cairo nach Mursuk*... erschien in: Neues Hannöverisches Magazin 1803.

57 Reprint Bonn 1987.

58 Georg Forster, Natur- und Völkerkundler (1754 – 1794), entwickelte eine künstlerische Form der Reisebeschreibung.

59 Josef Nadler, Literaturgeschichte des deutschen Volkes, 2. Bd., Berlin 1938, S. 365 f.

60 Allgemeine Deutsche Biographie (wie Anm. 6), S. 150.

61 Heinrich Kese, Als der dunkle Erdteil rief. Bilder aus dem Leben u.Streben des ersten deutschen Afrikaforschers Friedr. Conrad Hornemann aus Hildesheim, Hildesheim 1940. / Fritz Hirschner, Musa ben Jussuf. Als erster Weißer am Tschadsee, Reutlingen 1953. / Erich Heinemann, Ritt durch die Wüste, Kassel 1964. / Edmund Theil, Jagd auf die Raubkarawane (Bd. 4/5), Wien 1978.

Zeittafel

1772	Friedrich Konrad Hornemann wird am 20. September zu St. Andreas in Hildesheim getauft (geboren etwa drei bis fünf Tage vorher). Vater: Friedrich Georg Hornemann, Pastor in Hildesheim. Mutter: Katharina Dorothea geb. Crome aus Alfeld.
1783*–1788	Andreasgymnasium in Hildesheim.
1788 – 1791	Stadtschule in Lüneburg.
1791 – 1794	Theologiestudium an der Georgia Augusta in Göttingen.
1794 – 1795	Hauslehrer in Hannover, danach Hilfslehrer an der Hofschule.
1795	Bei Prof. Johann Fr. Blumenbach in Göttingen, der Hornemann der Afrikanischen Gesellschaft in London als Entdeckungsreisenden empfiehlt.
1796 – 1797	Vorbereitung in Göttingen auf die Afrikareise.
1797	Im Februar reist Hornemann nach London. Abschied von der Mutter in Hildesheim. In London Gast der Afrikanischen Gesellschaft. Am 29. Juni über Paris, Marseille, Lernica (Zypern) nach Alexandria. Am 4. Oktober Ankunft in Kairo.
1798	Die Pest im April und der Einfall der Franzosen im Juli verzögern die Weiterreise. Am 5. September bricht die Karawane nach Mursuk auf, wo sie am 17. November eintrifft. Hornemann wird von dem Kölner Joseph Freudenburg begleitet.

1799	Freudenburg stirbt im Frühjahr. Hornemann reist nach Tripolis, wo er sein verlorengegangenes Tagebuch neu schreibt und nach London sendet.
1800	Im Januar wieder in Mursuk. Am 6. April Brief an die Gesellschaft und an die Mutter. Letztes Lebenszeichen. Aufbruch der Karawane nach Bornu am 7. April.
1801	Nach späteren Berichten stirbt Hornemann im Frühjahr in der Gegend von Rabba am Niger im heutigen Nigeria an Dysenterie.
1802	In London, Paris und Weimar erscheint Hornemanns Tagebuch seiner Reise von Kairo nach Mursuk.
1895	Adolf Pahde weckt die Erinnerung an Hornemann.
1967	Im Frühjahr besucht der Präsident der Republik Tschad die im Zeichen Hornemanns stehende Tschad-Ausstellung im Roemer- und Pelizaeus-Museum in Hildesheim.
1996	Hildesheim ehrt den bedeutenden Sohn der Stadt, den ersten deutschen Afrikaforscher, mit der Einrichtung des Hornemann-Institutes, das seine Tätigkeit zum Schutz des Weltkulturerbes aufnimmt.

* 1783 nicht gesichert

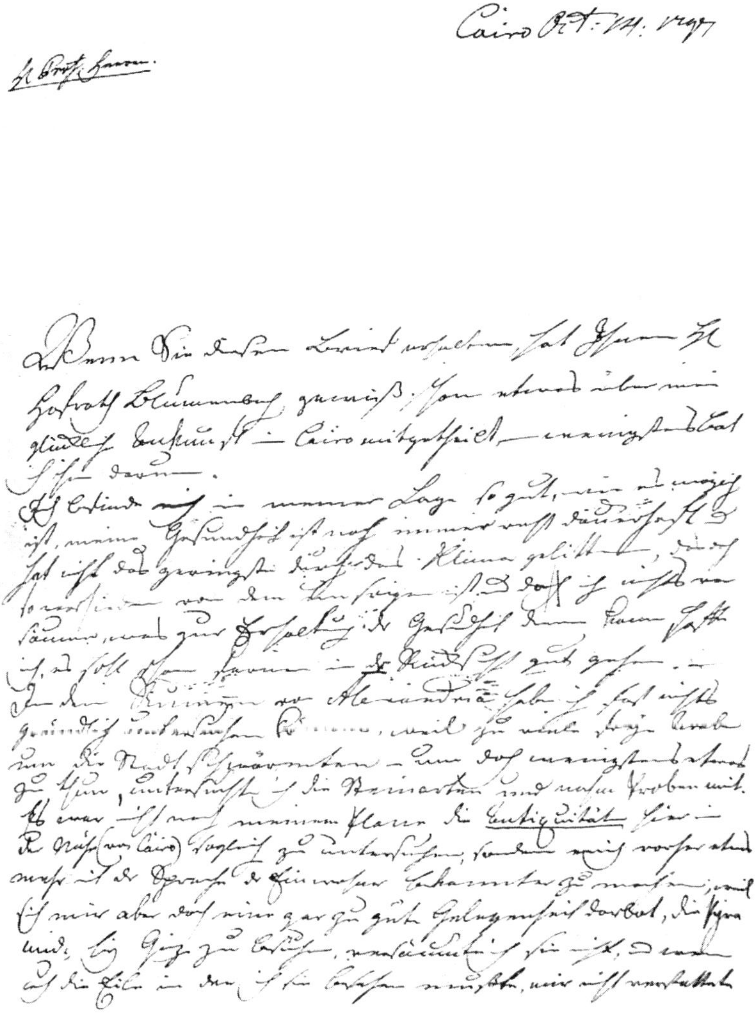

Cairo Oct: 14: 1797

Hr Prof. Heeren.

Brief Hornemanns vom 14. Oktober 1797 aus Kairo an Professor Heeren, Göttingen

viele neue Untersuchungen anzustellen; so hat doch [illegible] dieser [illegible] erste Reise, den Vortheil gehabt, daß ich Gegend und kennen, die beste Art eine Reise dorthin anzustellen u. s. w.:

Ich fing an die große Pyramide zu besteigen und hatte ohngefähr noch den 6ten Theil bis zur Spitze als ich einhalten – und umkehren mußte um nicht zu versäumen, wenn die andern Herren hineingiengen.

Diese Herren waren der H. Hope und der H. Major Schwarz. Sie fanden, daß es unmöglich war in die Pyramide zu kommen; weil der Eingang voll Sand gewehet war – dieser muß erst weggeräumt werden. Um nicht Zeit zu verlieren, schlug der H. Major Schwarz einen Spaziergang durch die Gegend vor, die Ruinen [illegible] zu untersuchen. Wir thaten dieses mit dem besten Vergnügen und kehrten nach etwa 1½ Stunde zurück bey unserer Rückkehr war H. Hope bis zum Sarkophag gegangen [illegible], war aber schon wieder herausgegangen und zum Schiff zurückgekehrt, das kaum 10 Minuten von der großen Pyramide lag.

Ich habe nun die Absicht, wenn ich wieder hingehe – allein mit 2 von Murad Beys Leuten hinzugehen, und einen vollständigen Grundriß von allen Gebäuden der ganzen Gegend aufzunehmen und wo es [illegible] möglich ist, auch die Ueberreste – einer Stunde weit zu gehen, die die Reisenden bisher gegangen sind und vor allem den Brunnen in der großen Pyramide zu untersuchen, hinter dem gewiß noch große Geheimnisse verborgen sind, und den zu untersuchen ist freylich für sich schwer; aber doch nicht ganz unmöglich. Ich

bis ich mich davon überzeugt habe.
Jetzt ist wirklich die beste Zeit in Egypten eine Reise zu machen, es ist ruhig und alles hat Furcht vor Murad Bey.
Der Engländer Brown, von dem ich Ihnen geschrieben habe, scheint diesen Zeitpunct gut benutzt zu haben. Ehe er nach Darfur reisete war er nach Oberegypten, und nach Siwah und den Natronseen gewesen.
Er ist in Darfur 2 Jahre gewesen ohne Erlaubniß zu erhalten [illegible] wieder zurück zu kehren, bis er sie endlich durch ein Zufall erhielt. Man spricht sehr viel von der Wahrhaftigkeit die er immer beobachtet und weiß daher [illegible] seine Beobachtungen.
Es ist itzt ein Abessynischer Bischof hier — ich habe ihn verschiedenemal über Bruce gefragt. Er erzählte mir: daß ein Engländer Jacobs Bruce in Abessynien gewesen, in hohem Ansehen gestanden bey dem König und Großen des Landes, sehr viel mit [illegible] Instrumenten wie die Richter auf der Uhr gebrauchten, nach der Sonne gesehen hätte, alle Leute nach den Nilquellen gefragt hätte und endlich selbst hingereiset wäre u.s.w. — — der Bischof sagt mir, er selbst hätte ihn nicht gekannt, aber sein Vater hätte ihn recht wohl [illegible] noch gekannt und ihm daher viel von ihm erzählt.
Einige andere Neuigkeiten [illegible] und diesen Bischof betreffend habe ich an Hl. Prof. Tychsen geschrieben.
Wenigstens hat der ehrwürdige Bischof doch Hl. Bruce gegen Hl. Prof. Hartmanns Beschuldigung gerettet; daß keiner [illegible] der Quellen gewesen wäre.
Ich empfehle mich Ihnen bestens mit der Bitte mich nicht zu vergessen, und mit der [illegible] Ihnen bald wieder etwas Nachricht zu geben, wie [illegible] und ob [illegible] in Rücksicht auf die Pyramide habe [illegible]

Ihr gehorsamster Diener
F. Hornemann.

XLVI*

Brief Hornemanns vom 14. Oktober 1797 aus Kairo an Professor Heeren, Göttingen

Cairo, October 14. 1797.

Wenn Sie diesen Brief erhalten, hat Ihnen Herr Hofrath Blumenbach gewiß schon etwas über meine glückliche Ankunft in Cairo mitgetheilt – wenigstens bat ich ihn darum.

Ich befinde mich in meiner Lage so gut, wie es möglich ist, meine Gesundheit ist noch immer recht dauerhaft und hat nicht das geringste durch das Klima gelitten, das doch so verschieden von dem unsrigen ist und da ich nichts versäume, was zur Erhaltung der Gesundheit dienen kann, hoffe ich, es soll schon darum in der Zukunft gut gehen. In den Ruinen von Alexandria habe ich fast nicht gründlich untersuchen können, weil zu viele freye Araber um die Stadt schwärmten – um doch wenigstens etwas zu thun, untersuchte ich die Steinarten und nahm Proben mit. Es war nicht nach meinem Plane, die Antiquitäten hier in der Nähe (von Cairo) sogleich zu untersuchen, sondern mich vorher etwas mehr mit der Sprache der Einwohner bekannter zu machen; weil sich mir aber doch eine gar zu gute Gelegenheit darbot, die Pyramide bey Gize zu besuchen, versäumte ich sie nicht, und wenn auch die Eile in der ich sie besehen mußte, mir nicht verstattete viele neue Untersuchungen anzustellen; so hat doch wenigstens diese erste Reise den Vortheil gehabt, daß ich die Gegend auch kenne, die beste Art eine Reise dorthin anzustellen usw.

Ich fing an, die große Pyramide zu besteigen und hatte ohngefähr noch den 6 ten Theil bis zur Spitze als ich umkehrte – oder umkehren mußte, um nicht zu versäumen, wenn die andern Herren hineingingen.

Diese Herren waren der Herr Hope und der Herr Major Schwarz. Wir fanden, daß es unmöglich war in die Pyramide zu kommen; weil der Eingang voll Sand geweht war – dieser mußte weggeräumt werden. Um nicht Zeit zu verlieren, schlug ich dem Herrn Major Schwarz einen Spaziergang durch die Gegend vor, die Steinarten zu untersuchen. Wir thaten dieses mit dem besten Fleiße und kehrten nach etwa 1 1/2 Stunden zurück. Bey unsrer Rückkehr war Herr Hope bis zum Sarkophag gewesen, war aber schon wieder herausgegangen und zum Schiffe zurückgekehrt, das kaum 10 Minuten von der großen Pyramide lag.

Ich habe nun die Absicht, wenn ich wieder hingehe – allein mit 2 von Murad Beys Leuten hinzugehen, und einen vollständigen Grundriß von allen Gebäuden der ganzen Gegend aufzunehmen und wo es möglich ist, auch den Umriß – ferner etwas weiter zu gehen, wie die Reisenden bisher gegangen sind und vor allen Dingen den Brunnen in der großen Pyramide zu untersuchen, hinter dem gewiß noch große Geheimnisse verborgen sind, und den zu untersuchen ich freylich für sehr schwer, aber doch nicht ganz unmöglich halte, bis ich mich davon überzeugt habe.

Jetzt ist wirklich die beste Zeit in Egypten eine Reise zu machen, es ist ruhig und alles hat Furcht vor Murad Bey.

Der Engländer Brown, von dem ich ja geschrieben habe, scheint diesen Zeitpunkt gut benutzt zu haben. Ehe er nach Dar Fuhr reisete, war er in Ober Egypten und in Siwah nach den Natronseen gewesen.

Er ist in Darfuhr 2 Jahre gewesen, ohne Erlaubnis erhalten zu können, wieder zurückzukehren, bis er sie endlich durch einen Zufall erhielt. Man spricht sehr viel von der Verschwiegenheit die er immer beobachtet und weiß daher fast nichts von seinen Beobachtungen.

XLVIII*

Es ist itzt ein Abessynischer Bischof hier – ich habe ihn verschiednes über Bruce gefragt. Er erzählt mir, daß ein Eingländer Jacobo Bruce in Abessynien gewesen, in hohen Ehren gestanden bey dem König und Großen des Landes, sehr oft mit einem solchen Instrumente wie die Schiffer auf der See gebrauchten, nach der Sonne gesehen hätte, alle Leute nach den Nilquellen gefragt hätte und endlich selbst hingereiset wäre u.s.w. – Der Bischof sagte mir, er selbst hätte ihn nicht gekannt, aber sein Vater hätte ihn recht wohl selbst der Person nach gekannt und ihm daher oft von ihm erzählt. Einige andere Kleinigkeiten Bruce und diesen Bischoff betreffend habe ich an Herrn Prof. Tychsen geschrieben.

Wenigstens hat der Ehrwürdige Bischof doch Herrn Bruce gegen Herrn Prof. Hartmann's Beschuldigung gerettet, daß Bruce nie bei den Quellen gewesen wäre.

Ich empfehle mich Ihnen bestens mit der Bitte, mich nicht zu vergessen und mit dem Versprechen Ihnen bald wieder etwas Nachricht zu geben, wie ich und ob ich meinen Plan in Rücksicht auf die Pyramide habe ausführen können.

Ihr gehorsamster Diener
F. K. Hornemann

Fr. Hornemanns Tagebuch seiner Reise von Cairo nach Murzuck

der Hauptstadt des Königreichs Fessan in Afrika

in den Jahren 1797 und 1798.

aus der Teutschen Handschrift desselben herausgegeben

von

Carl König

Mitgliede der Linnäil. Societ. zu London und der phitograph. Gesellschaft zu Göttingen.

Mit 2 Charten.

Weimar,

im Verlage des Landes-Industrie-Comptoirs.

1802.

Dem

Herrn Dr. Blumenbach

Professor zu Göttingen und Königl. Großbritt. Hofrathe.

mit

großer Hochachtung gewidmet

von

dem teutschen Herausgeber

Carl König.

Vorrede des Herausgebers.

Jeder Teutsche Freund der Erdkunde, dem zugleich das Schicksal eines unternehmenden Landsmannes am Herzen liegt, wird sich mit Vergnügen der theilnehmend geschriebenen Nachrichten erinnern, die Herr Hofrath Blumenbach, im ersten Monatsstücke der Allgemeinen geographischen Ephemeriden, über Herrn Fr. Hornemann mitgetheilt hat; ich wiederhole daher in diesen, dem Andenken meines Freundes gewiedmeten Zeilen, nichts von dem, was die erste Periode in der Geschichte seiner Sendung betrifft. Was ich hier mittheile, beschränkt sich hauptsächlich auf den weitern Fortgang seiner Reise nach den Gegenden, wo seine Untersuchungen ihren Anfang nahmen. Ich benutze hierbey einige der Briefe, die er an den Herrn Geheimenrath Banks und an den damaligen Sekretair der Afrikanischen Gesellschaft, Herrn Bryan Edwards geschrieben hat.

Nachdem Hornemann Göttingen, den Ort, der ihm den größern Theil seiner Bildung und der Afrikanischen Gesellschaft einen solchen Reisenden gab, verlassen und einige Monate in London, mit Benutzung jedes Vortheiles, den ihm sein Aufenthalt in dieser Stadt gewähren konnte, zugebracht hatte, begab er sich, im Monate Julius 1797, auf den Weg nach Paris, wo er den ersten August anlangte. In einer Stadt, bey einer Nation, wo es fast hinlängliche Empfehlung ist, ein Fremdling zu seyn, um auf jede Aufmerksamkeit rechnen zu dürfen, mußte Hornemann um so willkommener aufgenommen werden, da der Ruf seiner Sendung ihm vorausgegangen und er überdies mit mehreren Empfehlungsschreiben versehen war. Sein erster Weg, nachdem er sich mit dem Polizey-Minister abgefunden hatte, war zu Lalande, der sogleich Gelegenheit nahm, ihn dem National-Institute als den Mann vorzustellen, von dem Völker- und Länderkunde ansehnliche Beyträge zu erwarten hätten.

Gleichfalls günstig für seinen Zweck war es, daß sich damals verschiedene der französischen Konsuls der nördlichen Küste Afrikas in Paris befanden. Broussonet, damals bestimmter Konsul für Mojadore führte ihn bey Du Roché ein, der das General-Konsulat zu Tangier erhielt, und durch diesen wurde er mit verschiedenen andern merkwürdigen Männern bekannt. Aber von allen Bekanntschaften,

Mungo Park.

Fast gleichaltrig dürfte Hornemann mit dem schottischen Forschungsreisenden, der sein Vorbild war, auch äußerlich Ähnlichkeit gehabt haben.

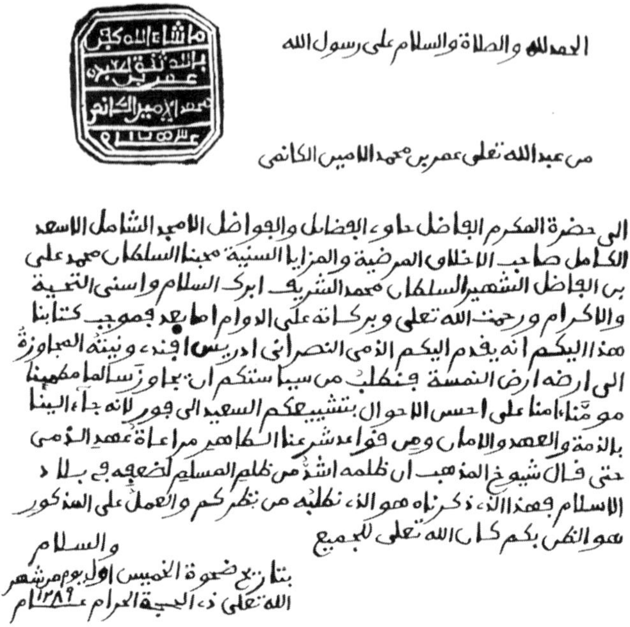

الحمد لله والصلاة والسلام على رسول الله

من عبد الله تعالى عمر بن محمد الامين الكانمي

الى حضرة المكرم الفاضل حاوى الفضائل والفواضل الامجد الشامل الاسعد
الكامل صاحب الاخلاق المرضية والمزايا السنية محبنا السلطان محمد على
بن الفاضل الشهير السلطان محمد الشريف ابرك السلام واسنى التحية
والاكرام ورحمة الله تعالى وبركاته على الدوام اما بعد فموجب كتابنا
هذا اليكم انه يقدم اليكم الذمي النصراني ادريس افندى ونيته المجاوزة
الى ارضه ارض النمسة فنطلب من سيادتكم ان يجاوز سالما مكرما
موقرا امنا على احسن الاحوال بتشييعكم السعيد الى فور لانه جاء الينا
بالذمة والعهد والامان ومن قواعد شرعنا الطاهر مراعاة عهد الذمي
حتى قال شيوخ المذهب ان ظلمه اشد من ظلم المسلم لضعفه في بلاد
الاسلام فهذا الذي ذكرناه هو الذي نطلبه من نظركم والعمل على المذكور
هو الظن بكم كان الله تعالى للجميع

والسلام
بتاريخ ضحوة الخميس اول يوم من شهر
الله تعالى ذى الحجة الحرام عام ١٢٨٩

Empfehlungsschreiben, wie das hier abgebildete, waren für Reisende in Afrika wichtig. Auch Hornemann erhielt ein solches mit auf den Weg.

die er hier machte, war keine so schätzbar für ihn, als die eines türkischen Kaufmanns von Bedeutung, der mit Tunis und Tripoli in ansehnlichem Handels-Verkehre stand. Dieser Mann war der Meynung, der einzige Weg für einen Christen in das Innere Afrikas sey der über Tripoli und Fessan; und wenn Hornemann diesen Weg einschlagen wolle, so würde er ihn so sicher dahin als von Paris nach Marseille bringen können. Da Hornemann ihm vorstellte, seine Verhältnisse erlaubten ihm keinen andern Weg als den über Cairo, so bezeugte er anfangs sein Mißvergnügen hierüber, gab ihm aber dennoch ein dringendes Empfehlungs-Schreiben in Arabischer Sprache an einen ansehnlichen Kaufmann in Cairo mit, worin er ihn als einen jungen Englischen Kaufmann, und, was mehr war, als seinen Freund vorstellte.

Mit Briefen von Lalande an B. Thullis, den Astronomen, begab sich Hornemann im August desselben Jahres nach Marseille, wo er keine unmittelbar nach Alexandrien, wohl aber nach Livorno, Smyrna und Cypern, segelnde Schiffe vorfand. Da der Handel von Livorno nach Egypten (wie Hornemann damals hörte und es in der Folge bestätiget fand,) seit dem Kriege beträchtlich abgenommen hatte; und er mithin befürchten mußte, an jenem Orte aufgehalten zu werden, so schiffte er sich nach Cypern ein, von wo beständig Schiffe mit Johannis-Brod nach Egypten abgehen. Am 11ten August segelte er ab und kam den 31sten desselben Monates auf der Rhede von Lernica an, wo er hörte, daß ein großes Venezianisches Schiff zu Limosol bereit liege, um nach Alexandrian abzugehen. Hornemann bediente sich dieser Gelegenheit, verließ Limosol den 9ten September und kam den 13ten bey Alexandria an, wo ihn der Brittische Konsul mit großer Gastfreundschaft aufnahm, und ihm Briefe für Rosette und Cairo mit gab. Da die Araber-Horden, die sich um jene Zeit der Stadt ansehnlich näherten, ihm jede Gelegenheit raubten, die umliegenden Gegenden und ihre Alterthümer zu besuchen, so hielt er sich nur einige Tage zu Alexandrien auf. Er begab sich den 21sten September nach Rosette, wo er den folgenden Tag zubrachte, und dann seine Reise nach Cairo auf dem Nil fortsetzte, der um diese Jahreszeit, wo Reis- und Dura-Felder und Wiesen, durch die Ueberschwemmungen des Flusses gewässert, im schönsten Grün stehen, nothwendig ein neues, großes Schauspiel für ihn gewesen seyn muß. — In Cairo traf er den Herrn Major Schwarz, dessen Umgang sehr lehrreich für ihn war, und mit dem er auch einige antiquarische Excursionen in die umliegenden Gegenden anstellte.

Die Winke, welche Hornemann von der Afrikanischen Gesellschaft bekommen hatte, Cairo, als einen vorzüglichen

Vorbereitungsort, nicht zu früh zu verlassen, verbunden mit der Reihe von ungeahndeten Hindernissen mannigfaltiger Art, die sich ihm hier in den Weg stellten, verlängerten seinen Aufenthalt in dieser Stadt bis zu zehn Monaten. Während dieser Zeit ereignete sich auch die Landung der Franzosen in Egypten, und nichts war von Seiten Hornemanns natürlicher, als die Besorgniß, daß mit ihr der weitere Fortgang seiner Reise aufgehoben und alle seine Lieblingsplane zerstört werden würden. Hierin fand er sich indeß angenehm getäuscht. Bonaparte nahm ihn nicht allein unter seinen Schutz und versah ihn mit allen nöthigen Pässen, sondern bot ihm auch Geld an, dessen er aber zu jener Zeit nicht benöthiget war. Folgender, ursprünglich in Französischer Sprache geschriebener Brief an Herrn Edwards, in welchem Hornemann nähere Nachrichten von seinen Verhältnissen zu Cairo giebt, wurde gleichfalls von Bonaparte, unter seinem Siegel, nach Frankreich und von da unerbrochen der Afrikanischen Gesellschaft übersandt.

* * *

Cairo, den 31sten August 1798.

Mein Herr!

„Ich schrieb ihnen in meinem letzten Briefe, daß es meine Absicht sey, Cairo mit Ende des Maymonates zu verlassen; aber mein Plan ist vereitelt worden. Die Pest, die sich hier im April einstellte, verhindert mich nicht allein, abzureisen, sondern fesselte mich auch an meine Wohnung. Dessen ungeachtet war ich sehr geneigt, mich hinaus zu wagen, um mich an den Ort zu begeben, wo sich die nach Fessan zurückkehrenden Kaufleute versammelt hatten; aber der Umstand, daß ich zu jener Zeit nicht Geld genug in Händen hatte, um mich gehörig ausrüsten zu können, legte mir auch von dieser Seite Hindernisse in den Weg.

„Sobald ich mich wieder mit Sicherheit hinaus begeben konnte, erneuerte ich die Bekanntschaft mit einigen Männern der Karawane, die in der Stadt geblieben waren, um einige Freunde zu erwarten, die von Mecca kommen sollten. Ein Französisches Handlungshaus, an welches ich keine weitere Empfehlungen hatte, als die, welche in Wohlwollen und Freundschaft gegründet waren, versprach mir das nöthige Geld vorzustrecken, und ich sah mich schon auf dem Punkte meiner Abreise, als mir plötzlich durch den Einfall der Franzosen in Egypten, alle Hoffnung dazu abgeschnitten wurde. Unsere Karawane zerstreuete sich, die von Mecca war noch nicht angekommen, und wir Europäer wurden, um vor der Wuth des Volkes gesichert zu seyn, in die Festung geführt, wo wir bis zur Ankunft der Franzosen in Cairo verweilen mußten.

„Einige Tage darauf machte ich die Bekanntschaft zweyer französischer Gelehrten; Bertholet's und Monge's. Diese führten mich beym General en Chef ein, dessen Liebe für die Wissenschaften allgemein bekannt ist. Er versicherte mich seines Schutzes, gab mir die erforderlichen Pässe, und bot mir selbst Geld an.

„Ich verlor keine Zeit, meine Freunde, die Fessaner Kaufleute, wieder aufzusuchen und meine Bekanntschaft mit ihnen zu erneuern. So wie die öffentliche Ruhe nach und nach wieder hergestellt wurde, kehrten sie, einer nach dem andern, zur Stadt zurück, bis sie zuletzt wieder alle mit einander vereiniget waren. Vierzehn Tage sind nun verflossen, seit dem wir Vorbereitungen zu unserer Abreise machen, die auf übermorgen festgesetzt ist.

„Man pflegt sich gewöhnlich zur Erreichung außerordentlicher Zwecke, eben so außerordentlicher Mittel zu bedienen; ich selbst schlage bey meinem Unternehmen den ganz entgegengesetzten Weg ein. Den Plan den ich mir vorgezeichnet habe, und den ich auf meiner ganzen Reise befolgen werde, ist sehr einfach; eine einzige Zeile faßt ihn: ich werde als Mahometanischer Karawanen-Kaufmann reisen. — Unter diesem Charakter bin ich im Stande, mit derselben Sicherheit als ein Eingeborner des Landes zu gehen.

„Da viele Mitglieder der Karawane in Mecca gewesen sind, so wissen diese gar wohl, daß es viele Mahomedaner giebt, die nicht Arabisch sprechen, und die selbst von den ihrigen sehr verschiedene Sitten und Gebräuche haben. Weiß man nur die Gebete und Religionsgebräuche, so ist es nicht so sehr schwer für einen Muselmann zu gehen. Was ein gewisses persönliches, weniger zweydeutiges Merkmal betrifft; so ist man durch das natürliche Zartgefühl der Mahomedaner vor jeder unangenehmen Nachforschung sicher gestellt. Als Christ zu reisen wird gewiß für wenigstens fünf Jahre eine Sache der Unmöglichkeit seyn; denn es ist unglaublich, wie groß der Eindruck ist, den die Landung auf die Pilgrimme von Mecca gemacht hat, die ihren vermehrten Haß gegen die Ungläubigen weit und breit, bis in das Herz von Afrika mit sich nehmen und ausbreiten werden.

„Vielleicht wird man mir einwenden, daß ich, unter dem Charakter eines reisenden Kaufmanns, dem traurigen Schicksale des Major Houghton entgegen zu sehen habe. Aber ich werde ja für einen Mahomedaner gehalten, reise niemals allein, und bin auch in unserer jetzigen Karawane nur ein kleiner, unbedeutender Handelsmann.

„Was meine astronomischen Instrumente betrifft, so werde ich alle mögliche Sorgfalt anwenden, daß man mich nicht Beobachtungen mit denselben anstellen sieht. Findet man sie bey mir — nun gut, so gehören sie zu meinen Handels-Artikeln. Für Gold wird man sie sicher nicht halten, denn man versteht sich hier besser auf dieses Metall als ich selbst. — Die Fessanische Karawane besteht aus reichen, ehrlichen und unternehmenden Männern, die aber zugleich die fanatischsten Muselmänner sind.

„Ich habe noch Niemandem gesagt, daß ich mich in das Innere von Afrika begeben werde, habe aber Bekanntschaft mit einem Manne gemacht, der in Burnu und Kaschna gewesen ist, und der wahrscheinlich künftiges Jahr nochmals eine Reise nach Kaschna anstellen wird, welcher Ort, allen Nachrichten zufolge, die ich erhalten habe, sehr merkwürdig ist, und, nach meiner Ankunft in Fessan, eine eigene Expedition verdient.

„Ich denke zu Anfange Novembers in Fessan anzulangen, und im folgenden Jahre nach Agades und Kaschna zu gehen, wo ich etwa zehn Monate zubringen, und dann über Mecca oder Senegambien zurückkehren werde. Sollte ich mich genöthiget sehen, nach Tripoli zurückzukehren, so werde ich meine Reise als unvollendet betrachten, und, mit Erlaubniß der Gesellschaft, Vorbereitungen zu einer zweyten machen.

„Ist keine Gefahr damit verbunden, so werde ich ihnen von Fessan schreibe... Die beste Methode wird die seyn, einige Fessanische Produkte einzupacken, denselben einen arabischen gleichgültigen Brief beyzulegen, und zur Emballage selbst meine Papiere für die Gesellschaft zu gebrauchen.

„Wenn sie an den Englischen Konsul zu Tripoli schreiben, so haben sie doch die Güte, ihn zu ermahnen, sich niemals bey Fessanischen Kaufleuten und andern nach mir zu erkundigen, auch dann nicht, wenn ich ihm Briefe für die Gesellschaft übersenden werde. Diese Menschen sind gar sehr argwöhnisch; die Nachfrage eines Christen könnte sie daher leicht aufmerksam machen, und die Ursache meines Todes werden. — Selbst wenn Sie in drey Jahren nichts von mir hören sollten, erkundigen Sie sich ja nicht nach mir, ich bitte Sie sehr darum! Bey solcher Vorsicht werden die Gefahren meiner Reise, da ich Muselmann bin, nicht unüberwindlich seyn. Diejenigen Gefahren, die aus der Hitze, der Länge des Weges u. s. w. entspringen, werde ich durch Muth, Beständigkeit und durch die gute Beschaffenheit meines Körpers zu bekämpfen wissen.

„Es bleibt mir noch übrig, der Gesellschaft den Mann zu empfehlen, dessen ich bereits in einem vorigen Briefe

Erwähnung gethan habe. Er heißt Joseph Frendenburg und ist aus Teutschland gebürtig, wohin er eben von Cairo zurückkehren wollte, als ich seine Bekanntschaft daselbst machte. Ich bediente mich seiner als Dolmetscher; dieses Amt gefiel ihm, und er äußerte den Wunsch mich auf meiner Reise begleiten zu können. Er ist bereits vor zehn bis zwölf Jahren gezwungen worden, die Mahometanische Religion anzunehmen, hat dreymal die Wallfahrt nach Mecca gemacht, spricht Arabisch und Türkisch mit der größten Fertigkeit, kurz, ich finde in ihm einen Mann wie ich ihn suche und brauche. Ohne ihn würde ich kaum im Stande seyn, die Reise anzutreten, wenn ich mich nicht öffentlich zur türkischen Religion bekennen will. Ich kenne ihn nun bereits seit zehn Monaten, und weiß, daß ich, wenn er mir bleibt, nicht das Ungemach vieler Reisenden in diesem Lande haben kann, die von ihren Bedienten bestohlen und verlassen werden. Ich werde die Kameele und Pferde (denn jeder reiset zu Pferde und zwar wohl bewaffnet,) so wie auch einen Theil des Handels seiner Besorgung überlassen; wodurch ich mehr Zeit und Gelegenheit bekommen werde, auf den eigentlichen Zweck meiner Reise achten zu können. Seine Forderungen sind sehr mäßig. Ich versicherte ihn, daß die Afrikanische Gesellschaft, nach Beendigung unserer Reise, seiner mir geleisteten Dienste eingedenk seyn würde, vorzüglich wenn er, im Fall ich sterben sollte, mein Tagebuch nach England brächte.

„Ich war in Hinsicht der Art und Weise, wie ich diesen Brief nach Europa senden sollte, in großer Verlegenheit; zuletzt ersuchte ich den General Bonaparte — da mein Schreiben keine Geheimnisse enthält — dafür zu sorgen, und er versprach es zu thun. —

„Mein nächster Brief wird hoffentlich von Fessan seyn, und nach Verlauf von etwa drey Jahren werde ich mich im Stande sehen, um vieles mehr von dem Innern Afrikas mittheilen zu können.

Ich habe die Ehre u. s. w.

Friedrich Hornemann.

Hrn. Bryan Edwards
Sekret. der Afr. Gesellsch.
u. s. w.

* * *

Hornemann verließ Cairo wenige Tage nachdem dieser Brief geschrieben war, und das Ungemach welches er an diesem Ort ertragen hatte, machte ihm den Tag seiner Abreise nach Fessan zu einem Freudenfeste. Diese Reise macht den Gegenstand des gegenwärtigen Bandes aus. — Hornemann faßte in Murzuck den Entschluß nach Tripoli zu gehen, um daselbst seine Papiere zu ordnen und sie nach England zu schicken, und kam daselbst um die Mitte des Augusts an, wiewohl ohne seinen Frendenburg, der an den Folgen der den Hauptstädten eignen Ausschweifungen, in Fessans Hauptstadt gestorben war.

Von dem nach England gesandten in Teutscher Sprache geschriebenen Tagebuche, veranstaltete die Afrikanische Gesellschaft eine Englische Uebersetzung, die, so gut sie ist, noch vortrefflicher ausgefallen seyn würde, wenn beyde Urschriften benutzt wären, und wenn diese, mit flüchtiger Feder von Hornemann geschrieben, sich nicht hin und wieder etwas unleserlich gezeigt hätten. Der Verfasser des Tagebuches konnte zu Tripoli, wo er in einem Türkischen Gasthofe oder Fanduk wohnte, und beständig von einer lauten Gesellschaft von Türken und Arabern umgeben war, weder viel an Schönschreiberey noch an die Feile denken. Er schickte sein Tagebuch als eine Skizze desjenigen, was er wußte, und als einen Vorläufer dessen, was er bey seiner Rückkehr mittheilen wollte; und in diesem Lichte betrachtet, wird es (vorzüglich in Verbindung mit dem wichtigen Kommentar des Herrn Majors Rennell) jedem Freunde der Erdkunde und des Verfassers auch ohne weitere Verbrämung nicht unwillkommen seyn.

Hornemann trat den ersten December 1799 seine Rückreise nach Fessan an. Er nahm zwey Kameele mit sich, deren eins mit allerley kleinen Waaren, als Spiegeln, Rechenpfennigen, Messern, rothem Tuche u. s. w. beladen war; das andere trug das Gepäck seines Herrn, Waffen, Nahrungsmittel, Wasservorrath, Instrumente und Bücher. Die Lebensmittel, welche er für diese Reise mit sich nahm, bestanden aus 40 Pfund Cuscasu, 15 Pf. Mehl und 10 Pf. Linsen, nebst der dazu nöthigen Quantität Oehl und Butter. Seine Garderobe bestand nur aus zwey tripolitanischen Kleidern, weil er sich bey seiner Ankunft in Fessan (wahrscheinlich um nicht wie die Vornehmern und Reichern dieses Landes zu erscheinen, die sich nach tripolitanischer Art kleiden), sogleich wieder des Sudanischen Kostumes bedienen wollte. Seine profanen Bücher hatte er vorläufig den Wellen des Nils übergeben, aber bedächtig dafür den Koran nebst einigen andern heiligen Büchern zu sich genommen.

Den 20sten Januar 1800 kam Hornemann glücklich wieder in Mursuck an, von wo aus die Afrikanische Gesellschaft zwey Briefe, den einen vom 20sten Februar, den andern vom 6ten April erhielt, die in der Englischen Ausgabe am Ende des Tagebuches eingeschaltet sind, und daher auch in der Teutschen denselben Platz behalten haben. Ein dritter Brief vom 24sten März, auf welchen sich der Brief vom 6ten April bezieht, ist nicht bey seiner Behörde angelangt, welches um so mehr zu bedauren ist, da er wahrscheinlich über die in dem zweyten Briefe mitgetheilte Bemerkung über die Lustseuche jener Gegend weitere Aufklärung enthält. — Wer weiß, wozu diese Bemerkung in unserm entdeckenden Zeitalter führen kann!

Dies ist alles, was man bis jetzt von Hornemanns weitern Fortschritten nach seiner Abreise von Tripoli weiß. Die Zeit, die er zu seiner Rückkehr nach einer der Afrikanischen Küsten bestimmt hat, ist zwar verflossen, aber der Umstand, daß sich die Zeit der Rückkehr von einer Reise dieser Art, unmöglich festsetzen läßt, hat dennoch der Besorgniß, die Jeder für das Wohl dieses unternehmenden Mannes haben müßte, noch nicht Raum gegeben. Er hat die Lehrlings-Jahre glücklich überstanden, und die Verhältnisse unter denen er jetzt reiset, sind günstiger als es die auf der ersten Wallfahrt nach Fessan waren. Der Bascha von Tripoli scheint mit der Natur der Hornemannschen Sendung bekannt zu seyn. Hornemann traf bey ihm den oben erwähnten freundlichen Türken, dessen Bekanntschaft ihm bereits zu Paris von Nutzen gewesen war. Der Bascha hat ihm ein dringendes Empfehlungsschreiben, oder vielmehr einen Paß mit auf den Weg gegeben, worin er ihm seinen angenommenen türkischen Namen giebt, ihn für einen seiner Leute ausgiebt, der eine weite Geschäftsreise vorhabe, und jeden Gläubigen ersucht ihn friedlich ziehen zu lassen, als einen Mann, dem er selbst Erlaubniß gegeben habe, die ganze Welt zu durchreisen u. s. w. Diesen Paß hat er ihm öffentlich bey seiner letzten Audienz übergeben, und ihn dabey vor allen Anwesenden bey seinem türkischen Namen aufgerufen.

Wie weit diese günstig scheinenden Verhältnisse Hornemanns, und seine eignen mit Mühe erworbenen Einsichten in das schwierige Geschäft des Reisens in jenen Gegenden, zu seiner Erhaltung und zur glücklichen Erreichung seines Zweckes beygetragen haben oder noch beytragen werden — dieses müssen wir der Zukunft zur Beantwortung überlassen. Möge ihre Antwort unsern Wünschen gemäß ausfallen!

Carl König.

Einleitung
von
Herrn William Young,
Sekretair der Afrikanischen Gesellschaft.

Die Gesellschaft, die sich im Jahre 1788 zur Erforschung des Innern von Afrika bildete, hat sich stets beflissen, zur Erreichung ihres wichtigen Zweckes, weise und sichere Maaßregeln zu treffen. Ihre Bemühungen gingen zuerst mit dem besten Erfolge dahin, Erkundigungen einzuziehen, und dieselben einer strengen Prüfung zu unterwerfen; seit 1798 hat sie sich im Stande gesehen, ihre Maaßregeln zu fernern Entdeckungen in jenem Welttheile, nach den Berichten der von ihr ausgesandten Reisenden zu nehmen.

Ein Band der Verhandlungen der Gesellschaft von 1790-92 giebt ausführliche Nachricht von demjenigen, was man in obiger Hinsicht durch brittische Konsuls, durch die mündlichen Nachrichten Maurischer Kaufleute, Scherifs und Anderer erfahren hatte, die als Pilger, mit den Karawanen in verschiedenen Richtungen zwischen Mecca und den vielen und entfernten Wohnplätzen der Mahomedaner in Afrika, umhergereiset waren.

Diese Mittheilungen waren damals äußerst wichtig und nützlich. Sie dienten als Sporn zu weitern Erkundigungen; sie eröffneten ein neues Feld dem Handelsgeiste, boten neue Gegenstände dem Naturforscher, der Völker- und Länderkunde dar, und dienten als Richtschnur, um die Wahrheit der ferner einlaufenden Berichte zu bestimmen.

Geben wir auch zu, daß die Gewährsmänner so wohl von dem redeten, was sie bloß gehört als von dem was sie gesehen hatten; daß sie größtentheils unwissende, leichtgläubige Menschen waren, und daß man sich daher auf die Richtigkeit ihrer Aussagen nicht durchaus verlassen konnte, so verdienten sie doch Aufmerksamkeit in Ansehung solcher Punkte, in denen sie mit einander übereinstimmten. Die Summe ihrer Nachrichten von dem Lande und seinen Bewohnern gab daher Aufschlüsse über manchen Umstand, und Gelegenheit zu Vermuthungen, die bey fernern Untersuchungen zum sichern Leitfaden dienen konnten. Widmen wir diesen Berichten einige Aufmerksamkeit, so werden wir finden, daß, so wie das große Kontinent Afrikas mitten in seinen Sand-Seen, hin und wieder eine fruchtbare Insel oder Oasis aufzuweisen hat, auch etwas ähnliches in Ansehung seiner Bewohner statt findet: wir werden nämlich einzelne Gegenden gewahr, wo Genie, bürgerliche Ordnung und Menschenliebe wohnen. Ist der aufgeklärte Reisende Gegenden durchwandert, die, durch Trägheit und Unwissenheit, als die Folgen des Aberglaubens, der Unterdrückung und der Vorurtheile, ein Bild des größten Elends darstellen, so wird er doch gelegentlich durch plötzliche Veränderung der Scene überrascht; er bemerkt mit Wohlgefallen den Freyheits-Sinn und die Klugheit der

Tuarick von Hagara, und den Kunstfleiß und die Gutmüthigkeit der Haussa. — Diese Keime der Kultur zu entwickeln, ist sicher ein sehr edler Zweck! Und überhaupt, wo giebt es ein Volk, ein Land, welches mehr Interesse erwecken könnte? — wo ist ein Land, das der Kultur, den Künsten, dem Handelsgeiste anderer Nationen offener läge als dieses! — Der Vortheil, welcher aus dem Verkehr mit jenen Gegenden sowohl uns als den Bewohnern derselben erwachsen müßte, ist einleuchtend: Einführung milder Sitten und der Künste des Friedens von der einen, und Materialien für Handel, Kunstfleiß und Wissenschaften von der andern Seite.

Die Zusammenstellung der übereinstimmenden Nachrichten in Betreff des Innern von Afrika hat, wie gesagt, nicht wenig dazu beygetragen, den Eifer für die Entdeckungen in dieser Weltgegend zu befördern und zu leiten. Aber der Scharfsinn weiß auch oft selbst aus einander widersprechenden, unvollständigen und zweydeutigen Berichten Wahrheit zu ziehen. Die Wissenschaft bearbeitet oft mit vielem Glücke die einzelnen Materialien, welche die Unwissenheit zusammengehäufet hat; sie vergleicht, ordnet und verbindet dieselben, und weiß in ihnen neue Belehrung und Beyträge zu der Summe menschlicher Kenntnisse und Erfindungen zu entdecken.

Wäre es nöthig das Gesagte durch Beyspiele zu beweisen, so würde ich statt aller übrigen nur die Rennellsche Bearbeitung der mitgetheilten Nachrichten von Afrika anzuführen haben. Dem scharfsinnigen Geographen Major Rennell, haben die, diesen Welttheil betreffenden, Materialien Stoff zu Untersuchungen und Folgerungen gegeben, die von der größten Wichtigkeit für die Wissenschaft sind. Zufolge einer vergleichenden Uebersicht der verschiedenen Nachrichten von Reisen und einzelnen Oertern, sowohl neuer als älterer Schriftsteller, vorzüglich des Vaters der Geschichte, Herodot's, hat der Major Rennell die Charte von Afrika mit einem Scharfsinne verbessert, der Vermuthung in Gewißheit verwandelt hat.

Wären die Verhandlungen der Gesellschaft hiermit beendiget gewesen, und hätten sie sich einzig und allein auf die erwähnte Kompilation und auf die Kommentare des Majors Rennell beschränkt, so würde auch dann die Nachwelt den Nutzen dieses Instituts nicht verkannt haben. Aber das Tagebuch der Reise des Herrn Park's zum Niger, und das des Herrn Hornemann's von Cairo nach Mursuck werden hinlänglich darthun, daß die Kenntniß, welche die Gesellschaft vom innern Afrika hat, nicht länger auf solchen Entdeckungen beruhe, die allein Traditionen und Vernunftschlüssen ihr Daseyn verdanken.

Selbst unter den ungünstigsten Verhältnissen, als Krieg und Revolution, die etwa um die Zeit der Stiftung der Gesellschaft ausbrachen, allenthalben ihren Einfluß zeigten, und im Jahre 1798 selbst die Hauptstadt Afrikas erreichten, haben die Kommissäre der Gesellschaft diese noch hinzukommenden Gefahren glücklich zu übersteigen gewußt.

Es verdient hier angemerkt zu werden, daß der Reisende, dessen Werk den Gegenstand dieses Buches ausmacht, in einem hohen Grade dem Genius der Humanität und Aufklärung Dank schuldig ist, der wahrhaft großen Männern eingiebt, nützliche Künste und Wissenschaften auch während der Gräuel des Krieges in Schutz zu nehmen. Einen solchen Mann fand Hornemann in Bonaparte, der den französischen Armeen in Egypten Befehl ertheilte, diesen Reisenden, dessen Unternehmung der Welt Vortheil bringen könnte, ungestört ziehen zu lassen, obgleich er aus einem feindlichen Lande komme.

Unter Bonapartes Schutz und mit seinen besondern Pässen und andern Sicherheitsmitteln versehen, erreichte Hornemann wohlbehalten die Karawane von Mecca, und unternahm denn seine Reise von Cairo nach dem Königreiche Fessan, welches, da seine Hauptstadt der allgemeine Sammelplatz der Karawanen ist, als der eigentliche Directions- und Vorbereitungs-Posten zu seinen weitern Reisen in das Innere von Afrika zu betrachten ist.

Bey Ausmittelung der Marsch-Routen für Park und Hornemann, machte die Gesellschaft von vorher mitgetheilten Nachrichten Gebrauch, bestimmte im Allgemeinen den Gang der anzustellenden Untersuchungen, und hat jetzt das Vergnügen, jede Unternehmung mit Glücke gekrönt zu sehen. Die genannten Reisenden haben Wege erforscht, die nun bald der Spekulation des Kaufmanns offen seyn werden. Aber wenig würde es unserer Nation zur Ehre gereichen, wenn der Brittische Kaufmann, aus Mangel an Unterstützung und Beystand von Seiten der Regierung, den Vorgang in Ansehung der in jenen Regionen anzulegenden Handels-Posten und Niederlassungen, verlieren und zugeben sollte, daß andere Nationen den Grund und Boden in Besitz nehmen, den der Brittische Unternehmungsgeist, unter den Auspicien einer patriotischen Gesellschaft, für sie erforscht, angezeigt und vorbereitet haben würde.

Durch Herrn Park's Entdeckungen ist jeder handelnden Nation ein Thor zum Eingange geöffnet, um von dem westlichen bis zum östlichen Ende Afrikas Handel zu treiben. Die schiffbaren Gegenden des Gambia und Niger sind nicht so entfernt, daß nicht von denselben, in Verbindung mit den zu errichtenden, zu Stationen und Sammelplätzen dienenden Niederlassungen, großer Vortheil für den Handel erwartet werden dürfte. Die Eingebornen selbst machen, auch ohne solche vortheilhafte Bequemlichkeit, ansehnliche Geschäfte mit Straußfedern, Spezereyen, Elfenbein und Gold. — Nimmt der Brittische Unternehmungsgeist in dieser Hinsicht eine zweckmäßige Richtung, so ist es kaum zu berechnen, wie sehr brittische Manufakturen und Fabriken, durch den Absatz ihrer Artikel an solche ungeheuren Strecken Landes, in deren Schoße sich Gold, das große Vehikel des Handels, ohne Mühe findet, gewinnen und zunehmen werden. Und sicher würde dieses Metall um so begieriger aufgesucht und gefunden werden, je mehr die Artikel, welche man dafür eintauschen kann, jenen Völkern bekannt, wünschenswerth und unentbehrlich werden.

Wenn Park's und Hornemann's dornigte Pfade erst der gebahnte Weg des Handels geworden seyn werden, dann müssen auch gar bald Vortheile anderer Art folgen; der Verkehr der Nationen wird dann auch auf die Belehrung des Naturforschers und Philosophen, auf Beförderung der Kultur und überhaupt auf die Vermehrung des menschlichen Wissens und der menschlichen Glückseeligkeit, seinen wohlthätigen Einfluß zeigen.

Bey der Betrachtung solcher vortheilhaften Aussichten können die patriotischen Männer, aus denen die Afrikanische Gesellschaft besteht, nicht anders als mit besonderer Freude auf die Stunde zurückblicken, in welcher sie ihre Stiftung erhielt; Vergnügen wird ihnen daher auch die Wiederholung der Mittel und Wege gewähren, durch welche sie den Zweck ihrer Arbeiten so glücklich zu erreichen wußte.

Unter denjenigen, die zur Einsendung der, Afrika und seine Bewohner angehenden, Nachrichten von der Gesellschaft angesetzt wurden, waren vorzüglich, die Herren Ledyard und Lucas, deren fernere Bestimmung es war, selbst zum Herzen des Landes vorzudringen, um die Wahrheit des Gehörten zu prüfen und nach eigner

Erfahrung zu berichtigen. Ledyard starb zu Cairo, ehe noch sein kühner, strebender Geist den ersten Schritt zum Ziele gethan hatte. Herr Lucas fühlte sich durch die nahen Gefahren und Schwierigkeiten des Unternehmens abgeschreckt, und gieng nicht weiter als bis nach Mesurate, sieben Tagereisen südöstlich von Tripolis. Hier sammelte er Nachrichten bey dem Scherif Imhammed und bey Fessanischen Kaufleuten ein, nahm seinen Weg nach Tripolis zurück, und befand sich bald darauf wieder in England.

Weit entfernt, durch diese vereitelten Hoffnungen muthlos zu werden, entschloß sich die Gesellschaft einen neuen Reisenden zu erwählen. Ledyard sollte von Osten in Afrika eindringen, Lucas von Süden. Im Jahre 1790, wurde der Major Houghton bestimmt, zur Mündung des Gambia zu segeln, und das Land von Westen nach Osten zu durchkreuzen. Er erreichte den 10ten November desselben Jahres die Küste von Afrika, und trat sogleich seine Reise landeinwärts an, nämlich längs dem Gambia nach Medina, 900 Br. Meilen (nach dem Laufe des Wassers gerechnet,) von der Mündung des Flusses, und dann weiter nach Bambuk und zu dem benachbarten Königreiche Kasson. Hier beendigte er unglücklicherweise seine Wanderungen zugleich mit seinem Leben, nahe bey der Stadt Jarra. Herr Park, der im Jahre 1795 von der Gesellschaft ausgesandt wurde, verfolgte den Weg des Major Houghton's mit mehrerem

Glücke, und erforschte die Ufer des Niger bis nach Sego und Silla, der ersten jener großen Reihe von volkreichen Handelsstädten, die das südliche Afrika von den nördlichen Wüsten trennt. Das Daseyn dieser Städte ist seit Jahrhunderten mehr ein Gegenstand des Gerüchts und fabelhafter Erzählungen, als wirklich geographischer Kenntniß gewesen.

Die Berichte von Herrn Park wurden der Gesellschaft bey ihrer jährlichen Zusammenkunft im May 1798 vorgelegt. — Das Jahr 1798 wird immer als die merkwürdige Epoche berühmt bleiben, in welcher die Afrikanische Gesellschaft den Lauf des Nigers, nämlich von Westen nach Osten, öffentlich bekannt gemacht hat. So wurden, nach einem Zeitraume von 2300 Jahren die Aussage der Nasamonen und die Nachrichten des Herodotus bekräftiget, die während dieser langen Periode von alten und neuen Schriftstellern bestritten, und zuletzt, im verflossenen Jahrhunderte, von dem gelehrten d'Anville gänzlich verworfen waren. — Herr Park hat nicht allein Nachricht von dem Wege gegeben, den er zurücklegte, sondern auch von den Menschen, die er auf demselben sah. Er hat die Volksmenge der Distrikte des großen Landstriches, der Afrika von Westen nach Osten durchkreuzt, berichtiget, und die Sitten, die Vorurtheile und die Regierungsform der Mauren und Neger angegeben. Durch ihn ist die Gesellschaft belehret worden, welchen Charakter, und welche Eigenschaften die in Zukunft auszusendenden Reisenden besitzen müssen; er hat die Wege zu den verschiedenen Distrikten und Städten angegeben, und zugleich mit ihnen die Mittel, durch die man sich einer guten Aufnahme in dieselben versichern kann. — Die Gesellschaft hat die Aufklärungen, die Herr Park über manchen wichtigen Punkt gegeben hat, gehörig gewürdiget, und auch Herr Hornemann, der letzte der ausgesandten Reisenden, hat hinlänglich durch das jetzt mitzutheilende Tagebuch gezeiget, daß er die Vortheile, auf die sein Vorgänger aufmerksam macht, wohl zu benutzen gewußt hat.

Was den weitern Fortgang dieses talentvollen Mannes betrifft, so enthalte ich mich hier aller Bemerkungen. Die Zeit der bloßen Erwartung ist vorüber. In diesem Zeitpunkte der wirklichen Entdeckungen, Folgerungen und Vermuthungen zu wagen, um sie in der Folge bestätiget oder widerlegt zu sehen, würde unzweckmäßig seyn. Beym Entstehen der Gesellschaft zur Erforschung des Innern von Afrika, mochte es nothwendig seyn, alles, was das Gerücht sagte, alles was erwartet werden konnte, mit lebhaften Farben zu schildern, um die Neugierde und den Unternehmungsgeist zu wecken, und den ersten Bewegungen der neuen Anstalt gleichsam eine Feder beyzugesellen. Jetzt sind solche Mittel nicht mehr erforderlich. Wir besitzen jezt eine Grundlage, auf der wir fortbauen können, und Genauigkeit und Vorsicht sind die einzigen Leiterinnen, die uns in unserm Fortgange und zur glücklichen Erreichung unseres Zweckes nöthig sind. Die von der Gesellschaft künftig auszusendenden Männer, werden sich weder blindlings in Gefahren zu stürzen, noch furchtsamen Schrittes, wie im Dunkeln umher zu tappen brauchen; belehrt von der Gesellschaft und erzogen zur Ausführung ihrer Plane, werden sie mit Sicherheit auf dem Wege der Untersuchung gehen und die Resultate ihrer Bemühungen werden vortheilhaft für Großbrittannien — für Afrika und für die ganze Welt seyn.

W. Young.

Sekret. der Afrik. Gesellschaft.

Fr. Hornemanns Tagebuch seiner Reise von Cairo nach Murzuck

in den Jahren 1797 und 1798.

aus der Teutschen Handschrift desselben herausgegeben

von

Carl König,

Mitgliede der Linnäischen Societ. zu London und der phitograph. Gesellschaft zu Göttingen.

Erstes Kapitel.

Abreise von Kardaffi — Wady=el=Latron — Muhabag — Mogara — Beschreibung der Vorbereitungen zu einer Karawanen=Reise — Lebensart unterwegs — Ankunft zu Biljoradeck oder Jahudie — Gränzgebirge der Wüste — Salz=Lager — Ankunft zu Ummesogeir.

Wir verließen den 5ten September 1798 Kardaffi, ein Dorf in der Nähe von Cairo, welches man zum Sammelplatze der Kaufleute von Augila bestimmt hatte und vereinigten uns nach ungefähr einer Stunde mit der Karawane, die jährlich von Mecca über Cairo und Fessan, in die westlichen Länder Afrikas zurückkehrt, und uns jetzt bey dem kleinen Dorfe Baruasch erwartete. Wir lagerten uns in geringer Entfernung von den Pilgern, bis zum folgenden Morgen, da uns, schon vor dem Aufgange der Sonne, die eintönige Pauke unseres Scheiks zum Aufbruche erweckte.

Ich hatte mir die Beschwerden der Reise nichts weniger als unbedeutend gedacht, vorzüglich für mich, der ich noch nie in einer Karawane gereiset war; aber wie erstaunte ich erst, als ich gegen Mittag einige der vornehmsten und reichsten Kaufleute an einem trocknen Zwiebacke und einigen Zwiebeln nagen sah; als ich hörte, daß man während des Tages sich nie zu lagern pflege und die Kameele nur im Falle der größten Noth aufhalte. Es blieb mir daher nichts übrig, als einige der neben mir reitenden Araber zu ersuchen, mich an ihrem Male Theil nehmen zu lassen.

Kurz nach Sonnen-Untergange gab unser Scheik das Zeichen, worauf wir unser Lager aufschlugen. Mein Dolmetscher, der auch in Europa den Namen eines guten Kochs verdient haben würde, bereitete die Abendmahlzeit, die, da wir noch einige Reste von dem Mundvorrathe unserer gastfreyen Wirthe in Cairo übrig hatten, für diesen Abend sehr gut ausfiel. Ein alter Araber von Augila, der mich während der Zubereitung der Speisen müßig stehen sah, rief mich zu sich und machte mir mit rauhem Tone Vorwürfe deshalb. „Du bist noch so jung, sagte „er, und hilfst nicht bey der Zubereitung des Males, bey „welchem du doch ein Gast zu seyn gedenkst. — Das „mag vielleicht im Lande der Ungläubigen der Gebrauch „so seyn; bey uns ist es nicht so, am wenigsten auf der „Reise. Gott sey Dank, daß wir in dieser Wüste essen „und trinken können, wie wir wollen, und nicht wie „jene armen Pilger sind. Du mußt alles lernen, was „der geringste Araber thut, damit du im Falle der Noth, „Andern behülflich seyn kannst; — im entgegengesetzten Falle „wird man dich geringer schätzen als ein Weib und dir

„alles zu entwenden suchen. Oder vielleicht führst du eine „ansehnliche Summe Geldes bey dir und wirst jene Leute „sehr gut bezahlen.“ — Ich ließ diesen Wink nicht unbenutzt, sondern nahm in der Folge an allen solchen Arbeiten Theil, die nicht meine Kräfte überstiegen. Auf diese Weise erwarb ich mir weit mehr Achtung, als im Anfange, da man mich für einen Schwächling angesehen hatte.

Am folgenden Morgen kamen wir nach einer Reise von vier Stunden in Wady-el-Latron an. Eben als wir im Begriffe waren still zu halten, um Wasser einzusammeln, erblickten wir einen Haufen Beduinen vor uns, der uns in einige Verlegenheit setzte. Unser Anführer, der theils durch seine Vorsicht und Tapferkeit, theils durch seine Würde als Iman allgemeine Achtung genoß, empfahl sogleich, den Wasserplatz zu besetzen und ermunterte etwa zwanzig Araber und Twaricks, ihn zur Untersuchung der Gegend zu begleiten, wo sich die Beduinen gezeigt hatten. Aber sie waren verschwunden und ließen uns daher Zeit genug, unsere Speisen zu kochen und die Schläuche mit Wasser zu füllen. Da wir uns indeß nicht ganz sicher glaubten, so brachen wir schon um vier Uhr auf, und lagerten uns um acht Uhr, ohne ein Feuer anzuzünden, am Fuße eines Sandhügels, den wir in der größten Unordnung herabgestiegen waren.

Am vierten Tage (8 Septemb.) betraten wir die Wüste, die man zur Gränze Egyptens machen muß, und lagerten uns, nach einer Reise von dreyzehn Stunden, in einer Gegend, die von den Arabern Muhabag genannt wurde.

Weniger ermüdend war unsere Reise am folgenden Tage, denn wir erreichten schon nach fünfthalb Stunden Mōgara, einen Wasserplatz in der Nähe eines fruchtbaren Thales.

Das Wasser, welches man auf diesen Reisen mit sich führt, wird in ledernen Schläuchen aufbewahrt, die man aus unaufgeschnittenen Ziegenhäuten verfertiget. Die Schläuche von Sudan sind die stärksten und besten. In ihnen kann man das Wasser fünf Tage lang aufbewahren, ohne daß es übel schmeckend wird; in den schlechtern hingegen nimmt es schon am zweyten Tage einen unangenehmen Geschmack an und riecht nach Luder. Um sie geschmeidig und dauerhaft zu machen reibt man sie zuweilen inwendig mit geschmolzner Butter ein. Der gemeine Araber bedient sich zu diesem Zwecke des Oehls, wodurch das Wasser im Anfange beynahe untrinkbar wird.

Am 6ten Tage hatten wir wieder eine beschwerliche und ermüdende Reise von zwölf Stunden zu machen, ehe wir uns lagern konnten. Ich kam heute eine Stunde nach der Lagerung der Karawane bey meinem Gepäcke an, weil ich einem Araber zu Gefallen zurück blieb, dessen Pferd krank geworden war. Um meine Gefälligkeit zu erwiedern schickte mir dieser Mann sogleich nach unserer Ankunft, zwey Stücke gedörrtes Kameelfleisch durch seinen Sklaven, welches mich dieser aus seiner Hand anzunehmen bat. Angenblicklich versammelte sich eine Anzahl gemeiner Araber um mich her, die Theil an meinen Leckerbissen zu nehmen wünschten, und erstaunt zu seyn schienen, wie ich so uneigennützig das unter sie vertheilen könne, was von ihnen für ein sehr köstliches Geschenk gehalten wurde.

Kleine, unbedeutende Umstände geben uns oft ein vollkommnes Bild der Sitten und des Charakters einer Nation; ich werde daher etwas von der Art sagen, wie sich der Araber zu einer Wüsten-Reise in diesen Gegenden ausrüstet und wie er sich seine Nahrungs-Mittel bereitet.

Alles was er auf einer solchen Reise mit sich führt besteht in Mehl, Kuskasu, Zwiebeln, Datteln, Hammel-Fett und Oehl oder Butter. Die reichern Reisenden fügen noch etwas Zwieback und zuweilen ein wenig gedörretes Fleisch hinzu.

Sobald das Gepäcke niedergelegt ist, suchen die Kameel-Treiber und Sklaven Holz zusammen und nehmen drey Steine, die sie um ein in den Sand gegrabenes Loch legen, in welchem das Feuer angezündet wird. Man setzt nun den kupfernen, mit Wasser gefüllten Kessel darauf, und berathschlagt sich, ehe das Wasser siedet, was für Speisen zubereitet werden sollen. Das gewöhnlichste Gericht ist Hasside, ein steifer Mehlbrey, über den man, wenn er in der großen kupfernen Schüssel aufgetragen wird, die eigentlich zum Tränken der Kameele dient, eine mit gedörrter und zu Pulver gestoßener Monachie zubereitete Brühe gießt. Oder man knetet einen losen Teig, macht kleine Kuchen daraus und wirft diese in kochendes Wasser, welches eine Art dichter Mehl-Klöße giebt, die Myotta *) genannt wird. Auch kocht man wohl etwas gedörrtes Fleisch und Hammelfett mit klein geschnittenen Zwiebeln und brockt in diese magere Suppe, die man aber reichlich mit Salz und Pfeffer würzt, etwas trocknen Zwieback. Das Fleisch wirft der Herr nur für sich in den Topf; denn keiner der übrigen erhält etwas davon.

Das Abschlachten eines Kameels ist ein großes Fest für die Kameeltreiber und Sklaven. Die Freunde des Eigenthümers eines geschlachteten Kameels kaufen dasselbe und theilen das Fleisch unter sich; bey welcher Verhandlung auch der geringste Sklave seinen Antheil bekommt. Kein Theil des Thieres, der von menschlichen Zähnen zerbissen werden kann, geht bey dieser Gelegenheit verloren; nur die Knochen wirft man als unbrauchbar fort, aber sicher nicht eher als bis sie der ganzen Gesellschaft durch Hand und Mund gegangen sind. Aus den Fellen bereiten sie Sandalen, aus dem Haare Schnüre, wenn es lang genug dazu ist.

Wenn keine Zeit zur Bereitung der Speisen übrig ist, zeigt sich die Reise-Gesellschaft noch genügsamer. Um sich auf solche Fälle vorzubereiten versieht man sich mit Simite. Dieses Nahrungs-Mittel besteht aus Gerste, die so lange gekocht wird bis sie quillt, da sie dann in der Sonne getrocknet, in einem Topfe über dem Feuer gedörret und

*) In der ersten Handschrift des Verf. heißt es Umyotta. — K.

nachher gemahlen wird. Zu dem auf diese Weise bereitetem Mehle mischt man Salz, Pfeffer, Kümmel u. dergl. und bewahrt es in ledernen Schläuchen auf. Will man es gebrauchen, so knetet man es mit Wasser zu einem dichten Teige und schüttet etwas Butter oder Oehl darüber. Wird es mit mehr Wasser angemengt, so bekommt das Gericht den Namen Ruin und wird alsdann mit Datteln gegessen. — Dies ist die Diät des Reisenden, wenn es an Wasser zum Kochen der Speisen fehlt. In Ermangelung dieses zubereiteten Gerstenmehles nimmt man auch wohl gewöhnliches Mehl, welches man mit etwas kaltem Wasser anmengt und mit Butter übergießt. Ich selbst befand mich mehrere Male in dem Falle, daß ich Tage lang, nichts als diesen kalten ungekochten Mehlbrey und einige Datteln zu essen bekam. Zwiebeln, Salz und rother spanischer Pfeffer sind die einzigen Gewürze, die der Reisende in diesen Gegenden kennt; aber eine Würze, die alle andern ersetzt, ist ihm — der Hunger, der, nach einer mühseeligen Tagereise, auch die schlechtesten Lebensmittel schmackhaft macht.

Am siebenten Tage erreichten wir, nach vierstündiger Reise, Biljorādeck. Dieser Ort wird gewöhnlich Jahudie genannt, weil das Wasser, welches man dort bekommt, ziemlich schlecht und der Weg zum nächsten Wasserplatze weiter wie gewöhnlich und mühsam ist; auf welchen Umstand das Wort hindeutet.

Im Verlaufe der drey folgenden Tage legten wir etwas mehr als vierzig Stunden Wegs zurück, weil wir zuweilen einige Stunden bey Nacht reiseten. Das Gebirge, zu welchem wir am neunten Tage kamen, begränzt die einförmige Wüste, in welcher wir bis jezt gereiset waren. Hier befindet sich auf einer beträchtlichen Anhöhe ein Salz-Lager, dessen Länge unabsehbar ist; seine Breite beträgt einige Meilen. Es hat das Ansehen eines frisch gepflügten Ackers, weil der Sand, welcher über demselben liegt, durch die Salz-Scholien empor gehoben ist und diese allenthalben umgiebt.

Oben auf dieser Anhöhe, fast in der Mitte des Salzlagers (in Hinsicht auf die Breite desselben) entdeckte ich eine Quelle. Da ich mich Herodots*) Salzhügel mit süßen Quellen erinnerte, so ritt ich auf dieselbe zu — fand aber ihren Rand mit Salz belegt. Einige arme Pilger die mir gefolgt waren, kosteten dessen ungeachtet das Wasser, fanden es aber so sehr mit Salztheilen geschwängert, daß sie nicht davon trinken konnten.

Am 11ten Tage unserer Reise (den 15ten September) gelangten wir endlich wieder bey Menschen an, denn wir erreichten, nach einem Marsche von fünf Stunden, das kleine Dorf Ummesogeir.

*) In hoc supercilio sunt frusta salis, fere grumi grandes in collibus, et singulorum collium vertices e medio sale ejaculantur aquam dulcem pariter et gelidam. Herodot. ed. Wesseling. p. 181.

Zweytes Kapitel.

Bemerkungen über die Wüste vom Natronthale bis zu den Gebirgen von Ummesogeir — Beschaffenheit des Bodens — versteinertes Holz — Bahr = bella = ma oder der Fluß ohne Wasser — Bergkette im Norden der Wüste — bitteres Wasser im Thale.

Diese Wüste, die natürliche Gränze Egyptens gegen Westen, erstreckt sich vom Natron-Thale bis an den Fuß der Gebirge von Ummesogeir. Gegen Norden scheint sie durch die Gebirgskette begränzt zu seyn, welche man fast immer von der Karawanen-Straße aus erblickt und von der ich bald reden werde; gegen Süden läuft sie wahrscheinlich mehrere Tagereisen fort.

Der Boden ist mit einem groben Kiesel-Sande bedeckt, der, wenn er durch heftigen Nordwind aufgewirbelt wurde, nicht anders aber weit schmerzhafter auf den Körper wirkte, als ein Schloßen-Schauer in den nördlichen Gegenden von Europa.

Sehr häufig trifft man in dieser ungeheuren Wüste versteinertes Holz an. Man sieht solche Baumstämme von zwölf und mehreren Fuß im Umfange; zuweilen dünnere Zweige, zuweilen Rinden-Stücke, die der Eichen-Rinde ähnlich sind. Viele von den Stämmen haben noch ihre Nebenäste und bey einigen entdeckt man deutlich die Jahr-Ringe, wie z. B. bey denen, die Eichen zu seyn.

scheinen. Andere, die nichts weiter als die äußere Form behalten haben, zeigen inwendig eine dichte Stein-Masse.

Ich hörte von einigen Arabern, daß es an verschiedenen Orten in dieser Wüste noch aufrecht stehende versteinerte Bäume gebe; doch fand ich bald, daß es nur aufgerichtete Stämme waren, die durch Hülfe des Windes eine Sandkruste bekommen hatten. Wenigstens war dieses der Fall bey denen, die mir zu Gesichte kamen. Die Farbe dieses versteinerten Holzes ist schwärzlich; nur zuweilen ist es mehr oder weniger grau, da es dann dem natürlichen Holze so täuschend gleicht, daß es unsere Sklaven oft zum Mitnehmen aufheben wollten.

Diese Versteinerungen liegen oft in einzelnen Stücken zerstreut auf dem Boden; gewöhnlicher trifft man sie indeß in großen unordentlichen Lagern an.

Wenn es noch Spuren von dem westlichen Arme des Nils gäbe, dessen die Schriftsteller *) des Alterthums er-

*) Ῥέει γὰρ ἐκ Λιβύης ὁ Νεῖλος, καὶ μέσην τάμνων Λιβύην. Herodot. Euterpe §. 33. Der Herausgeber ist der Meynung, daß Herodot unter Lybien ganz Africa westlich von Egypten und Ethiopien begreift; und daß der angeführte Fluß oder Arm eines Flusses, der große von Westen fließende Strom sey, dessen bey den Nasamonen ausführlich gedacht und der von Etearchus für einen Theil des Nils gehalten wird, nämlich der Joliba oder Niger. Ist dieses wirklich der Fall, so möchte der Reisende in der von Herrn Hornemann angegebenen Gegend sich vergebens

wähnen, so müßte man sie, denke ich, in irgend einem Theile dieser Wüste treffen. Ich entdeckte sie nicht auf dem Wege, den unsere Karawane nahm; doch mache ich künftige Reisende aufmerksam auf den Lagerplatz am Fuße der Sandhügel westlich von Wady-el-Latron, und auf die Gegend Muhabag. Mein Aufenthalt in beyden Gegenden war äußerst kurz; wir kamen daselbst nach Sonnenuntergange an und verließen sie vor Anbruche des Tages. — Wenn man als ein vorzügliches Kennzeichen des Bahr-bella-ma die Stücke von versteinerten Mastbäumen und von anderm Schiffs-Bauholze angiebt, die man darin finden soll, so verdient die ganze Wüste diesen Namen. Man dürfte alsdann Bahr-bella-ma nicht „Fluß ohne Wasser" sondern man müßte es „das Meer ohne Wasser" übersetzen. Dieser Name würde wirklich ganz passend für diese Wüste seyn, denn der Boden derselben gleicht vollkommen einem niedrigen Gestade, über welches die Fluthen während des Sturmes geströmt und Holz nebst andern Sachen zurückgelassen haben.

Spuren von verarbeitet gewesenem Holze habe ich übrigens nirgends vorfinden können. Das was man für Mastbäume gehalten hat sind Stämme, die dreyßig bis vierzig Fuß lang waren und in mehrere Stücke zerbrochen sind, welche noch jetzt neben einander liegen.

nach dem Kanal des Flusses umsehen denn dieser befindet sich ohne Zweifel weit südlicher.

Im Norden der Wüste giebt es eine Kette von niedrigen, völlig kahlen Kalkgebirgen, die wir immer auf unserem Wege in einer Entfernung von drey bis sieben Meilen liegen sahen. Am Fuße dieses Gebirges läuft ein fruchtbares, wohlbewässertes Thal, welches von einer bis zu sieben Meilen breit ist. Wir berührten dasselbe alle zwey oder drey Tage, um frisches Wasser einzunehmen. Es war zu jener Zeit beynahe gänzlich trocken; nur hin und wieder zeigte sich einiges Wasser. Zuweilen fand ich es aber in einem Umfange von mehreren Meilen sumpfig. Das im Thale befindliche Wasser ist bitter *); wir gruben indeß unsere Brunnen gewöhnlich neben den Stellen wo es sich zeigte, und fanden es schon in einer Tiefe von vier bis sechs Fuß süß und trinkbar.

Drittes Kapitel.

Beschreibung von Ummesogeir — Charakter der Einwohner — Abreise von Ummesogeir — Ankunft zu Siwah.

Ummesogeir liegt in einem sandigen Thale, das durch zwey Gebirgsarme gebildet wird und in welchem es viele

*) So fand auch Alexander auf seinem Marsche zum Tempel des Jupiter Ammon, das Wasser bitter: κατήντησεν ἐπὶ ΠΙΚΡΑΝ καλουμένην λέμνην. *Diod. Sic. Tom. I p. 198. Edit. Wesseling.*

einzeln stehende Felsen giebt. Auf einem der größten dieser Felsen ist das Dorf erbaut, welches sehr klein ist und nur etwa dreyßig wehrbare Männer stellen kann. Die Häuser sind niedrig, von Steinen und Kalkerde aufgeführt und mit Dattelzweigen gedeckt. Manche derselben sollen in den Felsen ausgehauene Kammern einschließen, welches wahrscheinlich Katakomben sind. Wir schlugen unser Lager zwischen den Dattelbäumen auf, die am Aufgange zum Felsen stehen. — Die Einwohner des Dorfes nahmen uns, so arm sie auch sind, sehr freundlich auf; sie kamen fast alle von ihrem Felsen herab und halfen uns die Kameele tränken.

Gegen Abend begab ich mich zum Dorfe, dessen Eingang sehr beschwerlich ist. In der Mitte desselben befindet sich ein gemeinschaftlicher Hof, auf welchem Markt gehalten wurde. Käufer und Verkäufer waren so laut und lärmend, daß ich glaubte, man schließe daselbst einen sehr beträchtlichen Handel; doch fand ich bald, daß keine andern Verkäufer da waren, als einige arme Pilger von unserer Karawane. Ihre Waaren bestanden aus Henna, Köchel, bleyernen und gläsernern Ringen, nebst andern zum Putze dienenden Sachen; ferner aus Zwieback, einigen bleyernen Kugeln nebst Pulver und aus Tobak, welche Artikel von den Einwohnern gegen Datteln eingetauscht wurden. Mit einem Kronenthaler hätte man den ganzen Markt aufkaufen können.

Die Einwohner Ummesogeir's sind sehr arm. Sie haben keinen andern Nahrungszweig als Datteln, die sie theils den nahen Arabern verkaufen, theils nach Alexandria ausführen und dagegen Korn, Oehl oder Fett zurückbringen. Ihre Sitten sind so einfach, wie man es von einem Häufchen Menschen, mitten in der Wüste, erwarten darf. Zu schwach, um andere zu bekriegen und zu arm, um befehdet zu werden, ist Friedfertigkeit der Hauptcharakterzug dieser Leute. Doch kamen einst — erzählte mir ein Greis — Beduinen, um ihnen das wenige zu rauben, was sie besaßen; aber der heilige Marabut, der neben dem Dorfe begraben liegt, verblendete die Augen der Feinde, so daß sie den Ort nicht finden konnten, wie lange sie auch in der Nähe desselben umherstreiften. Ein gleiches Wunder erwarteten auch die Einwohner von Cairo — freylich vergebens — von ihren Heiligen beym Einfalle der Franzosen in Egypten. — Der Glaube an den wunderbaren Schutz der Heiligen scheint sehr alt bey den Völkern zu seyn, die ihren Ursprung aus dem Morgenlande genommen haben. Man wird sich erinnern, daß die Propheten der Israeliten, die man völlig mit der bessern Klasse der Marabuts unter den Arabern vergleichen kann, ein gleiches Wunder verrichteten.

Während unseres Aufenthaltes an diesem Orte wurden die Sachen eines auf der Reise gestorbenen Twaters versteigert. Außer diesem starben uns noch drey andere; zwey derselben waren arme Pilger, die den Mühseeligkeiten einer langen Reise von Mecca bis Fez unterlagen und Opfer ihres Religions-Eifers wurden; der dritte hatte das Unglück im Schlafe von seinem Kameele zu stürzen als unser Weg uns bergab führte. Er fiel mit den Schläfen gegen einen Felsen und blieb auf der Stelle todt.

Nachdem wir einige Tage geruhet hatten, setzten wir unsere Reise nach Siwah weiter fort, welches etwa zwanzig Stunden von Ummesogeir entfernt ist. Wir verließen bald das weite sandige Thal, in welchem dieser Ort liegt, und erstiegen wieder das Gebirge, welches mit demjenigen zusammenzuhängen scheint, von dem wir, westlich von Ummesogeir, abgingen. Ein mühsamer Weg über diese Berge brachte uns in ein grünes fruchtbares Thal, in welchem wir bald Menschen erblickten, die Datter schnitten. Da sie aus unsern schwer belasteten Kameelen abnahmen, daß wir keine feindliche Araber seyen, so kamen sie uns entgegen und wünschten uns Glück zu unserer Ankunft bey ihnen. Sie benachrichtigten uns, die ganze Gegend sey ruhig, und wir könnten ohne alle Besorgniß unser Lager bey ihnen aufschlagen. Sie bestiegen darauf ihre Esel und führten uns zu einer westlich von Siwah gelegenen Ebene, auf welcher wir, in der Nähe des Hauptortes, unsere Zelte aufschlugen.

Viertes Kapitel.

Hauptstadt Siwah — Siwaher Thal — Fruchtbarkeit der Gegend — Gärten — Datteln-Magazine — Salz-Quellen — Siwaher Regierungsform — Strafen — Kleidung der Männer und Weiber — Charakter der Einwohner — Sprache.

Siwah ist ein kleiner, unabhängiger Staat, der den Groß-Sultan für seinen Oberherrn anerkennt, aber ihm keinen Tribut bezahlet. Der Hauptort darin ist Siwah, um welchen her, in einer Entfernung von einer bis zwey Meilen, folgende kleinere Orte liegen: Scharkie (Agrmie, in der Mundart der Siwaher) Msellem, Menschie, Sbocha und Burischa.

Siwah ist um einen Felsen erbauet und auf demselben. Die Tradition sagt, daß die ehemaligen Einwohner in Höhlen dieser Felsen-Masse wohnten. Wirklich sind auch noch jetzt die Häuser in ihrer Bauart Höhlen ziemlich ähnlich, und dabey so nahe an einander, daß man in vielen Gassen auch bey hellem Tage nicht sehen kann. Ein Fremder muß sich daher, wenn er in dem Orte umher gehen will, eines Führers bedienen. — Die Häuser, welche an den Felsen von der Ebene aufgebaut sind, haben eine außerordentliche Höhe, und ihre Mauern sind sehr stark, weil sie dem Orte zugleich die Stelle der Ring-Mauern vertreten müssen.

Unsere Karawane verglich Siwah mit einem Bienenkorbe, — ein Vergleich, welcher der Bauart des Ganzen, der Menge der in den Gassen umherstreifenden Einwohner, und des dumpfen Getöses wegen, welches man schon in einer beträchtlichen Entfernung hört, ungemein treffend ist.

Da es unmöglich ist, Vieh auf dem Felsen zu halten, so hat man am Fuße desselben Ställe für die Kameele, Esel und Pferde der Einwohner erbauet.

Das Gebiet, welches sich die Siwaher zueignen, ist von beträchtlichem Umfange. *) Der vorzüglichste und fruchtbarste Theil desselben besteht in einem wasserreichen Thale von etwa funfzig Meilen im Umfange, welches mit kahlen, steilen Felsen umgeben und von abwechselnder Breite ist. Der Boden ist sandig und hin und wieder moorig, und bringt, ohne sorgfältig angebauet zu werden, Getreide, Oehl, allerley Arten von Küchengewächsen, Granatäpfel u. s. w. hervor. Aber das vorzüglichste Produkt sind Datteln, die hier in so großer Menge und so wohlschmeckend gefunden werden, daß sie in dieser Rücksicht bey allen Arabern der nahen Länder zum Sprichworte geworden sind.

Jeder Einwohner besitzt einen Garten, oder mehrere, nach Maaßgabe seines Vermögens, und diesen gehörig zu warten macht seine Hauptbeschäftigung aus. Man

*) S. die Anmerkung im Anhange Nro. 1.

kauft einen großen Garten, in welchem sich alles findet, was der Boden Siwahs erzeugt, für 400 bis 600 Kaiserthaler, die man hier Real-Patacken nennt. Die Gärten, welche sich um die Oerter her befinden, sind mit vier bis sechs Fuß hohen Mauern oder wenigstens mit Hecken umgeben. Man wässert sie aus den vielen süßen und salzigen Bächen, die in den nahen Gebirgen und zum Theil mitten im Thale entspringen, und von denen keiner aus dem Gebiete der Republik fließt, weil man sie, durch unzählige kleine Arme über die Gärten und Wiesen vertheilt. Die Datteln werden in öffentlichen Magazinen aufbewahret, zu welchen einer der Scheiks den Schlüssel führt. Man bringt die Vorräthe in Körbe gestampft hinein, stellt diese in Reihen und führt geschriebene Register darüber.

Nordwestlich von Siwah ist der Boden, auf eine Strecke von etwa einer Meile, mit Salz belegt; auch findet man in der Nachbarschaft des Ortes Salz, entweder in Schollen oder in kleinen Stücken, auf der Oberfläche der Erde. — Es giebt hier eine unzählige Menge Quellen. Oft findet sich eine süße Quelle nur wenige Schritte von einer salzigen entfernt. Nördlich von Siwah, auf dem Wege zum Berge Elmota, sah ich mehrere salzige Quellen unmittelbar bey süßen.

Die Zahl der Einwohner eines Ortes wie Siwah, der keine regelmäßige Regierungsform hat, läßt sich nicht leicht bestimmen, wenn man nicht Gelegenheit hat, das Volk bey einem seiner Feste versammelt zu sehen. Leichter erfährt man die Zahl der streitbaren Männer, und von diesen gab man mir in Siwah die Zahl auf 1500 an. Den alten Gesetzen und Einrichtungen zufolge sollte die Regierung nur in den Händen von zwölf Scheiks seyn, von denen immer zwey dieselbe wirklich verwalten; seit einigen Jahren haben sich aber noch zwanzig andere wohlhabende Männer zu Scheiks aufgeworfen. Sie halten ihre Sitzungen niedergekauert an der Stadtmauer. Ich wohnte verschiedene Male ihren Rathsversammlungen bey, und fand, daß hier, (wie in allen Volksversammlungen dieser Art,) zum Durchsetzen eines Vorschlages, eine durchdringende Stimme, Anhang und thätige Fäuste erforderlich waren. Wie man mir erzählte, tritt zuweilen der Fall ein, daß die Einwohner, wenn sie sich über irgend einen Punkt nicht vereinigen können, zu den Waffen greifen, um durch diese zu entscheiden. — Gerechtigkeit wird nach dem alten Herkommen und nach den allgemeinen Begriffen von Recht und Unrecht gehandhabet. Die Strafe besteht immer in der Entrichtung einer gewissen Menge Datteln; hat z. B. jemand den andern geschlagen, so muß er ihm nach Befinden der Umstände, von zehn zu funfzig Koffas oder Körbe voll Datteln geben. Diese Körbe, nach denen hier alles geschätzt und eingekauft wird, haben etwa drey Fuß in der Höhe und vier Fuß im Umfange.

Die Kleidung der Männer besteht in einem weißen baumwollenen Hemde und dergleichen Beinkleidern, nebst einem großen, blau und weißgestreiften Tuche, welches Melaye heißt und zusammengelegt, über die linke

Schulter geschlagen wird. Diese Tücher werden in Cairo verfertiget. — Auf dem Kopfe tragen sie eine rothe wollene oder weiße baumwollene Mütze *). — Bey festlichen Gelegenheiten kleiden sich die Siwaher nach Art der Städte bewohnenden Araber in Kaftan und Benisch.

Die Weiber tragen ein weites, blaues, gewöhnlich baumwollenes Hemd, das bis an die Knöchel der Füße reicht. Ueberdies schlagen sie eine Melaye um den Kopf, die sie als einen Mantel herabhängen lassen.

Ihr Haar legen sie in drey dicke über einander befindliche Locken; die untersten derselben durchflechten sie mit allerley Zierathen, mit Glaskorallen und Silber und einigen schmalen, schwarzen, ledernen Riemen, die den Rücken herab hängen und mit Korallen und einigen Schellen besetzt sind. Oben auf dem Kopfe befestigen sie ein schmales seidenes oder wollenes Tuch, welches nach hinten zu herabhängt. In den Ohren tragen sie zwey auch wohl drey große silberne Ringe über einander. Ihr Halsschmuck besteht in Glaskorallen, oder in einem silbernen Reife, der etwas dicker als ein Europäisches Halseisen ist. Von diesem Halsschmucke hängt, an einer silbernen Kette, eine große Scheibe von demselben Metalle und von drey bis vier Zoll im Durchmesser, herab, in welche Blumen und andere Zierrathen im Arabischen Geschmacke

*) Diese Mützen werden vorzüglich in Tunis verfertiget und von allen Rechtgläubigen getragen. — Auf der Küste der Barbarey darf sich kein Jude damit sehen lassen.

gegraben sind. Auch um die Arme und Beine (gerade über den Schenkeln) tragen die Frauenzimmer solche starke Ringe von schlechtem Silber, Kupfer oder Glas.

Der Charakter der Einwohner von Siwah steht in einem gar schlechten Rufe. Auch ich fand diese Leute zudringlich und diebisch. Unsere Zelte, vorzüglich das meinige, waren beständig von ihnen heimgesucht. Um Diebstählen vorzubeugen verwahrten die Kaufleute unter uns ihre Waaren so fest, als hätten sie einen Ueberfall zu befürchten. — Man sprach viel von dem Reichthume der Einwohner, und ich glaube wirklich, daß es verschiedene wohlhabende Männer unter ihnen geben muß, da sie jährlich eine ansehnliche Menge Datteln ausführen, keine Abgaben entrichten, und wenig Gelegenheit haben, das erworbene Geld wieder auszugeben. — Mit den nördlich von dieser Gegend wohnenden Arabern stehen die Siwaher in freundschaftlichen Verhältnissen; jene kommen von Zeit zu Zeit nach Siwah, um daselbst Datteln einzutauschen. — Unsere Karawane setzte hier einige Waaren ab, wofür sie Datteln, etwas Fleisch und kleine Körbe nahm. Das Korb-Flechten ist eine Hauptbeschäftigung der Weiber von Siwah, und wirklich haben sie es zu einer großen Fertigkeit darin gebracht. — Die gewöhnlichen Krankheiten hier zu Lande sind Augenkrankheiten und das kalte Fieber.

Die Sprache der Siwaher ist eigentlich nicht die Arabische, welcher Umstand mich anfangs auf mancherley Vermuthungen führte. Zuerst suchte ich den Ursprung dieser Sprache in Osten. Nach gemachter näherer Bekanntschaft mit einem Tuarick von Swat, erfuhr ich indeß bald, daß ich irrte *), und daß die Sprache der Siwaher nur eine Mundart derjenigen sey, die von der großen Nation Afrikas geredet wird, und als die ursprüngliche betrachtet werden kann.

Die größere Sammlung von Siwahischen Wörtern, die ich zuerst gemacht hatte, wurde mir, nebst andern Papieren, durch einen Zufall geraubt, dessen ich weiter unten Erwähnung thun werde.

Folgende Wörter habe ich von einem Siwaher erhalten, dessen Bekanntschaft ich späterhin zu Augila machte:

Sonne	Itſuet.
Wolken	Logmam.
Kopf	Achfé.
Ohr	Temmeſocht.
Auge	Taun.
Augenbraunen	Temauin.
Bart	Itmert.
Hand	Fuſs.
Männl. Glied	Achmum.
Kameel	Lgum.
Schaaf	Jehbb.
Kuh	Ftuneſt.
Pferd	Ackmar.
Pferde	Ickmare.

*) S. Anhang. N. 4.

Hast du ein Pferd	Goreck Ackmar.
Milch	Achi.
Fleisch	Ackſum.
Brod	Tagōra.
Oehl	Tſemur.
Waſſer	Aman.
Datteln	Tena.
Haus	Achbén.
Häuſer	Gebeun.
Sand	Itgeda.
Berg	Iddrarn.
Säbel	Aus.
Degen	Limſcha.
Mütze	Tſchatſchet.
Katakomben	Tummegar.

Fünftes Kapitel.

Alterthümer im Siwaher Gebiete — die Ruinen Ummebeda — Vermuthung wegen Jupiter-Ammons Tempel — Kleine Oaſis der Alten — Beſchreibung der Katakomben — Ueberbleibſel von Mumien.

Als wir im Thale von Siwah unſer Lager aufgeſchlagen hatten, entdeckte ich, einige Meilen weſtlich vom Wege, die Ruinen eines großen Gebäudes, und ſchloß, daß es dieselben seyn müßten, die ein Englischer Reisender*) sah, von dessen Entdeckungen ich bereits in London und nachher in Egypten gehöret hatte. Die Vorsicht forderte, daß ich, vor der Untersuchung der Ruinen und Katakomben, mir das Zutrauen der Einwohner verschaffte, die, wie man mir sagte, mich und meinen Dollmetscher für Christen hielten. Sie waren theils durch unsere weißere Gesichtsfarbe, theils durch unsern Anstand und türkische Kleidung, die wir trugen, auf diese Vermuthung gekommen. Als ich die Unordnung, in welcher Cairo und die umliegenden Gegenden zur Zeit meiner Abreise war, benutzte, um mich als Mahometaner bey der Karawane einzuführen, sprach ich freylich weder Türkisch noch hinlänglich Arabisch; aber der angenommene Charakter eines jungen Mammelucken war mir hinlängliche Entschuldigung. Ich konnte mich ferner auf meinen Dollmetscher verlassen, der ein Deutscher war, den man aber vor etwa zwölf Jahren zu Constantinopel gezwungen hatte, die mahometanische Religion anzunehmen. Die Bekanntschaft dieses Mannes machte ich zu Cairo.

Gewiß wäre es weiser gewesen, wenn ich dem größern Endzwecke, den ich mir vorgesetzt hatte, meine Zeitgenossen mit den unerforschten Ländern des nördlichen Afrika, bekannt zu machen, die Neugierde, welche mich zur Untersuchung der Alterthümer von Siwah trieb, zum Opfer gebracht, oder wenigstens bis zu einem günstigern Zeitpunkte, im Zaume gehalten hätte; ich würde mir dadurch manche Widerwärtigkeiten erspart haben, denen ich mich im Verlaufe meiner Reise ausgesetzt fand.

*) Herr Browne.

Ich begab mich zuerst zu den Ruinen des großen Gebäudes, in dessen Nachbarschaft ich eine Anzahl Männer mit der Anlegung eines Gartens beschäftiget sahe. Ich that ihnen einige Fragen in Hinsicht auf das Gebäude und erfuhr darauf, „Siwah sey vor Zeiten von Ungläubigen „bewohnt gewesen, die größtentheils in Höhlen zugebracht, „aber auch auf dem vor uns befindlichen Platze gewohnt „hätten. In dem Gebäude sey, wie die Tradition sage, der „Divan gehalten worden.“ — „Bey seiner Erbauung“ nahm ein anderer der Arbeiter das Wort, „besaßen die „Menschen mehr Kräfte als jetzt, denn zwey Männer wa„ren damals im Stande die großen Steine zu heben, die „dem Gebäude zur Decke dienen. Es liegt eine Menge „Gold unter demselben vergraben.“

Ich begab mich hinein in die Ruinen, wurde aber, da mir alle diese Menschen auf dem Fuße nachfolgten, durchaus verhindert, gründliche Untersuchungen anzustellen. Bey einem zweyten Besuche war ich nicht glücklicher, und als ich nach einigen Tagen wieder kam sagte einer der Männer: „Du bist sicher noch Christ in deinem Herzen, „da Du so oft hierher kommst, um dieses Gebäude der Un„gläubigen zu betrachten.“ — Da es sehr wichtig für mich war, den einmal angenommenen Charakter zu behaupten, so beschränkte ich meine Wißbegierde mehr auf die Katakomben und auf allgemeine Gegenstände.

Ummebeda (so nennen die Eingebornen jene Ruinen) liegt nahe bey dem Dorfe Agrmie oder Scharkie, zwischen diesem Orte und einem einzeln stehende Berge, in welchem sich eine ansehnliche süße Wasserquelle befinden soll. Die Ruinen sind zu unvollständig, als daß ein unbefangener Beobachter, der sein Urtheil fällt nach dem was er sieht und nicht das was er sieht seinen vorgefaßten Meynungen anpaßt, mit Gewißheit bestimmen könnte, wie das Gebäude ursprünglich in allen seinen Theilen beschaffen und was der Zweck desselben gewesen sey. Wahrscheinlich wurde es zu einer Zeit erbauet, in der die Menschen noch beynahe wie Troglodyten*) lebten, und nun, als Nachahmung der verlassenen Höhlen, bey ihren Bauversuchen Felsen auf Felsen thürmten.

Zufolge der Versuche, die ich mit dem Kompaß anstellte, ist dieses Gebäude, (mit einer Abweichung von etwa zwölf Graden, welches der Deklination der Magnetnadel zuzuschreiben seyn mochte,) nach den vier Himmelsgegenden erbauet. Aus den Ueberbleibseln der Grundmauer, die sehr stark war, läßt sich abnehmen, daß es einige hundert Schritte im Umfange gehabt hat. An den mehrsten Stellen ist die Mauer völlig aufgebrochen und weggeführt. Der Grund des innern Raumes ist allenthalben von Menschen aufgewühlt, die Gold zu finden hofften.

Ungefähr in der Mitte dieses Mauerbezirkes findet man noch die Ueberreste eines kleinen Gebäudes, welches vielleicht den Haupttheil des Ganzen ausmachte. Es ist fast zur Hälfte auf einem natürlichen Felsen erbauet, der etwa acht Fuß über den Grund des ehemaligen größern Gebäudes erhoben gewesen seyn mag. Die Höhe desselben

*) S. Herodot. edit. Wesseling. p. 284.

war etwa 27 Fuß, die Länge zehn bis zwölf Schritte. Die sechs Fuß dicken Mauern sind von großen behauenen Quadersteinen, und der Zwischenraum in der Mitte ist mit kleinen Steinen und Kalk ausgefüllet. — Die Decke ist nicht gewölbt und gleicht der in den Katakomben. Sie besteht aus behauenen, vier Fuß breiten und drey Fuß dicken Felsenstücken, deren Länge genau mit der Breite des Gebäudes im Verhältnisse steht. Einer dieser Steine ist herabgestürzt und zerbrochen. Auch der südliche Theil der Mauer ist zusammengestürzt. Die Steine sind größtentheils fortgeschleppt worden, aber die ungeheuern Massen der Decke, welche die Vorfahren dieses Volkes aus den Steinbrüchen auf den Gipfel des Gebäudes zu bringen wußten, trotzen den Bemühungen der jetzigen Generation.

Die eingestürzten Steinmassen der südlichen Mauer liegen niedriger als die Grundstücke des noch stehenden Gebäudes und beynahe auf gleicher Fläche mit dem Grunde des größern Mauerbezirks. Dieser Umstand führte mich auf den Gedanken, daß dieser Theil vielleicht tiefer in seiner Grundfläche gewesen sey als der nördliche, der, wie ich oben gesagt habe, auf Felsenmasse steht. — Es sind drey Eingänge in dieses Gebäude vorhanden; der größte befindet sich gegen Norden, die beyden andern gegen Osten und Westen. Inwendig sind die Mauern, etwa von der Mitte an, mit Hieroglyphen in Basrelief verziert, die aber nicht erhoben genug ausgearbeitet sind, als daß sie nicht hin und wieder verwittert seyn sollten. Die an der Decke befindlichen haben am mehrsten durch die Zerstörungen der Zeit gelitten.

An verschiedenen Stellen der Mauer findet man noch Spuren, daß sie angestrichen gewesen sind. Die Farbe scheint grün gewesen zu seyn. Spuren von Bekleidung des Gebäudes mit einer feinen Steinart oder mit andern Materialien konnte ich nirgends entdecken. Einige Schritte vom Haupteingange fand ich zwey runde, etwa drey Fuß im Durchmesser habende Steine, mit einer Aushöhlung in der Mitte, als ob sie zur Aufnahme von Statüen bestimmt gewesen wären. — Die Steinart, aus welcher das Gebäude aufgeführt ist, ist ein Kalkstein, der in dieser Gegend gebrochen wird und eine Menge Muscheln und Stückchen von versteinerten kleinen Seethieren enthält.

Ich untersuchte die Gegend um diese Ruinen her und fand den Boden gegen Süden, unmittelbar von der Grundmauer an, sumpfig; auch sollen sich Salzquellen daselbst befinden. Auf meine Erkundigung, ob es nicht irgend eine merkwürdige süße Wasserquelle gebe, wies man mich in einen anderthalb Meilen von den Ruinen befindlichen Dattelnwald. Die Quelle, die ich hier fand, hat wirklich eine sehr romantische Lage, wodurch sie sich indeß den Siwahern nicht so sehr empfiehlt, als durch die Heilkräfte, die sie ihr zuschreiben. Sie ist süß und mehrere Bäche entspringen aus ihr.

Ich weiß sehr wohl, daß diese Beschreibung zu unvollständig ist, als daß sie Jemanden in den Stand setzen könnte, mehr als Vermuthungen zu wagen, ob diese Ruinen Ueberbleibsel von dem berühmten Tempel Jupiter Ammons sind. Daß ich bey meinen Untersuchungen, so unvollkommen sie auch ausgefallen sind, auf diesen Gedanken kommen mußte, wird jedem einleuchten, der die Beschreibungen, die uns die Schriftsteller des Alterthums von diesem Tempel gegeben haben, mit der meinigen vergleichen will. Sollten auch die Ruinen noch unvollständiger seyn, als wie ich dieselben beschrieben habe, so giebt es doch noch andere Umstände, die mich überreden, daß Siwah der Wohnplatz der alten Ammonier gewesen sey. Die Beschaffenheit des Bodens, und seine Fruchtbarkeit, die Aussage der Eingebornen, daß weit umher kein so fruchtbarer Landstrich zu treffen sey, die Menge der Katakomben und jene wenigen Ueberbleibsel, welche die Unwissenheit nur stehen ließ, um der Nachwelt anzuzeigen, daß dies die Stelle eines verfallenen prächtigen Gebäudes war, alles dieses trägt dazu bey, meiner Vermuthung Wahrscheinlichkeit zu geben. Und sollten auch die Beschreibungen der alten Schriftsteller nicht ganz genau mit der meinigen übereinstimmen, so würde ich doch (wenn man die Voraussetzung, daß Siwah der Wohnort der Ammoniten gewesen ist, nicht für unwahrscheinlich hält) aus der Lage und Beschaffenheit der Ruinen abnehmen, daß meine Vermuthung nicht ungegründet sey. Hätten wir mehr Kenntniß der Hieroglyphen, so würde eine Kopie derjenigen, die sich an der innern Seite der Mauern jenes Gebäudes befinden, das mehrste Licht über diese Sache verbreiten können.

Noch habe ich in Hinsicht auf diesen Gegenstand zu bemerken, daß ich mich nach Edrisi's Santrich erkundigte, aber Niemanden fand, der es auch nur dem Namen nach gekannt hätte. Indeß sagte man mir, sieben Tagereisen von Siwah, sechs von Fajume und ein Paar Tagereisen von Biljoradek, befinde sich ein Land, welches große Aehnlichkeit mit Siwah, und auch dieselbe Sprache habe; doch sey die Zahl seiner Einwohner geringer. Wahrscheinlich ist diese Gegend die kleine Oasis der Alten; vielleicht liegt sie zwischen den Gebirgen, die bey Ummesogeir die große Wüste durchlaufen und sich weit gegen Süden erstrecken sollen. Ich spreche übrigens von diesem Landes-Striche nur nach Berichten, und war nicht im Stande, bestimmtere Nachrichten deshalb einzuziehen.

Ich wende mich jetzt zu der Beschreibung der mancherley Katakomben, die sich im Siwaher Gebiete finden, und die ich, da sie sich an abgelegenen Orten befinden, wo ich der Beobachtung weniger ausgesetzt war, mit mehrerer Genauigkeit untersuchen konnte.

Wenn ich meinen Begleiter, einen gebornen Siwaher, recht verstanden habe, so giebt es vier verschiedene Hauptorte, wo man Katakomben vorfindet. Der erste ist Belled-el-Kufar, der zweyte Belled-el-Rumi (beyde Ausdrücke bedeuten dasselbe nämlich „Ort oder Stadt der Ungläubigen"). Der dritte Ort ist El-Mota (Begräbnißplatz), der vierte Belled-es-chamis oder Hamis. Ich untersuchte vorzüglich den Berg El-Moka, der nord=östlich von Siwah, in einer Entfernung von etwa einer Meile liegt. Er enthält eine Menge Katakomben an den Seiten; die merkwürdigsten befinden sich aber auf dem Gipfel. Jede derselben hat ihren besondern Eingang, durch welchen man, vermittelst eines nicht steilen Abhanges, in dieselbe hinabsteigt. Hier tritt man, durch eine Thür, in einen größern Raum, dessen Seitenwände die kleinern Höhlen für die Mumien enthalten. Die Steine am Rande der Eingänge sind so behauen, als wären sie mit Thüren versehen gewesen.

Die Katakomben sind von verschiedener Größe. Sie sind ohne Ausnahme mit großem Fleiße gearbeitet, besonders diejenige welche am höchsten liegt, aber keine Spuren von Mumien enthält, wovon fast alle übrigen mehr oder weniger Ueberbleibsel darbieten. Ich suchte einen ganzen Schedel, aber vergebens. Einzelne Stücke, vorzüglich Hinterhaupt=Beine fand ich in Menge, aber sie waren alle ihrer Bedeckung beraubt. In keinem der Knochen fand ich auch nur die geringste Spur, woraus ich hätte schließen können, daß sie mit Harz angefüllt gewesen waren. Ich nahm einige Rippen mit mir, an welchen noch Ueberreste einer Bekleidung hingen, sie waren aber so verwittert, daß man nichts weiter daran sehen konnte, als daß das Zeug, womit man diese Mumie umwunden hatte, ungemein grob war.

In allen Katakomben, vorzüglich in den kleinern, in denen sich die Mumien befunden hatten, sahe man den Boden umgegraben. Mein Führer sagte, es habe in allen diesen Höhlen Gold gegeben, auch finde es sich zum Theil noch jetzt, besonders an den Stellen wo sich der Kopf einer Mumie befunden habe.

Ich bin überzeugt, daß man, bey genauerer Nachsuchung, wohl noch unversehrte Mumien in den von Siwah westlich und entfernter gelegenen Katakomben finden würde. — Einige und, wie es mir schien, glaubwürdige Männer erzählten mir, daß es außer diesen Katakomben in den Bergen noch viele unter der Erde gäbe, zu welchen der Eingang nicht besonders tief läge, und daß sich Biut-el-Nazari (Häuser der Christen oder Ungläubigen) an beyden Seiten eines langen unterirdischen Ganges befänden, welcher zwey der Katakomben-Berge mit einander verbinde.

Die Katakomben in Gibel-el-belled, dem Berge, an welchen Siwahs Haupt-Ort gebauet ist, sind klein; sie bestehen aus einem engen Vor-Gemache, und aus einer oder zuweilen zwey Höhlen für die Mumien. Merkwürdiger sind zwey große hohe Höhlen an der nördlichen Seite dieses Berges, deren eine zwanzig, die andere sechszehn Fuß ins Gevierte hat. Sie befinden sich neben einander, und ihre nördlichen Seiten liegen ganz offen.

Außer diesen giebt es, westlich von Siwah, nahe an der Karawanen-Straße nach Augila, noch zwey andere Höhlen, die etwa von derselben Größe wie jene beyden, aber nur sechs Fuß und einige Zoll hoch sind. Sie sind mit einem regelmäßigen, aber niedrigen und schmalen

Eingange versehen und liegen sehr nahe neben einander. Die Wand zwischen beyden ist nur neun bis zehn Zoll dick, wie es sich aus einer kleinen Oeffnung ergiebt, die man in dieselbe gemacht hat.

In der ersten Ebene westlich von Siwah befinden sich die Ueberbleibsel eines steinernen Gebäudes, die aber nicht das Gepräge des hohen Alterthums tragen, welches an den beschriebenen Ruinen unverkennbar ist.

Sechstes Kapitel.

Abreise von Siwah — das Thal Schiatha — Beschaffenheit des Gebirges — Pyramidenförmige Berge — der Verf. und sein Dollmetscher in Lebensgefahr.

Wir verließen Siwah, nach einem achttägigen Aufenthalte daselbst, am 29sten September, Nachmittags um drey Uhr, und lagerten uns um sechs Uhr am Fuße eines Hügels: am folgenden Tage brachen wir erst um ein Uhr auf, weil man sich bemühete, den entlaufenen Sklaven eines mit uns reisenden Hofbedienten des Sultans von Fezzan aufzusuchen. Während dieses geschah, eilte ich den Katakomben zu, die ich, in kleiner Entfernung von uns, auf den hohen Bergen entdeckte; aber rund um dieselben her hatte sich, durch den Zusammenfluß verschied, ner Sümpfe, die sich zur Winterszeit bilden, wenn es häufiger regnet und die Sonnenstrahlen nicht so trocknend sind, ein See von etwa sechs bis neun Meilen im Umfange gebildet, der mir den Weg abschnitt.

Als ich in das Lager zurückkam, nahm ich mein Fernrohr heraus, um den Berg zu übersehen, den ich vergebens zu erreichen gesucht hatte. Das erste was mir in die Augen fiel, war der Neger-Sklave, den man vermißte. Ich verrieth meine Entdeckung Niemanden, denn der arme Flüchtling war ein sehr guter Mensch und die Härte seines Herrn hatte ihn zu diesem Schritte gezwungen. Uebrigens war wenig Hoffnung vorhanden, daß er glücklich entkommen würde, denn die Siwaher hatten versprochen, ihn auszuliefern, wenn er sich bey ihnen einfinden sollte. — Wir lagerten uns heute erst eine halbe Stunde nach Sonnenuntergange. Am folgenden Morgen traten wir unsere Reise zwey Stunden vor Aufgange derselben an, lagerten uns aber schon wieder um neun Uhr. — Der vierte Tag brachte uns zum fruchtbaren Thale Schiatha.

Die Gebirge, in welchen wir von Siwah bis hierher gereiset waren, gehören zu der Reihe, die wir, auf unserm Wege durch die Wüste, immer nördlich und oft in geringer Entfernung erblickt hatten. Die Berge erheben sich scharf von der Ebene, ohne von Erde oder nur von Sande bedeckt zu seyn; nichts als kahle, nackende Felsen-Masse zeigt sich dem Auge. Dieser Umstand und der Meeres-Sand, mit welchem die Wüste bedeckt ist, scheint die Zerstörung dieser Gegend durch eine spätere

Fluth anzuzeigen. In der Ebene unter diesen Gebirgen liegt ein dichter Kalkfels ohne Versteinerungen zu Tage aus; das Gebirge selbst besteht aus einer Kalk-Masse, die fast einzig aus den Trümmern zerstörter Seethiere und aus Muscheln zusammengesetzt ist. Die Stein-Schichten aller dieser Felsen-Berge haben eine wagerechte Lage.

Westlich von Siwah fand ich Bänke verkalkter, zwey Zoll großer Muscheln. Mein Dollmetscher erzählte mir, daß er in diesen Gegenden einen einzeln stehenden Berg gesehen habe, der einzig und allein aus solchen Muscheln bestand. Es giebt in dieser Gebirgsreihe viele einzelne Berge, deren manche, wegen der Abstufung der horizontalen Stein-Lagen, (die in ihren Zwischenräumen gewöhnlich mit einem röthlichen, bröckligen Kalksteine ausgefüllt sind,) so täuschend Pyramiden gleichen, daß auch ich nicht selten wähnte, ein solches Werk zu sehen. Wirklich hätte einem Volke wie die Egypter, deren Bauart so riesenmäßig und kühn war, leicht der Gedanke aufsteigen können, solche Berge, durch Hinwegnehmen der überflüssigen Felsen-Masse, und durch die erforderliche Bekleidung mit Steinen an den Außenseiten, in Pyramiden umzuwandeln. Die Meynung mancher Gelehrten, daß die Pyramiden von Giza und Saccara nicht von Grund aufgebauet, sondern nur bekleidete Erd- oder Steinhügel seyen, scheint mir von dieser Seite betrachtet, nichts ungereimtes zu haben, wiewohl sie durch andere Gründe, die Geschichte und Kenntniß der Alterthümer darbieten, leicht zu widerlegen seyn möchte.

Ich wende mich jetzt zu der Erzählung einer Begebenheit, die für mich einen sehr üblen Ausgang hätte nehmen können.

Die Ruhe, die wir bisher in unsern Lagern genossen hatten, wurde hier in Schiatha plötzlich durch die Ankunft einiger Einwohner Siwahs unterbrochen, die uns (Abends um 8 Uhr) die Nachricht brachten, es befände sich eine große Anzahl Araber aus der Gegend von Fiume in der Wüste, um uns zu überfallen; doch hätten die Einwohner Siwahs beschlossen, uns zu Hülfe zu kommen, und uns zum nächsten Wasserplatze zu begleiten. Sie versicherten uns, ihr kleines Heer werde in einigen Stunden ankommen, und alles mit uns wagen, um die Absicht der Beduinen, deren Anzahl sie auf 800 bis 1000 angaben, zu vereiteln. Der Scheik der Twater, unser Anführer, berief hierauf die vornehmsten Männer der Karawane vor sein Zelt, und es wurde beschlossen, daß wir alle im Lager Stand halten und den Feind erwarten wollten. Die Versammlung war kaum auseinander gegangen, als wir aus der Ferne das Geschrey einiger Hundert Esel vernahmen, woraus wir schlossen, daß sich die Siwaher näherten, die sich dieses Thieres in ihren Gebirgen mit Vortheile bedienen, wenn sie gegen einen Feind zu Felde ziehen, der in ihr Gebiet einfallen will, und, aus Unbekanntschaft mit den nähern Wegen, seinen Marsch durch die breiteren Thäler nimmt. Einige Männer wurden sogleich von der Karawane an die Siwaher abgeschickt, um sie zu ersuchen, etwa eine halbe Meile von uns entfernt ihr Lager aufzuschlagen.

Die Nacht wurde in Unruhe und Besorgniß hingebracht; jeder setzte seine Waffen in Stand und bereitete sich zu dem wahrscheinlichen Gefechte des folgenden Tages vor. — Kurz vor Aufgange der Sonne brachen die Siwaher zu Fuße auf, woraus die Karawane schloß, daß sie etwas gegen uns im Sinne hätten. Es ritten ihnen daher einige Augilaer entgegen, um sie zu fragen was ihre Absicht sey? Diese Männer kehrten schnell mit der Antwort zurück: die Karawane habe nichts zu befürchten. Der Scheik war hiermit nicht zufrieden und schickte die Boten nochmals ab, um den Siwahern anzuzeigen, daß, wenn sie nicht sogleich Halt machten, er sie als Feinde betrachten würde. Sobald sie diese Nachricht erhielten, bildeten sie einen großen Kreis, lagerten sich, und baten einige der Augilaer zu ihnen zu kommen.

Ich war bey allen diesen Begebenheiten ruhig bey meinem Gepäcke geblieben, denn der Dollmetscher hatte sich fort begeben, um Nachricht einzuziehen, wie die Sachen stånden. Wie ich ihn zurückkommen sah, und mir sein schneller Gang, und seine Blicke verriethen, daß er etwas Wichtiges vorzubringen habe, so eilte ich ihm entgegen. „Verflucht sey der Augenblick," redete er mich an, „in welchem ich mich zu dieser Reise entschloß! Wir sind beyde unvermeidlich verloren, man hält uns für Christen und Kundschafter und will uns tödten!" — Mit diesen Worten verließ er mich, lief zum Gepäcke wo er seine Flinte mit meiner Doppelflinte vertauschte und zwey Paar Pistolen zu sich nahm. Ich verwies ihm seine Kleinmüthigkeit und empfahl ihm standhaft zu seyn, wenn er sich seine

Freunde erhalten wolle; ich erinnerte ihn, daß sein jetziges Betragen uns noch weit verdächtiger machen würde, daß er ja seinetwegen nicht besorgt zu seyn brauche, da er bey seinem zwölfjährigen Aufenthalte unter den Mahometanern sich ihre Religion und Sitten durchaus zu eigen gemacht habe; daß ich allein in Gefahr sey und daß ich sie abzuwenden hoffe, wenn er sich nicht eher in meine Vertheidigung mischen wolle, als bis ich ihn dazu auffordern würde. — „Sie wollen nie etwas von Gefahr hören" antwortete er, „aber für dieses Mal werden sie ihren Leichtsinn theuer genug bezahlen müssen."

Da ich sah, daß die Angst ihm alle Besinnung geraubt hatte, so ließ ich ihn stehen und ging unbewaffnet, aber festen Schrittes auf die lärmende Versammlung zu. Ich trat in den Kreis mit dem gewöhnlichen Gruße der Mahometaner: „Assulam Alekum," aber keiner der Siwaher erwiederte ihn. Einige riefen sogleich aus: „Ihr seyd einer von den neuen Christen aus Cairo und hierher gekommen, unser Land auszukundschaften." Hätte ich damals den Mahometanischen Fanatismus und den Charakter der Araber so genau gekannt, wie ich ihn in der Folge kennen lernte, so würde ich von der Anklage selbst meine Entschuldigung hergenommen und vorgebracht haben, daß ich von den Ungläubigen zu Cairo entwichen sey. Ich suchte meine Verlegenheit so gut wie möglich zu verbergen, antwortete nicht auf die Beschuldigung des großen Haufens, sondern setzte mich nieder und wendete mich an einen der vornehmsten Männer, dessen großen Einfluß ich kannte, und der sehr oft in meinem Zelte gewesen war: „aber sage mir, Bruder" — redete ich ihn an — „sahest du je dreyhundert bewaffnete Männer eine Reise „von drey Tagen machen, um zwey Männer zu verfolgen, „die zehn Tage als Freunde unter ihnen lebten, mit ihnen „aßen und tranken, und deren Zelt jedem offen stand? „Du selbst hast uns angetroffen wie wir beteten und im „Korane lasen und nun beschuldigst du uns, wir gehören „zu den Ungläubigen in Cairo, die wir doch jetzt meiden? „Weißt du nicht, daß es eine große Sünde ist, einem „Rechtgläubigen zu sagen, er sey ein Heide? Von Dir „erwartete ich mehr Verstand und mehr Gottesfurcht." — Da ich dieses mit vieler Fassung und großem Ernste vortrug, so schienen viele aus der Versammlung eine günstigere Meynung von mir zu bekommen. Der Mann antwortete mir, er wisse gar wohl, daß wir nicht zu den Ungläubigen gehören, auch habe er Niemanden überredet, uns zu verfolgen, und er wolle, wenn es von ihm allein abhinge, sogleich nach Siwah zurückkehren. — Hierauf wendete ich mich zu einem gemeinen Manne, den ich Beschuldigungen gegen mich vorbringen hörte. „Schweige „doch ja, Freund" — sagte ich — „wollte Gott! ich wäre „der Arabischen Sprache hinlänglich mächtig, ich würde „dir und hunderten deines Gleichen, Fragen vorlegen, die „euch beweisen sollten, daß ich gründlicher im Islam „unterwiesen bin als ihr." — „Wahrlich" sagte ein alter Mann, „dieser ist jünger als jener und doch unerschrockner." — „Mein Begleiter" nahm ich sogleich wieder das Wort „mein Begleiter fürchtet sich nicht vor euch, „denn wir haben Freunde, vor denen ihr euch fürchten „müßt. Weißt du wohl, was es sagen will, einem Man=

„ne, der mit Sultanen und Prinzen lebt, vorzuwerfen, „er sey ein Ungläubiger?“ — Man fragte mich jetzt, warum wir denn Christliche Briefe bey uns führten? — Jetzt wurde es mir klar, daß von meinem Dollmetscher unvorsichtigerweise der Paß vorgezeigt worden war, den ich mir vom General Bonaparte verschafft hatte, um nicht von den Französischen Posten, welche die Karawane zu passiren hatte, aufgehalten zu werden.

Mein Dollmetscher kehrte jetzt zurück. Da er mich noch am Leben und die Versammlung in einer sanftmüthigern Stimmung fand als vorher, da er sie durch seine unbesonnenen und verwirrten Antworten noch mehr ergrimmt hatte, so schien er wieder Muth zu fassen. Ich erklärte ihm, theils in Deutscher, theils in Arabischer Sprache, was vorgefallen sey, und verließ den Kreis, um freywillig die vermeinten Briefe aus dem Zelte herbey zu holen, mit denen ich dann, so wie auch mit einem Korane, sogleich zurückkehrte. Einer der vornehmsten Siwaher nahm den Brief, entfaltete ihn und fragte, „ob keiner in der Versammlung ihn lesen könne?“— eine Frage, die, so kritisch meine Lage war, mir ein Lächeln abzwang. Dieselbe Frage that man auch uns, wir versicherten aber, daß wir den Inhalt nicht verständen, und daß man uns dieses Papier eingehändigt habe, um frey aus Cairo gehen zu können. „Aber dieses“ rief mein Dollmetscher, und nahm mir den Koran aus der Hand, „dieses ist das Buch, welches ich verstehe.“ — Man forderte uns auf darin zu lesen, um zu zeigen, daß wir ihrer Religion wirklich angehörten. Glücklicherweise beschränkten sich unsre Kenntnisse nicht auf bloßes Lesen; mein Dollmetscher wußte den ganzen Koran auswendig, und ich konnte schon damals das Arabische mit ziemlicher Fertigkeit schreiben, welches in jenen Gegenden für tiefe Gelehrsamkeit gilt. Die Häupter der Karawane, die bis jetzt geschwiegen hatten, nahmen jetzt laut unsre Parthey und selbst viele Siwaher verwendeten sich für uns. Kurz, die Untersuchung endigte sich zu unserem Vortheile, wiewohl nicht ohne Murren des großen Haufens, der bey dieser Gelegenheit zu plündern gehoffet hatte.

Mein angenommener Charakter als Mahometaner war jetzt fest gegründet und ich entging so ferneren Untersuchungen dieser Art und vielleicht bestimmteren Proben, die ich nicht würde haben ablegen können. Freylich verlor ich einiges bey dieser Gelegenheit, was ich nicht ersetzen konnte, als einige Mumien-Reste, einige Mineralien aus der Gegend von Siwah, das Tagebuch meiner Reise von Cairo nach Schiatha und einige Bücher, welche Sachen ich dem Dollmetscher überlieferte als ich ihn beym Gepäcke zurück ließ. Dieser hatte sie dem Sklaven unseres Gastfreundes gegeben, damit er sie in einem der kleinen Sümpfe verbergen möge, deren es sehr viele auf Schiatha giebt. Dies war geschehen und ich konnte sie nachmals nicht wieder erhalten.

Siebentes Kapitel.

Abreise von Schiatha — Torfaue — Ankunft zu Mojabre — Einzug in Prozession — Abreise und Ankunft in Augila — Beschreibung der Orte im Augilaer-Gebiete — Lebensart und Charakter der Einwohner.

Am fünften Tage nach unserer Abreise von Siwah verließen wir Schiatha, schlugen, nach vierstündigem Marsche, wieder unser Lager auf und ruheten bis zum folgenden Morgen. Wir hatten etwa dritthalb Stunden zurückgelegt, als wir in eine Gegend kamen, die Torfaue genannt wird. Wir lagerten uns hier eine Zeit lang, sammelten Wasser ein, und brachen schon um vier Uhr desselben Tages wieder auf. Wir setzten bis um acht Uhr des folgenden Tages unsere Reise durch eine mit vielen Sandhügeln versehene Wüste weiter fort, und lagerten uns sodann bis um 2 Uhr, da wir uns wieder aufmachten, und unsere Reise bis zum folgenden Morgen um acht Uhr fortsetzten. Auch an diesem Tage brachen wir bereits um ein Uhr auf und rückten fort bis am folgenden Morgen um zwey Uhr, da die Gesellschaft, bey der ich mich befand, bemerkte, daß sie den unrechten Weg gegangen und von der Karawane abgekommen war. Wir beschlossen Halt zu machen, um den Anbruch des Tages abzuwarten. Man entledigte die Kameele ihres Gepäckes, setzte es aber an beyden Seiten derselben nieder, um, wenn es nöthig seyn sollte, mit Schnelligkeit wieder aufpacken zu können. Ich selbst legte mich, die Flinte in der einen, den Zügel in der andern

Hand nieder auf den sandigen Boden und schlief bis zum Aufgange der Sonne.

Wir entdeckten jetzt unsere Karawane, und sahen, daß wir uns etwa eine halbe Meile weit von einem wasserreichen, fruchtbaren Platze befanden. Wir begaben uns hin zu demselben und schlugen unser Lager auf. — Die Reise von Torfaue bis zu dieser Gegend war die unangenehmste und ermüdendste von allen die ich jemals gemacht habe. Menschen und Thiere waren so sehr abgemattet, daß, sobald das Gepäck in Ordnung gebracht war, sich alles dem Schlafe in die Arme warf. — Wir ruheten hier einen Tag lang aus, und setzten sodann unseren Weg nach Augila weiter fort, und zwar in sehr kleinen Märschen, die zusammengenommen etwa neun Stunden ausmachen mochten. Da wir im Gebiete unserer Freunde waren, von denen wir nichts zu fürchten hatten, so hielten wir es nicht für nöthig, sehr eilfertig zu seyn.

Unser Einzug in Mojabra, einem der drey Oerter des Gebietes von Augila, war sehr feyerlich, denn der größte Theil der Kaufleute unserer Karawane hatte hier ihre Wohnungen und Familien. Der Bey von Bengasi, der Statthalter des Pascha von Tripolis war und sich jetzt in Augila aufhielt, schickte ans etwa zwanzig seiner Araber entgegen, die den Werth der Kameel-Ladungen niederschrieben, und geringe Abgaben einforderten. Diese Araber schlossen sich an die Karawane, deren rechten Flügel sie ausmachten; die Kaufleute, welche Pferde hatten, bildeten den linken Flügel; die Pilger von Mecca und die übrigen gemeinen Araber hielten sich in der Mitte, wo der Scheik ritt, der sich eine grüne Fahne vortragen ließ. Die Pilger stimmten nun einen Chor an, und die Araber tummelten ihre Rosse. Als wir uns Mojabra näherten, kamen uns eine Menge Kinder und Greise entgegen, um ihre Verwandten zu begrüßen, die sie, wegen des Einfalls der Franzosen in Egypten, für verloren gehalten hatten. Wir wurden äußerst freundlich aufgenommen, und schlugen unweit der Stadt unsere Zelte auf.

In der folgenden Nacht setzte ich meine Reise, in Gesellschaft zweyer Kaufleute, bis Augila fort, wo mir einer meiner Freunde eine Wohnung verschaffte, weil die Karawane sich hier länger als gewöhnlich aufzuhalten gedachte.

Das Gebiet von Augila begreift drey Städte in sich: Augila, Mojabra und Meledila. Die beyden letztern Oerter liegen dicht neben einander, und etwa vier Stunden Weges von Augila entfernt; Mojabra südlich, Meledila nördlich von der Karawanen-Straße nach Cairo.

Augila, die Haupt-Stadt des Gebietes, die bereits zu den Zeiten*) Herodots bekannt war, hat etwa eine

*) Nach Herodot liegt Augila zehn Tagereisen von der Stadt der Ammonier entfernt (Melpom. 182.) — Herr Hornemann brachte neun Tage auf seiner Reise von Siwah nach Augila zu, aber nicht ohne einige forcirte Märsche.

K

Meile im Umfange. Sie ist schlecht gebauet und ihre Straßen sind nichts weniger als reinlich. Die Häuser sind aus Kalksteine erbauet, der auf benachbarten Anhöhen bricht, und haben nur ein unteres Stockwerk. Die Zimmer derselben sind gewöhnlich rund um einen kleinen Hof angelegt und dunkel, weil das Licht keinen andern Eingang hat als die Thür. Die öffentlichen Gebäude sind verhältnißmäßig noch weit schlechter als die Häuser. Mojabra scheint nicht ganz so groß zu seyn als Augila, aber es ist volkreicher. Die Einwohner von Meledila legen sich hauptsächlich auf den Ackerbau, die von Mojabra widmen fast ihr ganzes Leben dem Reisen zwischen Cairo und Fessan. Augila's Einwohner ziehen im Allgemeinen ein ruhiges, sitzendes Leben vor, doch waren auch von ihnen mehrere bey unsrer Karawane.

Die Männer aus diesen Oertern, die Karawanen-Handel treiben, pflegen drey Häuser zu haben, eins in Kardassi nahe bey Cairo, ein anderes in Mojabra und das dritte in Tuila oder auch wohl in Mursuck. Viele von ihnen haben in jedem dieser Häuser Weib und Kinder; andere nehmen sich Weiber bloß für die Zeit ihres Aufenthalts in der Stadt. Sie werden von Jugend auf an das Karawanen-Leben gewöhnt. Ich sah Knaben, von dreyzehn bis vierzehn Jahren, die die ganze mühevolle Reise von Augila bis Fessan zu Fuße machten, oder doch nur sehr selten ritten. Aber diese Lebensart, diese Art und Weise Handel zu führen hat den Eingebornen einen eigenen Charakter eingeprägt; sie sind, im Allgemeinen genommen, gewinnsüchtig und niederträchtig.

Ihre Beschäftigungen zu Hause sind Garten- und Ackerbau, doch ist letzterer nicht von großer Bedeutung. Die Weiber sind sehr thätig in Verfertigung grober wollener Decken, die etwa fünf Ellen lang und anderthalb Ellen breit sind. Sie heißen Abbe und werden häufig nach Fessan ausgeführt. Ihre Kleidung besteht hauptsächlich aus diesen Decken, die sie um sich schlagen. Hemden machen keinen Theil ihrer Bekleidung aus.

Die Gegend um Augila ist flach und sandig, aber doch wohl gewässert und daher nichts weniger als unfruchtbar. Korn wird nicht in hinlänglicher Menge gebauet, weshalb die Araber von Bengasi, (welches etwa dreyzehn Tage-Reisen von hier entfernt ist,) jährlich Weitzen und Gerste einführen. Diese Getreide-Karawanen werden gewöhnlich von Schafherden zum Verkaufe begleitet.

Die Eingebornen dieser Gegend reden, neben der Arabischen, noch eine andere Sprache, die eine nur wenig verschiedene Mundart der Siwahischen ist, deren ich oben gedacht habe.

Hauptmoschee in Augila

Die Zitadelle von Mursuk

Achtes Kapitel.

Abreise von Augila — Neddeck — Ebene Sultin — Harutsch-el-abiat — Ankunft zu Temissa.

Bald nach unserer Ankunft in Augila schickten die Häupter der Karawane einen Mann ab, der die Wasserplätze von hier bis zu den Gränzen des Königreichs Fessan untersuchen sollte. Diese Vorsicht ist nothwendig, weil es sich bey trocknem Wetter ereignen kann, daß, auf dem gewöhnlichen Wege, nicht Wasser genug für die Karawanen angetroffen wird, die aus so vielen Menschen und Kameelen bestehen. Da dieser Mann Befehl erhalten hatte, so eilig als möglich zu seyn, so kam er schon am zwölften Tage mit der sehr erfreulichen Nachricht zurück, daß Wasser in hinlänglicher Menge vorhanden sey, und daß er überhaupt nichts gefunden habe, was unserer Reise hinderlich seyn könne.

Obgleich dieser Nachricht zufolge der 27ste Oktober zur Abreise festgesetzt war, so begab ich mich doch schon den Tag vorher aus der Stadt, und zwar in Gesellschaft meines Dollmetschers. Wir brachten die Nacht unter freyem Himmel zu, um uns am folgenden Morgen, beym Aufbruche, sogleich an den Vortrab der Karawane anschließen zu können. Schon vor Aufgange der Sonne machten wir uns mit der Karawane auf den Weg und nahmen unsere Richtung gegen S.W. Unsere Gesellschaft war durch Kaufleute aus Bengasi, Mesrote und Mojabra etwa um 120 Personen verstärkt worden. Viele der Einwohner Augila's und Fallo's begleiteten uns eine Strecke Weges, tummelten uns zu Ehren ihre Pferde und feuerten ihre Gewehre ab.

Kaum hatten uns diese Leute verlassen, so kam ein Araber eiligst herbey geritten und zeigte uns an, die Karawane werde von einem großen Haufen Reuter verfolgt, die dem Nachtrabe bereits sehr nahe wären. Auf diese Nachrichten wurden die Kameele sogleich von den Sklaven und Knaben auf eine Anhöhe zusammengetrieben, und alle bewaffneten Männer deckten die Karawane im Rücken, um dem Feinde den Einbruch in dieselbe zu erschweren. Aber in demselben Augenblicke als wir ein Gefecht für unvermeidlich hielten, offenbarte es sich zu unserer Freude, daß wir uns geirret hatten. Die Reuter, welche wir für Feinde ansahen, waren der Bey Sulima von Bengasi und sein Gefolge. Dieser Mann, der sich, wie ich oben gesagt habe, gerade zu Augila aufhielt, hatte das Abfeuren so vieler Flinten gehört, und war uns nachgeeilt, weil er wähnte, die Karawane sey angegriffen worden.

Wir setzten jetzt mit frohem Muthe unsere Reise bis zu Sonnen-Untergange fort. Jeder rühmte sich seiner Kühnheit und der Thaten, die er hätte verrichten wollen, wenn die Truppen des Beys als Feinde gekommen wären.

Unser Lager schlugen wir diesen Abend in einer Gegend auf, die durchaus ohne Wasser und dabey so unfruchtbar war, daß wir nicht einen Grashalm für unsere Kameele finden konnten, sondern genöthigt waren, ihnen den Vorrath von Futter zu geben, den wir von Augila mit uns genommen hatten.

Am zweyten Tage legten wir zwölf Stunden Weges in dieser Wüste zurück, deren Boden aus einem weichen hin und wieder zu Tage liegenden, gewöhnlich aber sehr hoch mit Flugsande bedeckten Kalksteine besteht.

Am dritten Tage, des Morgens um acht Uhr, veränderte sich die Scene; es erhoben sich hin und wieder einzelne Hügel, die der weiten Fläche der Wüste etwas von ihrer bisherigen Einförmigkeit nahmen. Diese Anhöhen oder Hügel waren aus Kalkfelsen entstanden, die der Wind mit einer Lage von Sand bedeckt hatte und von denen einige, im Norden der Karawanen-Straße, beträchtlich hoch waren. Sie sind der Anfang einer Berg-Kette, die Moraisje heißt und sich weit gegen S. S. W. und, wie es scheint, auch gegen Norden erstreckt. Wir lagerten uns heute, schon vor Sonnen-Untergange, auf dem Gipfel eines Berges, an dessen Fuße man eine Menge versteinerter See-Muscheln in einem weichen Kalk-Steine findet. Hier erwarteten wir die Twater, die sich schon zu Mittage von uns getrennet hatten, um ihre Kameele weiden zu lassen.

Am vierten Tage brachen wir sehr früh auf, um einen bestimmten Lagerplatz zu erreichen, wo wir einen frischen Wasser-Vorrath einnehmen wollten. Den erstern Theil dieser Tagesreise legten wir auf der Fläche der Bergreihe zurück, die uns des Nachts zum Lagerplatze gedient hatte. An der östlichen Seite, wo wir uns hinauf begeben hatten, war dieser Berg nichts weniger als schwer zu ersteigen gewesen; um so größer war daher unsere Ueberraschung, als wir an der westlichen Seite einen steilen 70 bis 80 Fuß hohen Abhang fanden, den wir nicht ohne Schwierigkeiten herabsteigen konnten. Der Weg ist hier so steil und schmal, daß wir ein Kameel nach dem andern hinunter gehen lassen mußten. — Die Aussicht, welche man auf dieser Anhöhe genießt, ist ungemein schön. Vor uns sahen wir eine unermeßliche, von der Sonne erleuchtete, Fläche ausgebreitet; unter uns den noch im Dunkel der Nacht liegenden Abgrund, mit seinen schaudervollen Felsen-Stücken. Ich schlug nicht denselben Weg ein, den die Karawane nahm, sondern bahnte mir einen eignen Fußsteig, auf welchem ich schneller, wiewohl nicht ohne Gefahr, hinabkam. Im Hinabsteigen fand ich ein Stück versteinertes Holz von etwa zwey Fuß Länge und acht Zoll Dicke. Es war das einzige welches ich hier sah, übrigens aber von derselben Beschaffenheit, als die oben beschriebenen Stücke. — Am Fuße des Abhanges (der auf Arabisch Neddeck heißt) lagen ungeheure Felsen-Stücke vielleicht noch aus den Zeiten vor der Ueberschwemmung, *)

*) Siehe Strabo: p. 49. 50. ed. Casaub.

die, wie so viele Umstände beweisen, diese Gegenden verwüstet haben muß. Als ich in einiger Entfernung, nach Neddeck zurückblickte, sah ich nichts als nackte Felsen, deren zerstörtes Ansehen deutlich genug die Einwirkung einer Wasserfluth verrieth, welche wahrscheinlich aus Westen kam. — Unser Weg führte uns jetzt das Thal hinan, welches von Bergen eingefaßt ist, die beynahe die Höhe desjenigen Berges haben, von dem wir herabgestiegen waren. Zuletzt gelangten wir auf eine ausgebreitete Ebene, die den Namen Sultin führt, in welcher wir um Ein Uhr, nach einem Marsche von zehn Stunden unser Lager aufschlugen, und sogleich die Wasserschläuche füllten.

Am fünften und sechsten Tage zogen wir weiter fort in dieser Wüste, die sehr wasserreich zu seyn scheint, wahrscheinlich aber bitteres Wasser enthält, weil im entgegengesetzten Falle die Araber Brunnen angelegt haben würden, die wir hier nicht fanden.

Reihen zusammenhangender Hügel zeigten sich uns am siebenten Tage zu beyden Seiten des Weges, und am Abend hatten wir das Vergnügen unser Lager unter grünen Bäumen aufschlagen zu können. Wir setzten am folgenden Tage unsere Reise unter diesen Bäumen fort, bis uns unser Weg durch eine Gegend führte, die mit vielen Hügeln und schroffen Kalkfelsen versehen ist. Von einer der beträchtlichsten Anhöhen erblickte ich das Gebirge Harutsch vor mir. Meine Neugierde war durch die vielen wunderbaren Erzählungen, die man mir von diesem

Gebirge gemacht hatte, von den Mühseeligkeiten, denen Reisende in demselben ausgesetzt seyn sollen, von seinem traurigen düstern Ansehen u. s. w. so hoch gespannt worden, daß ich schnell voraus ritt, um Zeit zu gewinnen, einen niedrigen Berg zu untersuchen, der in der Gestalt eines Vorgebirges herausragte.

Der Boden der Wüste nahe an dem Berge war steinig; die Steine bestanden aus dichter Kalk-Erde. Der Berg hatte eine unvollkommen kegelförmige Gestalt; seine Schichten haben wahrscheinlich ehemals, wie die der benachbarten Berge, eine wagerechte Richtung gehabt, sind aber jetzt durch irgend eine Erd-Revolution durch einander geworfen worden. Das Gestein glich in Ansehung des Bruches und der Farbe vollkommen dem Basalt, so daß ich kein Bedenken trug, es dafür zu erklären. — Von der Spitze dieses Berges sah ich, von Westen bis Norden, nichts als eine schwarz erscheinende Bergkette.

Als sich die Karawane näherte, begab ich mich wieder hinab und legte mich bey einem großen Steine nieder, den ich zu einem Tische machte, um einige Speise zu mir zu nehmen, so gut als sie der Araber auf seinen Karawanen-Reisen mit sich zu führen pflegt. Als ich von meinem Male aufstand und um den Berg ritt, war die Karawane verschwunden. Da der Boden fest und mithin die Spur des Weges leicht zu verfolgen war, so setzte ich meinen Weg unbesorgt fort; indeß befremdete es mich doch, als ich eine halbe Stunde geritten war, und noch immer keine Kameele erblicken konnte. Ich nahm ein kleines Perspectiv, sah mich umher, und entdeckte vier Marocca ner vor mir. Schnell ritt ich auf sie zu, und erfuhr nun, die Karawane habe sich schon lange in einiger Entfernung vom Wege in einem Thale gelagert, um die Kameele weiden zu lassen. — Diese vier Männer waren voraus gegangen, um sich zur Löschung ihres Durstes Wasser aufzusuchen. Gern wäre ich bey ihnen geblieben, ich befürchtete aber, meine Leute würden durch meine Abwesenheit beängstiget werden; ich kehrte daher zurück und zwar mit langsamen Schritten, weil der Abend äußerst reitzend war. Da man schon Feuer zum Kochen der Speisen angezündet hatte, so fand ich den Lagerplatz der Karawane ohne Mühe.

Am neunten Tage rückten wir, zwischen schwarzen Hügeln, bis zum sehnlich erwünschten Wasserplatze vor. Unser Weg schlängelte sich durch einige traurige Thäler, in welchen doch aber hin und wieder ein grüner Baum erschien. In einigen breiteren Thälern war der Boden mit Gras bedeckt, welches, des häufig in diesen Gegenden fallenden Regens wegen, eine sehr frische Farbe hatte.

Das Thal, in welchem wir Wasser schöpften, hat etwa sechs Meilen im Umfange, und ist reich an Gras-Weiden und Bäumen. Das Wasser, welches wir einsammelten, war Regenwasser, das sich unter den Hügeln in Pfützen gesammelt hatte.

Wir sahen hier einige Gazellen, die aber so scheu waren, daß wir sie nicht zum Schusse bringen konnten.

Den zehnten, eilften und zwölften Tag brachten wir noch immer in dieser traurigen Einöde zu; denn wir rückten nur langsam fort. Oft sahen wir gar keinen Weg vor uns, und mußten auf eine halbe Meile Wegs über Stein-Lager hinweg ziehen. Im Verlaufe eines dieser Tage wagte ich es, in Gesellschaft meines Arabischen Bedienten und einiger Twater, eine weite Streiferey nach der vom Wege südlich gelegenen Gegend zu machen. Wir waren zu Fuße, und kamen daher weit schneller fort als die große Karawane. Ich fand das Gebirge allenthalben so, wie es sich dem Reisenden vom Wege aus darstellet, mit dem Unterschiede, daß sich zuweilen noch traurigere und schaudervollere Ansichten dem Auge eröffneten; denn natürlich hat man die Karawanen-Straße, so viel als möglich, durch die minder öden Thäler gezogen.

Endlich brachte uns der Nachmittag des dreyzehnten Tages aus dieser düstern Gegend in eine weit ausgebreitete Ebene, in der wir einige Stunden fortrückten, bis wir in ein niedriges Kalkgebirge kamen. Hier lagerten wir uns bey Sonnen-Untergange auf dem schmalen Wege, der durch das ganze Gebirge läuft. Jene Ebene und dieses Gebirge zusammen genommen werden Harutsch-el-abiat, der weiße Harutsch genannt. Wir vollendeten unsere Reise durch diese Gegend am vierzehnten Tage, da wir auf eine weite Ebene kamen, deren Boden gleichfalls aus nacktem Kalkgesteine bestand.

Am funfzehnten Tage des Morgens begab ich mich zum ersten Truppe der Karawane, der größtentheils aus armen Pilgern bestand, die voraus eilten, um an dem Brunnen, zu dem wir heute kommen mußten, so bald wie möglich ihren Durst zu stillen. Bey meiner Ankunft auf dem Wasserplatze, der Ennabé heißt, fand ich bereits einen Brunnen gereiniget und mehrere Twater um demselben hergelagert. Als ich mich zu ihnen gesetzt hatte um mein Frühstück zu verzehren, erblickte ich einen alten Mann, der sich einen Weg durch den Sand bahnte, um schneller zum Brunnen zu kommen. Ich bot ihm, nach wechselseitigen Grüßen, eine Hand voll Datteln und etwas Fleisch an, welches er mit herzlichem Danke annahm, es küßte und seine Stirn damit berührte. Er legte die Speisen in den Sand, und begab sich zur Quelle, wo er sehr lange trank und dann mit tiefer Andacht sein Elham-Dulillah betete. Alsdann kehrte er wieder zu uns zurück und erzählte mir, daß er seit drey Tagen kaum zur Hälfte seinen Durst gestillet habe. Diese war seine dritte Reise von Fez nach Mecca. Er war jetzt, wie man mir sagte, sechzig Jahre alt, und dabey ohne die geringste Bequemlichkeit für die Reise, ohne Lebensmittel und selbst ohne Wasser; kurz er besaß nichts, als was ihm einige gutmüthige Reisende aus Mitleiden oder aus Achtung für seine Pilgerschaft mittheilten.

Wir ruheten den ganzen Tag an diesem Orte, der etwa vier Stunden Weges von unserm gestrigen Lagerplatze entfernt lag. Die Kaufleute schickten hier einen Boten vorauf nach Mursuck, der die Ankunft der Karawane meldete, und zugleich dem Sultane einen Brief von jedem Kaufmanne überbrachte.

Am sechszehnten Tage nach unserer Abreise von Augila, kamen wir wieder unter Menschen. Ein Marsch von neun Stunden brachte uns nach dem Dorfe Temissa, welches im Gebiete von Fessan liegt.

Neuntes Kapitel.

Beschreibung des Harutsch-Gebirges.

Das Gebirge Harutsch ist vielleicht die merkwürdigste aller Gegenden, die sich meiner Untersuchung auf dieser Reise dargeboten haben. Man gab mir die Ausdehnung desselben von Norden nach Süden auf sieben, die von Osten nach Westen auf fünf Tagereisen an, aber ich fand es auf meiner nachherigen Reise von Fessan nach Tripolis wieder, und hörte dort, daß es sich noch viel weiter nach Westen erstrecke. In Mursuck hörte ich verschiedene Male von einem schwarzen Gebirge auf dem Wege nach Burnu, welches ein sehr kaltes Klima haben und den Einwohnern von Mursuck Eisen liefern soll. Ich vermuthe, daß dieses Gebirge mit dem Harutsch zusammenhängt; doch kann ich, wegen Mangels an erforderlichen Nachrichten, nichts bestimmtes deshalb sagen.

Wahrscheinlich hat das Gebirge sein jetziges zerrüttetes und schaudervolles Ansehen vulkanischen Ausbrüchen zu verdanken. Seine Höhe ist nirgends, selbst nicht auf den Gipfeln, sehr beträchtlich. Es besteht aus einzelnen Hügeln, die sich oft nicht mehr als sieben bis acht Fuß über die zwischen ihnen befindlichen Thäler erheben, von denen sie in allen Richtungen durchschnitten werden. Zwischen diesen Hügeln giebt es hin und wieder ganz einzeln stehende Berge, die gewöhnlich eine verhältnißmäßige Ebene um sich her haben, von welcher sie steil empor steigen. Einer dieser Berge, an der nördlichen Seite der Karawanen-Straße, etwa in der Mitte des Gebirges, hat das Ansehen, als sey er von oben bis unten gespalten. Man nennt ihn Stres. Verschiedene Umstände verhinderten mich, diesen Berg zu untersuchen, doch zeigte sich bald ein anderer, dem ich, da sich die Karawane in seiner Nachbarschaft lagerte, mehrere Aufmerksamkeit widmen konnte.

Ich fand ihn von oben bis unten mit Steinen derselben Art bedeckt, aus welchen das ganze Gebirge besteht. Die Ebene um ihn her ist mit niedrigen Hügelreihen umgeben, die gleichsam zu einer Mauer verbunden sind. Der Boden dieser eingeschlossenen Ebene war mit weißem Flugsande bedeckt, auf dem große Steine, von der Art der Gebirgs-Masse, zerstreut umher lagen. Ich verschaffte mir, nicht ohne Mühe, eine Probe von der unter dem Sande befindlichen Erdschicht. Sie schien mir, auf den ersten Anblick, der Asche sehr ähnlich zu seyn, die von feuerspeyenden Bergen ausgeworfen wird; da ich indeß das

Papier, in welches ich die Erde wickelte, nachher verloren habe, so kann ich nicht für die Richtigkeit meiner Beobachtung bürgen. In der Nachbarschaft des Berges fand ich viele kleinere Steine von röthlicher Farbe, wie gut ausgebrannte Ziegelsteine. Manche waren zur Hälfte roth, die andere Hälfte war schwärzlich. Die rothen Steine sind nicht von der Schwere und nicht von dem dichten Bruche der schwarzen, sondern locker und schwammig, und haben im Allgemeinen Aehnlichkeit mit Schlacken.

Die Gebirgs-Masse selbst ist in Ansehung der Farbe und Dichtigkeit verschieden. Bald ist sie ganz dicht und schwer, bald enthält sie viele kleine Löcher und Höhlen. Beyde Arten findet man mit einander gemischt. — Fremde Körper entdeckte ich nie in diesem Gesteine. Die Stein-Schichten haben ursprünglich eine wagerechte Richtung, sind aber hin und wieder sehr verrückt, indem sich oft die erste Schicht zur zweyten und diese zur dritten hinunter gesenkt hat; bald nehmen sie eine schräglaufende Richtung an, bald sind sie gänzlich durch einander geworfen; zuweilen nimmt man gar keine Schichten wahr, sondern sieht ganze Reihen von Hügeln, die aus einer homogenen, von unordentlich laufenden Spalten durchschnittenen Steinmasse bestehn.

Das ganze Gebirge ist von schmalen fruchtbaren Thälern durchzogen, deren Boden ein weißer Sand ist, in denen man aber auch hin und wieder Wasserplätze, einzeln stehende Bäume und reichliches Futter für Thiere findet; weshalb auch häufig Wildspuren in denselben angetroffen werden. Oft, wenn ich es ohne Gefahr den Weg zu verlieren thun konnte, begab ich mich in diejenigen Thäler, die mit der Karawanen-Straße ziemlich in gleicher Richtung liefen. Nicht selten wurden indeß diese Thäler so eng und unwegsam, daß ich mir Vorwürfe machte, mich so weit von der Gesellschaft entfernt zu haben; aber ich fand bald wieder hinlängliche Beruhigung in dem Gedanken, daß wohl schwerlich ein räuberischer Araber einen Reisenden von der Karawane in diesen abgelegenen Gegenden vermuthen werde, oder wenigstens keinen anderen, als einen armseeligen Wasser suchenden Marokkaner.

In einem dieser Thäler fand ich zur Seite eine enge, lange Schlucht, die sich zwischen zwey Bergen hinzog, deren Gipfel einander beynahe berührten und so eine neun Fuß tiefe und fünf Fuß breite Höhle bildeten, deren Gestalt und Lage in dieser öden, düstern und traurigen Gegend, lebhaft an den Eingang zur Unterwelt erinnerten.

Mein Dollmetscher erzählte mir, er habe etwa in der Mitte des Weges durch das Gebirge einen tiefen Schlund angetroffen, in welchem noch in einer beträchtlichen Tiefe die Steine schwarz gewesen waren. Unter diesen schwarzen Steinen hatte er eine weiße Steinschicht *) gefunden, wovon er mir eine Probe mitbrachte. Er schien indeß un-

*) Bey meiner zweyten Reise durch dieses Gebirge fand ich abwechselnd bald eine Reihe von Basalt, bald eine Reihe von Kalkgebirgen.

glücklich gewählt zu haben, denn das was er mir zeigte, war ein Stück feiner harter Thon-Erde, so wie sie sich oft an Kalkstein angesetzt findet.

In Hinsicht der einzelnen Berg- oder vielmehr Hügel-Reihen, ihrer Gestalt und Richtung hat der Harutsch große Aehnlichkeit mit den umher befindlichen bergigen Gegenden, so wie er auch darin mit ihnen übereinkommt, daß auf den Ebenen desselben zwischen den felsichten Hügeln, viele einzelne Steine zerstreut liegen. Im Harutsch sind indeß diese Steine nur von der Art der Gebirgmasse. Noch eine andere Aehnlichkeit besteht darin, daß auch diese Ebenen größtentheils aus nackter Felsen-Masse bestehen, auf welcher (wiewohl nicht so hoch) weißer Flugsand liegt.

Gleich neben dem Harutsch-el-assuat oder dem schwarzen Harutsch, befindet sich der sogenannte weiße Harutsch oder Harutsch-el-abiat. Die Gegend, welche man mit diesem Namen belegt hat, ist eine große Ebene, die sich nach Fessan zu erstreckt, und auf der man hin und wieder einzelne Hügel antrifft. Die Steine, welche den Boden dieser Ebene bedecken, erscheinen von außen wie glasirt, so wie dieß auch mit andern Substanzen der Fall ist, selbst mit den aus dem Boden hervorragenden Felsen. Zwischen den Steinen trifft man viele Trümmer von Versteinerungen, vorzüglich von großen Seethieren, so wie auch geschlossene Muscheln. Selbst die dicksten Steine geben einen hellen Klang von sich, wenn sie auf einander geworfen werden; auf dem Bruche erscheinen sie glasartig.

An diese Ebene schließt sich ein niedriges, kahles Kalkgebirge, welches die Araber gleichfalls mit zum weißen Harutsch rechnen, ungeachtet es durchaus davon verschieden ist. Es enthält von allen Gebirgen, die ich sah, die mehresten Versteinerungen; und der Boden ist mit versteinerten Muscheln bedeckt. Die Berge selbst erheben sich sehr steil von der Ebene empor, und bestehen aus einem losen bröckligen Kalksteine, aus dem man die darin enthaltenen Versteinerungen ohne Mühe hervorholen kann; sie bestehen aus Muscheln, Fischen und anderen Erzeugnissen des Meeres. Ich fand Köpfe von Fischen, an deren jedem ein Mann genug zu tragen gehabt haben würde. In den Thälern zwischen diesen Bergen befinden sich viele Muscheln und Steine der Ebene, die, wie ich erwähnt habe, wie glasirt erscheinen.

Zehntes Kapitel.

Ankunft zu Temissa — Beschreibung des Dorfes — Ankunft bey Zuila.

Schon eine Stunde Weges von Temissa kamen uns viele der Einwohner dieses Ortes entgegen, um die Karawane zu bewillkommen. Sie empfingen uns mit Glückwünschen im Arabischen Style, und mit unzähligen Erkundigungen nach unserm Wohlbefinden. Das Wiederholen derselben Worte war mir sehr auffallend, bis ich erfuhr, daß dieses der Landes-Sitte gemäß sey. Je feiner und vornehmer der Mann war, desto öfter wiederholte er seine Fragen. Am auffallendsten war mir in dieser Hinsicht ein wohlgekleideter junger Mann. Er empfing einen Araber von Augila, gab ihm die Hand und hielt ihn eine geraume Zeit auf. Da der Araber etwas schneller ritt, um nicht zu weit von seiner Gesellschaft entfernt zu bleiben, so hätte man vermuthen sollen, der junge Fessaner würde sich entfernt haben; dieß mußte ihm aber zu unhöflich scheinen, denn er lief wohl eine halbe Meile weit neben dem Pferde her. Die ganze Unterredung drehete sich immer um „Wie geht es Dir?" — recht wohl; und wie geht es Dir? — „Gottlob, daß Du in Frieden gekommen bist." — Gott gebe Dir Friede. — „Wie befindest Du Dich?" — u. s. w.

Bey unserer Ankunft in der Nachbarschaft von Temissa stellten sich die Pilger in Ordnung; ihre grüne Fahne und eintönige Pauke in der Mitte. Die Kaufleute bildeten einen eigenen Zug vor dem übrigen Theile der Karawane her und tummelten ihre Rosse. Auf diese Weise zogen wir dem Dorfe vorbey, bey welchem sich auf einen Hügel alle Weiber versammelt hatten. Sie empfingen uns, nach Arabischer Sitte, mit einem lauten Freudengeschrey, welches wir auf dieselbe Art und durch Abfeuern unserer Gewehre beantworteten. Diese wechselseitigen Ausbrüche der Freude dauerten fort bis wir unser Lager in einem Dattel-Walde aufschlugen.

In unserer Karawane herrschte an diesem Tage sehr viel Frohsinn, vorzüglich unter den Kaufleuten. Vielleicht hatte seit vielen Jahren die Karawane Cairo nicht unter so mißlichen Umständen und so trüben Aussichten verlassen, als dieses Mal, da ein Heer Ungläubiger die Hauptstadt Africa's so plötzlich angegriffen und erobert, das Reich der Mammelucken zerstört hatte, und nun gänzliche Aufhebung des Sklavenhandels drohete, durch den allein diese Karawane besteht. — Wir hatten Cairo kaum einige Tage verlassen, als sich ein Haufen Beduinen sehen ließ, deren Absicht zweydeutig schien, und es war wirklich zu bewundern, daß wir nicht auf dem Wege bis nach Siwah angegriffen wurden, da die Araber doch dreist genug waren, durch die Französischen Posten vorzudringen und nahe bey der Hauptstadt Räubereyen auszuüben. In Siwah erfuhren wir die Bewegungen der Araber von Bengasi und anderer Arabischen Stämme nicht fern von dem Wege zwischen Augila und Fessan, und fanden ihre Spuren, nämlich einige Hundert gefallener Thiere, die sie geraubt hatten, und, wahrscheinlich aus Mangel an Wasser, nicht alle mit sich nehmen konnten. Sie hatten Temissa und die benachbarten Gegenden geplündert, und auch auf uns gewartet, bis sie zuletzt überzeugt zu seyn glaubten, daß die Karawane, wegen der Eroberung Cairo's, in diesem Jahre nicht ankommen werde. — Jetzt war auf einmal alle Besorgniß vorüber, denn wir waren nun wohlbehalten in dem bewohnten Theile des Königreichs Fessan angekommen.

Temissa, welches an einem Hügel liegt, ist jetzt ein unbedeutendes Dorf, das kaum vierzig streitbare Männer stellen kann. Es ist mit einer hohen Mauer umgeben, die, wenn sie gehörig im Stande erhalten würde, den Ort gegen alle Ueberfälle schützen könnte. Jetzt ist sie an vielen Stellen eingefallen. Innerhalb dieser Ring-Mauer, die etwa eine halbe Meile im Umfange haben mag, finden sich viele Ueberbleibsel von Häusern. Ich bemühete mich, die Inschriften zu finden, welche es hier geben soll; es gelang mir aber nicht; und wirklich bezweifle ich es, daß man jemals solche Inschriften getroffen hat, denn die Ruinen bestehen nur aus halbverfallenen Mauern von Kalk-Stein, der in der Nachbarschaft bricht, und mit einem rothen Mörtel geküttet war. Uebrigens zeigen diese Ruinen, daß die ehemaligen Einwohner Temissa's besser zu bauen verstanden als die jetzigen, die ihre Wohnungen zwischen den Trümmern der alten aufgeschlagen haben. Auch sind viele dieser neuen Häuser niedriger als Ziegen-Ställe.

Die Einwohner halten sehr ansehnliche Schaf- und Ziegenheerden. Der Esel scheint ihr eigentliches Lastthier zu seyn. Der Ort ist mit Dattelwäldern umgeben, die das vorzüglichste Nahrungs-Mittel liefern. Korn bauet man nur in unbedeutender Menge.

Bey meiner Rückkehr ins Lager fand ich eine Menge Einwohner von Temissa vor, die Schafe, Hühner und

Datteln zum Vertauschen mit sich gebracht hatten; man gab ihnen dafür grobe wollene Decken, die den Arabern zur Kleidung dienen, nebst Taback, Fett, Butter, allerley zum Weiberschmucke gehörende Sachen u. s. w.

Den übrigen Theil des Tages brachten wir sehr vergnügt zu. Am Abend versammelten sich die Knaben und jüngeren Sklaven, die ein Freuden-Feuer anzündeten. Zuletzt machte die fertige Abendmalzeit allen lauten Freuden ein Ende.

Da unsere Tagereisen von hier aus nur kurz waren, so brachen wir am folgenden Morgen erst eine halbe Stunde nach Sonnen Aufgange auf, und zogen langsam unter Dattelbäumen fort. Zwischen den Bäumen lagen sehr viele kleine und niedrige Sandhügel, die größtentheils durch den Wind hervorgebracht waren, der den Sand um einige Bäume her so hoch angehäufet hatte, daß nur ihre kleineren Zweige aus demselben hervorragten.

Nachmittags um zwey Uhr kamen wir in die Nachbarschaft von Zuila und begaben uns zu dem südwestlich von der Stadt gelegenen Platze, der zum Aufschlagen der Zelte bestimmt war.

Eilftes Kapitel.

Zuila — Beschreibung der Gegend um Zuila.

Da Zuila ein sehr bedeutender Ort im fessanschen Gebiete ist, in welchem es viele sehr reiche, und mit der Familie des Sultans verwandte Leute geben soll, so hielten wir in einiger Entfernung davon still, um unsere Vorbereitungen zu machen.

Die Kaufleute, ihre Knaben und Sklaven, zogen ihre besten Kleider an, und der Scheik befahl, daß man ihm, den Scherifs zu Ehren, die es in diesem Orte giebt, eine grüne Fahne vortragen solle. Kaum waren wir in Prozession fortgerückt, so zeigten sich zwanzig Reuter, fast alle auf weißen Pferden, mit einer kleinen grünen Fahne in der Mitte. Es war dieses der vornehmste Mann aus Zuila, der Scherif Hindy, mit seinen acht Söhnen, und einigen andern Verwandten. Eine große Menge Männer und Knaben folgten ihnen in einiger Entfernung zu Fuße. Sie vereinigten sich mit unserer Karawane, und wir zogen vor der Stadt vorbey, erwiederten das Freudengeschrey, das Schießen und andere Beweise des Wohlwollens der Einwohner, und schlugen in der Nachbarschaft des Ortes unser Lager auf.

Wir bekamen hier häufig Besuche von Eingebornen, die sich theils aus Neugierde theils des Tausches wegen einstellten. Sie benahmen sich alle mit großer Bescheidenheit;

ganz besonders zeichneten sich aber in dieser Hinsicht die Familien der erwähnten Scheriffs aus. Sie waren nach tripolitanischer Weise gekleidet, trugen aber über diese Kleidung ein feines Sudanisches Hemd, oder Tob. Die Karawane tauschte hier sehr viel besonders mit den Weibern, die für Milch, Gartenfrüchte und Hühnervieh allerley Putz-Artikel einhandelten.

Zuila hat den Beynamen Belled-el-Scheriffe, d. i. die Stadt der Scheriffs bekommen. Sie war vormals ein wichtiger Ort, dessen Umfang (wenn man ihn mir anders richtig angegeben hat,) ursprünglich dreymal größer gewesen seyn mag, als der jetzige. Männer aus der Familie der Scheriffs sagten mir, es sey hier vor mehreren hundert Jahren der Sitz der Sultane gewesen. Auch ist es mir wahrscheinlich, daß zu jenen Zeiten hier die verschiedenen Karawanen zusammentrafen, denn noch jetzt wird die Reise nach Fessan von der Burnu-Karawane die Reise nach Seela genannt.

Dieses Städtchen hat jetzt fast eine Meile im Umfange; die Häuser haben, wie die in Augila, nur ein Erdgeschoß und erhalten gleichfalls ihr Licht durch die Thüren. Etwa in der Mitte des Ortes giebt es Ueberbleibsel eines Gebäudes, welches mehrere Stockwerke hoch war und sehr dicke Mauern hatte. Man sagte mir, es sey ehemals ein Pallast gewesen. Außerhalb der Stadt, an der südlichen Seite derselben, befindet sich eine alte, wenig zerstörte Moskee, die allein hinlänglich ist, einen Begriff von der ehemaligen Pracht Zuila's zu geben. Sie enthält in der

Mitte einen geräumigen Saal, der mit hohen und weiten Schwibbogen versehen und mit Säulen eingefaßt ist, hinter denen ein breiter Gang läuft. Dieser Gang hat verschiedene Seiten-Zimmer, die gleichfalls einen Theil der Moskee ausmachten. — Etwas weiter von der Stadt entfernt erblickt man einige alte sehr hohe Gebäude, welche die Gräber verschiedener Scheriffs sind, die, als dieses Gebiet von den Ungläubigen überfallen wurde, auf dem Platze blieben.

Die Gegend um Zuila ist eben, wohl gewässert und fruchtbar. Die Dattelwälder sind hier von sehr großem Umfange. Auch scheinen die Einwohner mehrere Sorgfalt auf den Ackerbau zu verwenden, als die Bewohner anderer benachbarten Gegenden.

Wir erfuhren hier noch einen Beweis der Alt-Arabischen Gastfreyheit. Ein Sklave brachte am Abend in jedes Zelt eine Schüssel voll Fleischsuppe und zehn kleine Brode: ein alter Gebrauch den der vornehmste Scheriff noch immer bey der Ankunft der Karawanen beobachtet. Etwas später schickte uns der Scheik des Sultans das Frühstück für den folgenden Tag, welches in drey kleinen Broden für jede Person bestand.

Zwölftes Kapitel.

Abreise von Zuila — Dorf Hemâra — Tragen — Sidibischer — Ankunft bey Mursuck.

Wir verließen schon am folgenden Morgen das gastfreye Zuila und nahmen unsern Weg zuerst durch einen Dattelwald, und dann über eine weite Ebene, die uns, nach siebenstündiger Reise, zu einem kleinen Orte brachte, der Hemâra heißt. Dieses Dorf scheint sehr armseelig und schlecht bevölkert zu seyn, wiewohl die umliegende Gegend nichts weniger als unfruchtbar ist.

Man setzte uns hier zum erstenmale den größten Leckerbissen vor, den der Fessaner kennt, nämlich Heuschrecken und einige Flaschen Luigibi. Letzteres ist der Saft der Dattelbäume, der, wenn er frisch ist, einen süßlichen, nicht unangenehmen Geschmack hat, aber denen, die nicht daran gewöhnt sind, leicht Blähungen und Durchfall verursacht. Den gedörreten Heuschrecken konnte ich damals keinen Geschmack abgewinnen, doch fand ich sie in der Folge sehr genießbar. Wenn man sie essen will, bricht man ihnen Flügel und Beine ab und nimmt die innern Theile aus, die selten ganz getrocknet sind. Was zum Essen übrig bleibt, hat beynahe den Geschmack der Bücklinge, nur daß er feiner ist.

Am folgenden Morgen befanden wir uns bereits vor Sonnen-Aufgange auf dem Wege. Wir zogen durch eine

Ebene, an deren südlicher Seite sich Dattel-Pflanzungen zeigten, zwischen denen man hin und wieder kleine Dörfer liegen sah. Ich wurde heute fast bis Mittag von meiner Gesellschaft getrennt, weil sich der Scheik des Sultans von Zuila zu mir gesellte. Die Kleidung des Mannes war äußerst zerrissen, und aus Lumpen zusammengesetzt; doch trug er über derselben, als Zeichen seines hohen Amtes einen rothen Mantel. Wie er mir sagte, hielt er sich deshalb zu mir, weil es seiner Würde nicht gemäß sey, in Gesellschaft der Kaufleute zu reiten. Ich riß mich endlich von ihm los und gesellte mich wieder zu meinen Gefährten, die größtentheils alle lustig und froh waren, weil sie dem Orte so nahe waren, wo die mehresten unter ihnen Familie und Häuser hatten. Ihre Freude wurde ihnen aber verbittert; denn die Bedienten des Sultans kamen uns entgegen, und schrieben die Zahl unserer Kameel-Ladungen auf, welches bisher nur erst an den Thoren von Mursuck geschehen war. Die Kaufleute verloren dadurch die Gelegenheit, wenigstens ein Drittel ihrer Waaren an diesem Orte zurückzulassen, und so einen Theil des Zolles, den der Sultan von der Karawane nimmt, zu ersparen. Einige täuschten dessen ungeachtet die Wachsamkeit des Sultans dadurch, daß sie bereits seit einigen Tagen ihre Kameele dem Zuge der Pilger einverleibt hatten, die zollfrey sind. Aus Mißvergnügen über diesen Vorfall nahmen die Kaufleute den Vorschlag des Scheiks der Pilger an, ohne anzuhalten bis nach Tragen fortzurücken, wo wir auch mit Sonnen-Untergange ankamen.

Wir blieben hier den ganzen folgenden Tag, um uns in den Stand zu setzen, mit Anstande vor dem Sultan zu erscheinen, der, den Mecca-Pilgern zu Ehren, dieser Karawane immer entgegen zu reiten pflegte. Er überschickte uns einige Kameels-Ladungen gebratenes Fleisch und Brot, welche Lebens-Mittel hier unter der Karawane vertheilt wurden.

Am folgenden Tage, am 21sten nach unserer Abreise von Augila, kamen wir, nach einem achtstündigen Marsche, bey Sidibischêr an, wo wir unser Lager aufschlugen, weil der Sultan uns erst am folgenden Morgen empfangen wollte. Sidibischêr war ein berühmter Heiliger der Vorzeit. Man errichtete ihm zu Ehren eine kleine Kapelle, in welcher er auch begraben liegt, und nannte das naheliegende Dorf nach seinem Namen.

Der folgende Tag, der 17te November, machte unserer langen und mühseeligen Reise ein Ende; wir kamen, nach einem langsamen Marsche von drey Stunden, in die unmittelbare Nachbarschaft von Mursuck.

Der Sultan hatte sich, von Höflingen und einer großen Anzahl seiner Unterthanen umgeben, auf einer Anhöhe gelagert. Die Karawane hielt hier still, und alle Männer von einiger Bedeutung in derselben, stiegen ab, um ihn zu begrüßen. Ich näherte mich den übrigen und fand den Sultan in einem altmodischen mit grün und roth gestreiftem Tuche überzogenen Lehnstuhle sitzen, der am obern Theile eines ovalen Platzes stand. Der Sultan selbst trug tripolitanische Kleidung und über dieselbe ein weites, nach Sudanischer Art mit Silber durchwirktes Hemd. Nahe bey ihm standen einige seiner weißen Mammelucken und schwarzen Sklaven mit bloßen Säbeln; hinter diesen befanden sich sechs Fahnen, und einige schwarze, halb nackte Sklaven mit alten Speeren und Hellebarden, so wie sie vielleicht zu Zeiten Saladins gebräuchlich gewesen seyn mögen. Wir traten in den Kreis durch eine Oeffnung, die man, dem Sultan gegen über gelassen hatte, zogen, dem Hof-Gebrauche gemäß, etwa in der Mitte des Kreises die Pantoffeln aus, und näherten uns barfuß, um zum kaiserlichen Handkusse zu gelangen. Jeder von uns trat alsdann zurück und setzte sich zur linken oder zur rechten Hand nieder, wodurch zwey lange Reihen ehrfurchtsvoll da sitzender Männer gebildet wurden. Zuletzt trat der Scheik der Pilger mit gezogenem Säbel in den Kreis. Vor ihm her trug man seine Pauke und die grüne Fahne, welche er von Mecca mitbrachte. Die Pilger folgten ihm und stimmten ihre Gesänge an zum Lobe Gottes, der sie wieder hieher gebracht hatte. Sie fuhren fort zu singen, bis der Sultan ihren Anführer mit dem Versprechen entließ, daß er jedem Zelte einige Datteln und Mehl zuschicken wolle.

Als diese Feyerlichkeit beendiget war, bestieg der Sultan sein Pferd, und ritt, von Pauken, Fahnen und Spießen umgeben, im Gefolge seines übrigen

Hofstaats und der Araber aus der Karawane, die ihm zu Ehren ihre Pferde tummelten, nach Mursuck zurück.

Dreyzehntes Kapitel.

Nachricht von Fessan — Gränzen — Klima — Natur-Produkte — Handel — Regierungsform — Einkünfte und Ausgabe des Sultans — Sein Hofstaat und Harem — Gerichtspflege — Charakter der Einwohner von Fessan — Ihre Lebensart, Kleidung, Tänze, Musik — Herrschende Krankheiten — Genügsamkeit im Essen.

Die größte Länge des angebaueten Theils von Fessan beträgt etwa 300 Englische Meilen von Norden nach Süden; die größte Breite 200 Meilen von Osten nach Westen. Man rechnet aber auch noch das ganze Gebirge Harutsch und mehrere gegen Süden und Westen gelegene Wüsten zu dem Gebiete dieses Reiches.

Die Gränz-Nachbaren sind, gegen Norden: Araber, die eigentlich unter tripolitanischer Bothmäßigkeit stehen, sich aber bey jeder Gelegenheit frey zu machen suchen. Gegen Osten wird Fessan durch den Harutsch begränzt, und durch die um dieses Gebirge her liegenden Wüsten. Gegen Süd- und Südosten liegen die Länder der Tibbo; gegen Südwesten befinden sich nomadische Twaricks und gegen Westen Araber.

Das ganze Land enthält 101 Ortschaften, von denen Mursuck der Hauptort ist. Auf diese kaiserliche Residenz folgen zunächst Socna, Sibha, Hun und Wadon nördlich; Gatron südlich; Yerma westlich und Zuila östlich.

Das Klima von Fessan ist unangenehm. Des Sommers herrscht gewöhnlich sehr große Hitze, die bey Süd-Winden, selbst den Eingebornen unerträglich ist. Der Winter würde sehr erträglich seyn, stellten sich nicht gewöhnlich um diese Jahreszeit schneidende Nordwinde ein, die nicht allein den Eingebornen, sondern selbst mir, dem Bewohner nördlicher Gegenden die Kälte sehr empfindbar machte.

Es regnet nur selten in Fessan, und nur sehr wenig auf Einmal. Von Gewittern bemerkte ich vom November 1798 bis zum Junius 1799 keine Spur, ausgenommen, am 31sten Januar, einige Blitze ohne Donner, auf welche etwas Regen folgte. Desto häufiger aber sind Stürme aus Süden und Norden, welche den Sand aufwirbeln, und so dicke Staubwolken hervorbringen, daß die ganze Atmosphäre gelb erscheint. Das Land hat keine Flüsse oder Bäche von beträchtlicher Größe. Der Boden besteht aus einer tiefen Sand-Lage, unter der man Kalkerde oder Kalkfelsen, zuweilen auch eine Thon-Schicht antrifft.

Das vorzüglichste oder eigentlich einzige, Produkt von Bedeutung, das Fessan hervorbringt, sind Datteln. Im westlichen Theile des Reiches trifft man auch etwas Senne, die der aus den Ländern der Tibbo eingeführten vorgezogen wird. Weitzen, Gerste und allerley Gemüse-Arten kommen sehr gut fort, aber theils die Schwierigkeit, die hier zu Lande der Garten- und Ackerbau verursacht, theils die geringe Industrie der Einwohner und der Mangel an Aufmunterung, sind Schuld daran, daß man nicht so viel bauet als hinlänglich ist, und deshalb eine ansehnliche Menge Getreide von den nördlich von Fessan wohnenden Arabern einführen muß.

Auf die Viehzucht wird hier zu Lande nur wenig Aufmerksamkeit verwendet. Kühe trifft man nur in den fruchtbarsten Gegenden des Reichs, und selbst hier nur in geringer Anzahl. Man bedient sich ihrer zum Wasserziehen und schlachtet sie nur im Nothfalle. Das vorzüglichste Hausthier ist die Ziege. Schafe giebt es in den südlichen Gegenden von Fessan, aber nicht in hinlänglicher Menge, weshalb man noch eine Anzahl derselben von den benachbarten Arabern einführt. Die Wolle wird zur Verfertigung der Abben oder groben wollenen Decken angewendet, welche ein Hauptkleidungsstück der Fessaner ausmachen. Mit dem Fleische bratet man zugleich die Haut, so lange sie frisch ist, an einem Kohlenfeuer und verzehrt sie. Pferde sind nur in geringer Menge vorhanden; desto häufiger trifft man aber Esel, die zum Wasserziehen in den Feldern und Gärten gebraucht werden. Kameele stehen in außerordentlich hohem Preise und werden nur von reichen leuten und Kaufleuten gehalten. Alle diese Thiere füttert man mit Datteln und Dattelkernen.

Der Handel ist in Fessan sehr ansehnlich, aber es sind nur ausländische Waaren mit denen er getrieben wird. Vom Oktober bis zum Februar ist Mursuck der große Markt und Sammelplatz für die verschiedenen Karawanen von Cairo, Bengasi, Tripoli, Gadames, Burnu, Twat, Sudan und für die kleinern Karawanen der Tibbo, Rschade, Twarick und Araber. Den Handel von Cairo treiben die Kaufleute von Augila, den von Tripoli, vorzüglich die Einwohner von Sockna, wiewohl auch einige Tripoliner und Fessaner an letzterm Theil nehmen. Der Handel von Sudan ist in den Händen der Twarik Kolluwi und der Einwohner von Agades ins besondere; der Handel von Burnu wird durch die Tibbo aus Bilma getrieben. Die aus den südlichen und westlichen Gegenden nach Mursuck kommenden Karawanen bringen, als Handelsartikel, Sklaven (vorzüglich Sklaven-Mädchen), Goldstaub und gediegenes Gold in Körnern, oder zu Ringen und andern Schmuck der Bewohner des innern Afrika verarbeitet; ferner Zibeth, Straußfedern, Tigerfelle u. s. w. Von Burnu führt man sehr viel Kupfer ein. Die Karawane von Cairo bringt vorzüglich Seidenwaaren, wollenes Tuch, Melayen (große, weiß, und blau gestreifte Tücher,) gläserne Armringe, Glaskorallen, und einen kleinen Vorrath an Indischen Waaren. Die Kaufleute von Bengasi, die sich gewöhnlich an die Karawane von Cairo anschließen, führen hauptsächlich Taback zum Kauen und

Schnupftaback ein, so wie auch verschiedene in der Türkey verfertigte Handels-Artikel.

Die Karawane von Tripoli handelt nach Mursuck vorzüglich mit Papier, Glaskorallen, Schieß-Gewehren, Säbeln, Spiegeln, Messern, ferner mit altem Kupfer, Abben, und rothen wollenen Mützen. Die Kaufleute von Gadames bringen fast dieselben Waaren. Die kleineren Karawanen der Twariks und Araber führen vorzüglich Butter, Fett, Oehl, Weitzen und d i e aus den südlichern Gegenden Senna, Straußfedern, Kameele zum Schlachten u. s. w. ein.

Fessan wird durch einen Sultan regieret, der aus der Familie der Scheriffs ist. Zufolge der Tradition haben die Vorfahren des jetzigen Sultans, die aus dem westlichen Afrika kamen, dieses Land vor etwa 500 Jahren erobert. Der Sultan herrscht in seinem Gebiete mit unumschränkter Gewalt, wofür er einen jährlichen Tribut von 400 (ehemals 600) Speziesthalern an Tripolis entrichten muß. Um diese Summe, oder den Werth derselben an Gold, Sklaven und Senna zu heben, wird jährlich ein Beamter des Bascha abgesandt, der, während er dieses Amt verwaltet, den Titel B e y e l N o b e bekommt. Bey seiner Abreise von Tripolis (welches regelmäßig zu Ende Novembers ist) nimmt er alle Reisende und Kaufleute unter seinen Schutz. Auch ich werde mich dieser sichern Gelegenheit bedienen.

Der jetzige Sultan hat den Titel Sultan Muhammedben Sultan Mansur, der auf ein großes Siegel eingegraben ist, dessen er sich bey öffentlichen Angelegenheiten und bey Correspondenz in seinem Lande bedient; schreibt er aber an den Bascha von Tripolis, so nimmt er ein kleineres Siegel, auf welchem er sich nicht Sultan sondern nur Scheik nennt.

Der Thron von Fessan (wenn anders ein altmodischer Lehnstuhl diesen Namen verdient,) ist erblich, aber nicht in jedem Falle vom Vater auf den Sohn, sondern auf den ältesten Prinzen der königlichen Familie, so daß ein Neffe dem Sohne vorgezogen wird, wenn er älter als dieser ist. Dieser Umstand giebt oft zu Blutvergießen Anlaß, weil nicht selten der Fall eintritt, daß der Sohn des verstorbenen Sultans alt genug ist und hinlänglichen Anhang hat, um sich, was ihm nach den Gesetzen und Rechten des Landes keinesweges zukommt, durch das Schwerdt zu erwerben. Die Wohnung des Sultans befindet sich im Innern des Schlosses. Er lebt hier ganz zurückgezogen, nur von seinen Verschnittenen umgeben. Sein Harem ist unmittelbar neben dem Wohnhause, doch begiebt er sich nie in denselben, sondern läßt sich die Geliebte, die er gerade zu sehen wünscht, vorführen. Dieser Harem besteht aus einer Sultanin, die von der Familie der Scheriffs von Wadan oder Zuila seyn muß, und aus vierzig Sklaven-Mädchen, welche letzteren aber, wenn sie dem Sultan keine Kinder gebären, oder ihn nicht sonst durch ihre Reitze und allerley Vollkommenheiten zu fesseln verstehen, immer wieder verkauft werden.

Vom Wohnzimmer des Sultans führt eine Thür in einen schmalen langen Gang. Bey jedesmaliger Audienz, die des Tages zu drey verschiedenen Malen gegeben wird, öffnet man diese Thür unter Pauken- und Trommelschlag. Hat man Erlaubniß, dem Sultan den Hof zu machen, so wird man durch den langen Gang von einigen Sklaven geführt, die unaufhörlich die Worte wiederholen: „Gott verlängere das Leben des Sultans!“. Wenn man zur Thür kommt, sieht man den Sultan gegenüber in einem großen durch einige Stufen erhöheten Lehnstuhle sitzen. Der Vorgestellte nähert sich, küßt dem Sultane die Hand, berührt mit derselben die Stirn, und knieet sodann vor ihm nieder. Man redet mit ihm ganz die Sprache des gemeinen Lebens; doch muß man nicht vergessen die Redensarten: „Gott verlängere Dein Leben“, „Gott segne Dein Land“ u. s. w. häufig einzumischen. Der Gebrauch will, daß man diesem Monarchen bey jedesmaliger Vorstellung ein kleines Geschenk überreicht. — Der Sultan begiebt sich regelmäßig des Freytags zu Pferde nach der großen Moskee; an anderen Festtagen reitet er nach einer Ebene vor der Stadt, wo seine Hofleute ihre Geschicklichkeit im Tummeln der Pferde und im Schießen zeigen.

Der Hofstaat des Sultans besteht hauptsächlich aus dem Kaledyma oder erstem Minister, aus dem Keijumma oder zweyten Minister, aus dem Anführer der Heere, aus einer Menge schwarzer Sklaven und aus einigen weißen, die von den Mahomedanern Mammelucken genannt werden. Der Kaledyma und Keijumma, die beyde freygeborne Männer seyn müssen, haben jetzt nur geringen Einfluß, denn alle Gewalt ist in den Händen der Mammelucken, welche theils Europäer, Griechen, Genueser, theils unmittelbare Abkömmlinge derselben sind. Die schwarzen Sklaven werden als Knaben gekauft und bekommen eine ihren Anlagen angemessene Erziehung. Einige derselben haben sehr großen Einfluß bey dem jetzigen Sultan.

Die Kleidung des Sultans bey feyerlichen Gelegenheiten besteht in einem weiten nach Sudanischer Art gearbeitetem Hemde, welches gewöhnlich von Atlas und mit Gold oder Silber durchwirkt ist. Unter demselben trägt er die gewöhnliche tripolitanische Kleidung. Aber der merkwürdigste Theil seines Anzuges ist der Turban, der eine Elle lang und $\frac{2}{3}$ einer Elle breit ist.

Die Einkünfte des Sultans bestehen in festgesetzten Abgaben, und Taxen auf Gärten und Felder, doch kann er auch willkührliche Forderungen thun. Die Abgaben werden theils in Gelde, theils in Gold und Datteln entrichtet. Die Sklaven des Sultans, deren Geschäft es ist, die Taxen einzufordern, verfahren, wenn man sie nicht bestechen will, äußerst eigenmächtig. Noch eine andere Quelle für die Einkünfte des Sultans sind die verschiedenen Karawanen; die von Cairo entrichtet für jede Kameel-Ladung sechs bis acht spanische Thaler, und die von Burnu und Sudan bezahlen für jeden der zum Verkaufe mitgebrachten Sklaven zwey Metkal. Die Natron-Seen, Salzlachen, eine Menge Gärten und Dattelwälder in verschiedenen Gegenden des Reichs sind Domänen dieser Sultane. Der jetzt regierende Herr hat angefangen, seine Einkünfte beträchlich durch Streifereyen zu vermehren, die er gelegentlich gegen die Tibbo vom Stamme Bürgu unternehmen läßt.

Die Ausgaben des Sultans beschränken sich größtentheils auf die Erhaltung seines Hofstaats. Dem Kadi oder dem Haupte der Geistlichkeit und andern Großen wird als Gehalt die lebenslängliche Benutzung gewisser Dattelwälder und Gärten überlassen. Auch die Prinzen vom Geblüte ziehen ihre Einkünfte theils aus solchen Gärten, theils aus den wöchentlichen Kornlieferungen; außer diesem thun sie aber oft eigenmächtige Forderungen, zu welchem Zwecke sie ihre Sklaven ausschicken.

Die Verwaltung der Gerechtigkeit befindet sich in den Händen des Kadi, ausgenommen in Kriminalfällen, die der Entscheidung des Sultans überlassen werden. Dieser Kadi richtet nach den Mahomedanischen Gesetzen und nach dem alten Herkommen. In Abwesenheit desselben übernimmt sein Geheim-Schreiber das Amt des Richters. Die Würde des Kadi ist bey einer gewissen Familie erblich, die bereits seit der Gründung des Fezzanschen Reichs im Besitze derselben gewesen ist. Der Sultan ernennt immer denjenigen aus der Familie, der die mehreste Gelehrsamkeit besitzt, das heißt, der am besten lesen und schreiben kann.

Außer dem Kadi maaßen sich indeß alle Prinzen aus der Familie des Sultans richterliche Gewalt an; ja sie behalten sich sogar das Recht vor, am Leben zu strafen.

Der Kadi ist zugleich das Haupt der Geistlichkeit und steht im größten Ansehen bey dem Volke. Auf ihn folgt im Range der Imam Kbir oder große Imam.

Die Zahl der Einwohner Fessans läßt sich nicht leicht genau bestimmen. Ich würde sie etwa auf 70 bis 75000 angeben. — Sie bekennen sich insgesammt zur Mahomedanischen Religion. — Ihre Farbe ist verschieden. In den nördlichen Gegenden des Landes haben sie im Allgemeinen ziemlich die Farbe und das Ansehen der Araber. In den südlichen Distrikten sind sie mit den benachbarten Völkern vermischt und gleichen bald mehr den Tibbo, bald den Twarick; die eigentliche Rasse der Fessaner glaube ich in dem Theile des Landes zu finden, welchen man Schaty nennt. Die mehresten Einwohner dieser Gegend sind von mittlerem Wuchse, dunkelbrauner Farbe, haben schwarzes, nicht sehr langes Haar, ziemlich regelmäßige Gesichtsbildung und eine weniger eingedrückte Nase als die Neger.

Die Gesichts-Bildung, der Gang und überhaupt der ganze Anstand der gemeinen Klasse der Fessaner verrathen Mangel an Energie des Körpers sowohl als des Geistes. Tyrannische Regierung, die Armuth des Landes, die elende Nahrung, aus Datteln und schlechten Mehlbrey ohne Fleisch, höchstens nur mit ranzigen Hammeltalge oder Oehl bereitet, tragen sicher nicht wenig dazu bey. Selbst in den Gegenden, wo man dieses Geschlecht am mehresten mit Arabern vermischt findet, zeigt sich derselbe Mangel an Industrie und Thätigkeit. An Manufakturen und Fabriken ist daher gar nicht zu denken. In Murfuck fand ich keinen einzigen geschickten Arbeiter in irgend einem Handwerke; und wirklich sind daselbst keine andern Handwerker zu treffen, als Schuster und Schneider. Letztere verarbeiten jedes Metall ohne Unterschied; derselbe Mann der Hufeisen für des Sultans Pferde schmiedet, verfertiget auch das Ohrgeschmeide seiner Prinzessinnen. Das einzige, was man einen Fessanschen Fabrik-Artikel nennen könnte, sind die groben wollenen Decken oder Abben; was indeß die Güte solcher Arbeiten betrifft, so wird man sich einen Begriff davon machen können, wenn ich sage, daß die Fessaner durchaus unbekannt mit dem Weberschiffchen sind, und jeden Faden des Einschlages einzeln mit der Hand hindurch führen.

Die Kleidung der Fessaner besteht in einem Hemde aus grober Leinewand oder groben baumwollnen Zeugen, die von Cairo eingeführt werden, oder aus den erwähnten Abben, die man theils im Lande verfertiget, theils von Mesrate, Bengasi und Augila kommen läßt. Die Bemitteltern des Volks und die Mammelucken des Sultans kleiden sich nach tripolitanischer Weise, tragen aber über diese Kleidung beständig ein feines buntgefärbtes Sudanisches Hemd oder eine Abbe. Die mittleren Stände bedienen sich blau gefärbter wollener sudanischer Hemden, ohne tripolitanischer Unterkleider.

Die Kleidung der Weiber besteht in einem weißen, vor der Brust mit Seide und Wolle bunt gestickten weißen Hemde, über welches sie eine Abbe tragen. Als den größten Schmuck betrachten sie ihren Kopfputz und die Ringe, welche sie an den Armen und Füßen tragen. Die Frau eines bemittelten Mannes legt ihr Haar in sieben Locken an jeder Seite. Eine derselben ist mit schmalen vergoldeten Lederstreifen durchflochten, die am Ende derselben eine große Schleife bilden; die sechs übrigen sind gleichfalls mit vergoldetem Leder umwunden und an jeder derselben befindet sich ein Gehänge, wovon dieses der Umriß ist:

Nro. 1. ein rothes Korallen-Stück.

2. 2. Stückchen Bernstein.

3. 3. 3. Silberne Glöckchen.

4. 4. Silber oder Messing-Drath.

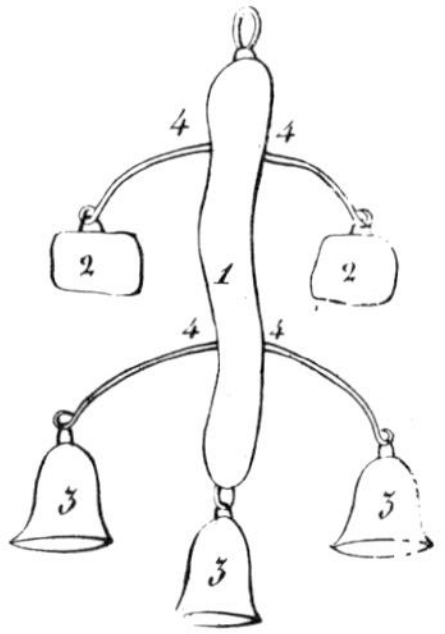

Außer diesem Schmucke lassen die Fessanerinnen noch einige silberne Ringe an seidenen Schnüren vom Kopfe herab bis auf die Schultern hangen. Die Ohren der vornehmen Damen sind zweymal durchbohrt und in jedem dieser

Ohrlöcher befindet sich ein dicker silberner Ring. An den Armen tragen sie oft neun bis zehn Ringe von Glas oder Horn; bey feyerlichen Gelegenheiten werden vier oder fünf dieser Ringe abgenommen, um einem vier Zoll breiten silbernen Arm-Bande Platz zu machen. Oberhalb der Schenkel des Fußes tragen sie gleichfalls messingene oder silberne Ringe. Der Halsschmuck besteht aus einem seidenen Bande, an welchem zehn bis zwölf Stückchen Agat so wie auch Silberplatten u. s. w. befestigt sind. Die gemeinern Weiber tragen nur eine Reihe Glaskorallen um den Hals, legen das Haar auf der Stirn in dicke Locken, die sie mit einer Masse aus Oehl, Lavendel, Kümmel, Gewürznelken, Mastix, Lorbeeren u. s. w. einschmieren.

Die Fessanerinnen sind dem Tanze und andern Lustbarkeiten gar sehr ergeben. Die Freyheit welche sie, als Mahomedanerinnen, genießen, setzen den Reisenden in Erstaunen. Sie tanzen öffentlich auf freyen Plätzen der Stadt, nicht nur bey Tage, sondern auch nach Sonnen-Untergange. Ihre Tänze sind ziemlich einförmig. Drey Männer mit Tamburins stellen sich neben einander; die am Tanze theilnehmenden Weiber schließen sich an sie und bilden einen Kreis. Sobald die Musik anfängt, die von Gesang und Händeklatschen begleitet wird, tritt ein den Trommelschlägern gegen über befindliches Mädchen hervor und tanzt hinüber zu diesen Männern, die ihr im Tanze entgegenkommen. Alsdann zieht sie sich wieder einige Schritte zurück, und wirft sich, steif am ganzen Körper, rücklings über, wird aber von den andern Tänzerinnen einige Spannen oberhalb des Erdbodens aufgefangen und empor geschleudert, so daß sie wieder auf die Beine zu stehen kommt. Die Männer nehmen hierauf wieder ihren alten Platz ein, und die zweyte Tänzerin tritt auf, der die anderen nach der Reihe folgen.

Die Männer von Fessan sind sehr der Trunkenheit ergeben. Ihr Getränk ist der frische Saft des Dattelbaumes, welches Lugibi genannt wird, oder ein aus den Datteln selbst bereitetes und sehr berauschendes Getränk, das Busa heißt. Bey freundschaftlichen Abend-Besuchen verkürzt man sich die Zeit einzig und allein mit Trinken, nur zuweilen läßt man eine Sängerin oder Kadanka kommen. Kadanka ist ein Sudanisches Wort, welches der zu Cairo üblichen Benennung Almé entspricht.

Der Gesang dieser Fessanerinnen ist größtentheils sudanisch. Das Instrument, dessen sie sich zur Begleitung der Stimme bedienen, ist eine ausgehöhlte Halbkugel, gewöhnlich die Hälfte einer kürbisartigen Frucht, mit Leder überzogen. An dieser befindet sich ein Stiel, der von einem Ende zum andern mit Pferdehaar überzogen ist, und zwar so dicht neben einander, daß es eine einzige Saite von der Dicke eines Federkiels zu seyn scheint. Dieses Instrument, welches Rhababe heißt, wird mit dem Bogen gespielt, wie eine Geige. Ich traf einst Sidi Mintesser, den Bruder des Sultans, mit seinem Gefolge in einem kleinen, vom Schlosse weit entfernten, Hause an, wohin er sich eine Kadanka bringen ließ. Er entfernte sich mit ihr. — Bey ihrer Rückkehr wurde sie mit bedeutungsvollem Lächeln gefragt, wo sie gewesen sey? Als Antwort auf diese Frage ergriff sie ihre Rhababe, spielte und sang in Arabischer Sprache: „Süß ist Sidi Mintesser „wie der Nil, aber süßer ist er in seinen Umarmungen; „wie konnt' ich widerstehen?“ —

Als natürliche Folge der freyen Lebensart, die den Fessanerinnen zu führen vergönnt ist, trifft man in Mursuck, im Verhältniß seiner Große und der Zahl seiner Einwohner, sicher mehr Mädchen von einer gewissen Klasse, als in irgend einer andern Hauptstadt. Unvorsichtigkeit ist auch hier ein hervorstechender Zug im Charakter dieser Nymphen, wofür sie aber oft hart genug büßen. Es giebt verschiedene Arten venerischer Uebel in Fezzan, von denen dasjenige, welches die Sudan-Karawane mit sich zu bringen pflegt, eins der bösartigsten seyn soll. Die gewöhnliche Lustseuche, die von Tripoli und Cairo hierher verpflanzt wird, heißt Franze oder das Franken-Uebel. Als Mittel gegen beyde Arten bedient man sich hier des Salzes und der Frucht Handal (Koloquinten) als stark abführender Arzney, und wäscht dabey die Wunden mit einer Natron-Auflösung. Ist das Uebel nicht zu tief eingewurzelt, so verfehlen diese Mittel selten ihren Zweck.

Andere hier herrschende Krankheiten sind Hämorrhoidal-Beschwerden, die gewiß durch den häufigen Genuß des rothen Pfeffers sehr vermehrt werden, und das kalte Fieber, welches gewöhnlich sehr heftig und besonders gefährlich für den Fremden ist. Um diese Krankheiten zu bekämpfen bedient man sich durchaus keiner andern Mittel als der Amulete. Es werden nämlich gewisse Sprüche aus dem

Koran auf Zettelchen geschrieben, die der Kranke bald verschlucken, bald am Halse tragen muß. Beym Fieber schreibt man auch wohl solche Sprüche in die rechte Hand und unter die linke Fußsohle. Eigentlicher Aderlaß ist nicht gebräuchlich; man bedient sich aber der Schröpfköpfe zu diesem Zwecke. Wie ich höre, giebt es Leute in Fessan, die einen einfachen Beinbruch mit Geschicklichkeit zu behandeln verstehen.

Die Häuser der Fessaner sind erbärmlich gebauet, niedrig und ohne weiteres Licht als das, welches durch die Thür einfällt. Die Baumaterialien sind Steine oder zu Ziegeln an der Sonne gehärtete Thon- und Kalkerde. Man bedient sich bey der Erbauung dieser Häuser keiner andern Werkzeuge als der Hände. Ist das Werk vollendet, so kommen die Freundinnen des Eigenthümers zusammen und bestreichen die Mauern mit weißem Mörtel, wozu auch sie sich, ohne weitere Vorrichtung, ihrer Hände bedienen.

Was die Diät betrifft, so muß ich bekennen, daß ich nie genügsamere Menschen sah, als die Einwohner von Fessan. Fleisch ist ihnen indeß ein so vortrefflicher Leckerbissen, daß sie nie einer Einladung dazu widerstehen können. Aber Fleisch ist auch kein alltägliches Nahrungsmittel in diesem Lande. Um einen reichen Mann zu bezeichnen sagt man gewöhnlich: „er ißt alle Tage Brod und Fleisch.“

Nach-Schrift.

Dieses Wenige mag hinlänglich seyn, der Societät einige allgemeine Ideen über das Königreich Fessan, seine Einwohner und Hauptstadt zu geben. Da ich bald wieder nach diesem Lande zurückzukehren gedenke, so werde ich Gelegenheit haben, noch mehrere Beyträge zur Kenntniß desselben einzusammeln und die Bemerkungen, welche ich, außer den mitgetheilten, aufgezeichnet habe, gehörig zu berichtigen. Ich werde alsdann durch einen meiner Freunde, der mit der Karawane nach Mursuck reiset und von dort etwa im May oder Junius 1800 nach Tripolis zurückkehren wird, eine weit vollständigere Beschreibung für die Societät der Besorgung des brittischen Konsuls übermachen.

(unterzeichnet)

Friedrich Hornemann.

Anhang.

I.

Bemerkungen über Fr. Hornemanns Beschreibung des Siwah-Landes und seiner Alterthümer von Sir William Young Bar. Sekret. der Assoc.

Da die Papiere, deren Herr Hornemann in seinem Nachschreiben erwähnt, nicht angelangt und jetzt beynahe zwey Jahre seit dem Zeitpunkte, da wir ihnen entgegen sehen konnten, verflossen sind, so hat man nicht länger anstehen wollen dem Publikum obige kürzere Nachricht von seinen Reisen mitzutheilen. Die einzige Gelegenheit, Briefe aus dem Innern von Afrika abzusenden, ist die durch die Karawanen, die ihre Reisen zwar zu bestimmten aber nicht schnell auf einander folgenden Zeitpunkten anzustellen pflegen. Da überdies ein Europäischer Reisender, ein Christ, bey solchen Verhandlungen leicht entdeckt und ein Opfer der Religionswuth des Volkes werden kann, wenn er nicht mit der größten Vorsicht handelt, so ist es möglich, daß die Klugheit Herrn Hornemann eingab, die Absendung der Papiere aufzuschieben, oder auch daß er bis jetzt durch seine Lage gänzlich daran verhindert worden ist. Er ist von der Nothwendigkeit, streng den Charakter eines mit den Ungläubigen des Christenthumes auf keine Weise in Verbindung stehenden Muselmannes zu behaupten, so sehr überzeugt, daß er in einem Briefe von Cairo (31 Aug. 1798) allen Briefwechsel ja selbst jede Erkundigung seinetwegen, die Argwohn erregen könnten, angelegentlichst verbeten hat. Eine ähnliche Vorsicht mag vielleicht in Hinsicht der Absendung seiner Papiere nothwendig gewesen seyn.

Unter diesen Umständen hat es die Afrikanische Associati-on für Pflicht gehalten, auch die kurzgefaßten aber nicht uninteressanten Nachrichten, die ihr Reisender eingeschickt hat, mitzutheilen, wie sie sind; auf welchen Umstand man bey der Beurtheilung derselben billig Rücksicht zu nehmen hat.

Obgleich nun der Leser hoffentlich nicht vieles in dem mitgetheilten Tagebuche gefunden haben wird, was seiner Nachsicht bedurfte, so finden sich doch einige Stellen in demselben, über die der Reisende selbst, wäre er gegen-wärtig, sicher sehr genugthuende Auskunft geben würde, die aber, so wie sie sind, einige Beleuchtung erfordern. Der Herausgeber bedient sich daher dieser Gelegenheit zwey besonders interessante Gegenstände zu untersuchen, über die der Verfasser des Tagebuches, wie es scheint, irrige, oder doch den Nachrichten anderer Schriftsteller widerspre-chende Bemerkungen mitgetheilt hat.

Seite 19 ist der Umfang der Oasis von Siwah sehr verschieden angegeben von dem, welchen ihr alle andere, sowohl alte als neuere, Schriftsteller beylegen.

Seite 28 29 sind alle Dimensionen des heiligen Egyptischen Gebäudes von denen verschieden, die ein neuerer Reisender und anerkannt genauer Beobachter, Herr Browne, angegeben hat.

Was den ersteren Umstand betrifft, so werde ich zeigen, daß Herr Hornemann geirret hat und woraus dieser Irrthum entsprungen ist. — In Ansehung des zweyten werde ich zu beweisen suchen, daß das scheinbar Widersprechende beyder Angaben nicht allein leicht beseitiget werden, sondern daß uns auch die Vergleichung derselben zu neuen Vermuthungen über die ehemalige Beschaffenheit und den Zweck jenes Gebäudes führen kann.

Hornemann sagt, der vorzüglichste und fruchtbarste Theil des Siwaher Gebietes habe funfzig Meilen im Umfange. Hierin weicht er durchaus von allen Schriftstellern ab, die Rennell in dieser Hinsicht anführt, so wie auch von Browne, der die Größe der Oasis, oder der fruchtbaren Gegend, auf sechs Meilen Länge und fünfthalb Meilen Breite, den ganzen Umfang aber höchstens auf achtzehn Meilen angiebt. Aber nicht allein mit andern Schriftstellern ist Hornemann in dieser Hinsicht im Widerspruche, sondern auch mit sich selbst; denn aus seinem Tagebuche lassen sich Beweise hernehmen, daß seine Angabe nicht die richtige seyn könne.

Hornemann führt die Namen aller im Siwaher Gebiete befindlichen Städte auf — Scharkie, Msellem, Menschie, Sbocha und Burischa und bringt alle diese Orte in den Bezirk von Einer Meile oder von zwey Meilen um Siwahs Hauptstadt her. Diese Nähe würde nicht statt haben, wenn das fruchtbare Land sich nach drey verschiedenen Seiten auf 16 Meilen weit ausdehnte, wie es in einem Kreise von 50 Meilen im Umfange der Fall seyn müßte. Ein kleiner und besonders fruchtbarer Landstrich, der allenthalben von unfruchtbaren Sandwüsten umgeben ist, läßt, eben dieser Vortrefflichkeit des Bodens wegen, auf eine verhältnißmäßig starke Bevölkerung schließen. Diodor *) sagt uns, die alten Ammonier lebten κωμηδὸν d. i. *vicatim*. Dasselbe ist auch, wie es sich zeigt (wahrscheinlich der Bequemlichkeit und der Vertheidigung gegen die Araber der Wüste wegen) noch der Fall mit den jetzigen Bewohnern dieser Gegend. Sie leben größtentheils in Städten, die aber, wenn man bey dem angegebenen Umfange der Gegend ihre Fruchtbarkeit in Erwägung zieht, nothwendig als in größerer Entfernung von einander gedacht werden müssen. Die schwächere oder stärkere Bevölkerung eines Landes steht im Allgemeinen mit der Fruchtbarkeit desselben im Verhältnisse, man kann daher mit Recht vermuthen, daß eine so vortheilhaft gelegene Gegend wie die Oasis von Siwah, sich ganz besonders in dieser Hinsicht auszeichnen müsse. Hierzu kommt noch der Umstand, daß auch vielleicht die unfruchtbaren, aber doch theilweise bewohnten Gegenden, die diesen gesegneten Landstrich um-

*) Edit. Wesseling. Tom. II. p. 198.

geben, gleichfalls ihren Beytrag zur Bevölkerung der letztern geben mögen.

Hornemanns Beschreibung des Gebietes von Siwah bestätiget Vermuthungen dieser Art. Er stellt uns diese Gegend dar, als eine Reihe umzäunter, sorgfältig gewarteter Gärten, in denen das Wasser aller Quellen, vermittelst gezogener Kanäle, so allenthalben zur Bewässerung des Erdbodens vertheilt ist, daß auch nicht ein einziger Strom über die Gränzen des Gebietes hinausfließen kann. Die Siwaher selbst beschreibt er als einen Schwarm und ihre Hauptstadt als einen vollen Bienenkorb.

Aber wie wäre es möglich, daß bey der Zahl der Einwohner, die unser Reisender angiebt, ein Landstrich von 50 Meilen im Umfange, im Stande der vollkommensten Anbauung erhalten werden könnte? Er setzt die Zahl der wehrbaren Männer auf 1500, und zwar als Angabe, um danach die Bevölkerung des Landes zu bestimmen. Nimmt man nun diesen Maaßstab, selbst mit der größtmöglichen Einschränkung, zur Berechnung der Volksmenge an, und vertheilt diese über einen wohlangebaueten Distrikt von 127360 Quadrat-Aecker; so wird es sich finden, daß auf 50 angebauete Aecker Landes nicht mehr als Ein Anbauer kommt. Die Weiber haben, wie Hornemann sagt, anderweitige Beschäftigungen; sie werden vorzüglich zur Verfertigung von Körben und andern Flechtarbeiten gebraucht, worin sie sehr große Geschicklichkeit zeigen. — Sollen nun diese Angaben keine Widersprüche enthalten, so müssen wir annehmen, daß die Oasis von Siwah entweder geringer am Umfange noch minder gut angebauet sey. Ohne Zweifel ist das erstere der Fall.

Richten wir unsere Aufmerksamkeit auf einige besondere diesen Gegenstand betreffende Ausdrücke in dem Tagebuche, die uns vielleicht Auskunft über die Veranlassung zu Hornemanns Irrthum geben können. Er sagt: „das Gebiet der Siwaher ist von ansehnlichem Umfange; der beträchtlichste und fruchtbarste Theil desselben besteht in einem wasserreichen Thale von etwa 50 Meilen im Umfange, welches mit kahlen steilen Felsen umgeben ist."

Vergleichen wir hiermit andere Schriftsteller, die über die fruchtbare Gegend oder die Oasis von Siwah geschrieben haben, so ergiebt es sich, daß in keiner der Beschreibungen einer unmittelbaren Einfassung durch steile Felsen und Berge Erwähnung geschieht. Diodor *) sagt von der Oasis des Jupiter Ammon sie sey an allen Seiten von unfruchtbaren trocknen Sandfeldern begränzt. Browne erwähnt der Oasis als einer unfruchtbaren Gegend, die fünfthalb Meilen breit, an sechs Meilen lang und von „*desert Land*" (worunter er ebene Sandfelder versteht) umgeben ist; welche Sandwüsten denn freylich weiter hin von felsigen Bergen eingefaßt sind. Hornemann scheint, von der Stadt Siwah aus, keine größeren Exkursionen als anderthalb Meilen weit nach den Ruinen und Eine Meile nach den Katakomben El-Mota angestellt zu ha-

*) Diod. lib. XVII.

ben. Diese Umstände machen es mir wahrscheinlich, daß unser Reisender von Siwah oder der unmittelbar umher liegenden Gegend aus, seinen Blick auf die Berge richtete, die ihn in der Entfernung umgaben, und nun, ohne sich genau zu erkundigen, wie weit sich innerhalb der begränzten Fläche der fruchtbare Boden erstrecke, den ganzen Umfang bis zu den fernen Bergen für die Oasis hielt. Oder vielleicht zog er Erkundigungen ein, aber ein patriotischer Siwaher, der es für gut fand den Reichthum und den Umfang der kleinen Republik etwas zu übertreiben, hat ihm in jenen Gebirgen die Gränzen gezeigt. Vielleicht kann auch Hornemann, aus Mangel an hinlänglicher Bekanntschaft mit der Mundart der Siwaher (er selbst erwähnt dieses Umstandes) die Begriffe „angebauetes Land" und „zugeeignetes Gebiet" mit einander verwechselt haben.

Die gegebenen Erklärungen und Folgerungen mögen indeß gegründet und hinlänglich seyn oder nicht, so bleibt es doch gewiß, daß Hornemanns Angabe in Hinsicht auf die Größe der Oasis von Siwah nicht allein mit den Nachrichten anderer Schriftsteller, sondern auch mit seinen eigenen Bemerkungen im Widerspruche steht.

Seite 28 f. des Tagebuchs befindet sich eine Stelle, die ebenfalls nähere Beleuchtung verdient. Herr Hornemann giebt nämlich, bey Beschreibung des alten Gebäudes nahe bey Siwah, Dimensionen an, die von denen, welche ein früherer Beobachter, Herr Browne, mitgetheilet hat, durchaus verschieden sind.

	Länge	Breite	Höhe
Nach Browne —	32 Fuß	— 15 Fuß	— 18 Fuß
Nach Hornemann	30 bis 36	24	27

Hornemann benachrichtiget uns, daß er durch das Mißtrauen der Eingebornen durchaus verhindert worden sey, diese Ruinen sorgfältig zu untersuchen und die Dimensionen desselben mit Genauigkeit zu bestimmen. Die mitgetheilte Messung ist daher als das Resultat einer oberflächlichen Besichtigung zu betrachten. Auch ist es wahrscheinlich, daß er sie nur nach dem Augenmaaße und zwar von außen genommen hat; Browne hingegen hat, wie er ausdrücklich sagt, seine Messungen im Innern des Gebäudes angestellt.

Unter diesen Umständen haben wir bey Hornemanns Angabe der Länge und Breite des Gebäudes, das Maaß der Dicke der Mauern abzurechnen.

Die Dicke der End-Mauern kann man für geringer annehmen als die der Seiten-Mauern; denn da letztere darauf berechnet waren, die ungeheure Last der Felsenstücke, die das Dach ausmachten, zu tragen, so müssen sie verhältnißmäßig stärker eingerichtet worden seyn. Bey den End-Mauern hingegen war ein so hoher Grad von Stärke und Festigkeit nicht erforderlich und daher wahrscheinlich nicht vorhanden. Hornemann, der die Dicke der Mauern auf sechs Fuß angiebt, thut freylich keines solchen Unterschiedes Erwähnung; man kann indeß, denke ich, mit Grunde annehmen, daß derselbe Statt gefunden habe.

Unter dieser Voraussetzung wird die Bestimmung der Länge und Breite, so wie sie Browne vom Innern des Gebäudes angegeben hat, mit den Dimensionen von Außen, wie sie Hornemann mittheilt, hinlänglich übereinstimmen, um letztern vor der Beschuldigung zu sichern, daß er unaufmerksam bey seiner Untersuchung oder nicht ganz genau bey Angabe der Resultate derselben gewesen sey. Ein Vorwurf dieser Art kann ihn um so weniger treffen, als seine Lage ihn verhinderte in Hinsicht dieser Bestimmung mit großer Genauigkeit zu Werke zu gehen.

Was die Höhe betrifft, so sagt der Verfasser des Tagebuches, die nördliche Seite des Gebäudes sey auf einem natürlichen Kalkfelsen erbauet, der etwa acht Fuß über den Grund des Gebäudes erhoben gewesen zu seyn scheint; und weiter unten bemerkt er, daß die beyden großen Steinmassen, des Daches, die am südlichen Theile herabgestürzt waren, mit dem Grunde des größern Bezirks beynahe in gleicher Fläche lagen. Er schließt hieraus, daß der südliche Theil des Gebäudes tiefer in seiner Grundfläche angelegt sey als der nördliche. Die Verschiedenheit der Angaben beyder Reisenden in Hinsicht auf die Höhe des Gebäudes, scheint dieses zu bekräftigen.

Es ist ausgemacht, daß sich die Höhe eines Gegenstandes (vorausgesetzt, daß dieselbe nicht sehr beträchtlich ist) genauer als irgend eine andere Dimension nach dem Augenmaaße bestimmen läßt; die Verschiedenheit der Resultate beyder Reisenden in Hinsicht der Messung der Höhe des Siwaher Gebäudes wäre daher kaum zu begreifen, wenn wir nicht auch hierbey annehmen, daß Hornemann von außen, Browne aber, innerhalb der Mauern gemessen, und daß deshalb dieser 18, jener aber 27 Fuß angegeben hat.

Browne wollte die senkrechte Höhe an der freyesten und vollkommensten Seite des innern Gebäudes aufnehmen, und wählte daher die nördliche. Die Steinmassen des südlichen Theiles des Gebäudes scheinen seine Aufmerksamkeit nur insofern auf sich gezogen haben, als sie Ruinen sind, aber als solche mochte er sie zur Anlegung des Maaßstabes oder zur Beurtheilung der Höhe durch das Augenmaaß nicht geeignet glauben. Es ist bereits aus Hornemanns Tagebuche angeführt worden, daß die nördliche Seite des Gebäudes auf einem freyen Felsen stand, der sich acht Fuß über die Grundfläche des größern Bezirks erhob. Der Gipfel der Mauer muß der Beschreibung des Ganzen zu Folge von Norden nach Süden in gerader Richtung laufen; da nun das wirkliche Mauerwerk der südlichen Seite acht Fuß höher ist als das der nördlichen, so muß die Höhe des Gebäudes von jener Seite und von außen angesehen etwa 26 Fuß betragen, welche Angabe also mit der, die Browne vom Innern giebt, sehr wohl übereinstimmt.

In Hinsicht der übrigen Beschaffenheit des Gebäudes, der Bauart, der Verzierungen, kommen beyde Reisende mit einander überein, so wie sie auch beyde der Meynung sind, daß es von hohem Alter und Egyptischen Ursprungs sey.

Die Abtheilungen des Gebäudes, deren nur Hornemann Erwähnung thut, können vielleicht einiges Licht über die Aufgabe verbreiten, ob es ein Ueberrest des berühmten Tempels des Jupiter Ammon sey. Ich will hier keine Untersuchung anstellen über die Frage, in welcher Gegend sich dieser Tempel befand; sie ist so genugthuend als möglich vom Major Rennell in seinem vortrefflichen Werke, über die Geographie des Herodot beantwortet worden. Die in diesem Werke aufgestellten Thatsachen, Beweise und Folgerungen setzen es außer allen Zweifel, daß die Oasis von Siwah keine andere als die des Jupiter Ammon sey. — Ich beschränke mich hier darauf, einzelne Umstände der Beschreibung der bey Siwah entdeckten Ruinen auszuheben, um sie mit dem zu vergleichen, was wir durch ältere Schriftsteller von jenem Tempel wissen.

Die Beschreibung, die wir von den Materialien, der Bauart und den Verzierungen dieses Gebäudes haben, macht die Fragen, wann und von wem es erbauet sey, durchaus überflüssig. Wer noch daran zweifelt, daß es ein uraltes Werk der Egyptischen Baukunst sey, den verweise ich auf die Schriften eines Pocock, Norden, Lucas und vorzüglich auf das angeführte Werk des Major Rennell. Ich wage dieses vorauszusetzen und füge nur noch hinzu: το μὲν τέμενος φασὶν ἱδρύσασθαι Δαναὸν τον Αιγύπτιον. Diod. Sic. Tom II. Ed. Wessel. p. 198.

So viel von dem Alterthume des Gebäudes. Die folgenden Bemerkungen beziehen sich ausschließlich auf die von Hornemann angegebenen Umstände in Hinsicht auf dasselbe, und mögen Gelegenheit zu weitern Untersuchungen über diesen Gegenstand geben.

1) Bey Untersuchung solcher Ruinen, die man für Ueberbleibsel eines Orakeltempels hält, würde die Bestimmung des Umstandes ob irgend Spuren eines Adytum vorhanden sind, von besonderer Wichtigkeit seyn. Vielleicht lassen sich Spuren davon in derjenigen Stelle der Hornemannschen Beschreibung auffinden, in welcher der verschiedenen Beschaffenheit der Grundflächen des Gebäudes Erwähnung geschieht.

H. Stephanus giebt folgenden Begriff von diesem Theile der Tempel: „*Adytum*" ἄδυτον locus secretior templi, ad quem non nisi sacerdotibus dabatur accessus, nam ex eo oracula reddebantur. (*Thes. art.*) — Das Adytum war nicht nur ein entlegener Theil des Tempels, der durch die ehrfurchtsvolle Entfernung, in der sich das Volk von demselben halten mußte, geheimnißvoll war, sondern wirklich ein tief verborgener Ort, eine Art Krypte. Unter den Wundern, die Cäsars Siegen vorhergingen, war auch, daß — „Pergami in *occultis* ac remotis templi, quae Graeci ἄδυτα appellant, tympana sonuere. *)

Auch aus Pausanias sieht man, daß sich die Adyta unterhalb der Grundfläche der Tempel befanden. Dies war so allgemein der Fall, daß in seinen Böoticis

*) Jul. Caes. de bello civ. lib. 3. c. 105.

die Höhle des Trophonius, Adytum heißt. In seinen Corinthiacis wird der Eingang und Weg zum Adytum des Palämon zu Chronium als unterirdisch dargestellt: "Ἐςι δὲ καὶ ἄλλο ἄδυτον καλοῦμενον, κάθοδος δὲ ἐς αὐτὸ ὑπόγεως. *) In den Achaicis findet man, daß sich der Eingang zum Adytum im Tempel der Minerva zu Pellene unter dem Fußgestelle der Göttin befunden, und daß es, wie es hyberbolisch heißt, bis zum Mittelpunkte der Erde hinabgereicht habe.

Der Zweck zu welchem diese verborgenen Orte in den Orakeltempeln dienten, ist leicht einzusehen. — Um die Orakel noch geheimnißvoller zu machen, hielten es die Priester für nothwendig, Niemanden den Zugang in dieses Allerheiligste zu gestatten; die Hand der Gottheit, hieß es, straft den Verwegenen, der sich hinein wagt, augenblicklich mit dem Tode. Von den vielen Beyspielen dieser Art wollen wir nur eines wählen, das Bezug auf Egypten hat. Pausanias in seinen Phocicis erzählt, „ein Römischer Präfect habe, aus sträflicher Neugierde einen Menschen zur Untersuchung des Adytum der Isis zu Coptos abgeschickt; der profane Besucher sey aber auf der Stelle des Todes gewesen."

Der Orakelspruch wurde ex adyto gegeben:

— isque adytis haec tristia dicta reportat.

Virg. Aen. II. v. 113

*) Pausanias ed. Kuhn. p. 113.

Auch aus der Tiefe, ex imo adyto, sprach das Orakel.

> Nec dum etiam responsa Deûm monitusque vetusti
> Exciderant, voxque ex adytis accepta profundis
> Prima — „Lycurge dabis Dircaeo funera bello."
> Stat. Theb. l. v. 643.

Diodor sagt, wenn Alexander einen Orakelspruch vom Jupiter Ammon verlangt habe, sey der Oberpriester hinabgegangen in den heiligsten Ort des Tempels und habe die Antwort *ex adyto* gegeben. So drückt sich nämlich Wesseling in seiner Lateinischen Uebersetzung aus; wiewohl sich im Urtexte kein Wort findet, welches diesem *ex adyto* genau entspricht. Indeß der Priester begab sich εἰς σηκον, in den geheimen heiligen Ort des Tempels und man kann annehmen, daß von hier aus der Orakelspruch kam.

Wendet man diese Nachrichten auf das von Hornemann beschriebene Gebäude an, so kommt man auf den Gedanken, daß der Felsen, der sich im Mittelpunkte des angeführten Bezirkes erhebt, zur Anlegung eines solchen verborgenen Ortes besonders gut geeignet seyn mußte. Der Boden um das Gebäude her ist sumpfig, folglich nicht der beste zu Anlegung unterirdischer Orte. Wenn aber der Vortempel, Προνᾶος, auf der Höhe eines Felsens angelegt war, so befand sich das Penetrale des Tempels oberhalb einer acht Fuß tiefen Höhle, die zu den Mysterien der Orakel gedient haben kann. — Der Eingang zu dem Siwaher Gebäude befand sich an dem nördlichen

Ende desselben und um zu dem südlichen zu gelangen mußte man acht Fuß tief hinabsteigen.

Der Fußboden des Vortempels mag sich indeß ursprünglich über die Vertiefung im Hintergrunde erstreckt und so ein Adytum gebildet haben, oder die Vertiefung mag als offenes Gewölbe zu diesem Zwecke angewendet worden seyn, in beyden Fällen kommt die Einrichtung des Ganzen ziemlich mit dem überein, was wir in dieser Hinsicht durch die Schriftsteller des Alterthums vom Tempel des Jupiter Ammons wissen; und bestärkt mich daher in der Vermuthung, daß die Siwaher Ruinen Ueberbleibsel jenes berühmten Tempels sind.

2) Herr Hornemann sagt, er habe an keiner Stelle der Mauern des Gebäudes Spuren entdeckt, daß sie mit irgend einer feinern Steinmasse bekleidet gewesen seyen. — Das Gebäude war nicht sehr groß, es konnten mithin nicht viel Verzierungen an den Wänden angebracht seyn. Nischen und Fußgestelle waren ohnedies nicht erforderlich, denn in den ältesten Egyptischen Tempeln traf man keine Statuen an. Lucian *) sagt; τὸ δὲ παλαιὸν καὶ παρὰ Αἰγυπτίοις ἀξόανοι νηοὶ ἔσαν. Die einzige Verzierung des innern Egyptischen Tempels zu Heliopolis, den Strabo beschreibt, bestand in roher Bildhauerarbeit im alten Etrurischen Geschmacke, womit die Mauern versehen waren, und die wahrscheinlich derjenigen ähnlich war, die Hor-

*) Lucian. ed. Bourdelot. p. 1057.

nemann an den Wänden des Gebäudes bey Siwah beobachtet hat. Strabo's Worte sind: *) — ἀναγλυφὰς δ᾽ ἔχουσιν οἱ τοῖχοι οὗτοι μεγάλων εἰδώλων ὁμοίων τοῖς Τυῤῥενικοῖς, καὶ τοῖς ἀρχαίοις σφόδρα τῶν παρὰ τοῖς Ἕλλησι δημιουργημάτων. Dieser Umstand und überhaupt die Spuren ungebildeter einfacher Bauart, die noch an den Ueberbleibseln des alten Siwaher Gebäudes zu treffen sind, scheinen der angeführten Vermuthung noch mehr Wahrscheinlichkeit zu geben. Diodor, Arrian und Curtius sprechen freylich von Gold und Verzierungen, und selbst von einer umhergetragenen Statue, als Sachen die bey Alexanders Besuche zu sehen gewesen sind; aber Strabo**) macht dem Callisthenes und allen seinen Nachfolgern den Vorwurf, sie haben übertrieben und hinzugesetzt, bloß um ihren Helden in desto größerem Glanze erscheinen zu lassen.

Lucan nennt in seiner Beschreibung des Tempels die Einwohner Libyens *beati*, reich; und würde sich auch sicher, als einen besonders reichhaltigen Gegenstand für dichterische Beschreibung, über den Glanz und die Pracht des Tempels des Jupiter Ammon ausgebreitet haben, (vorzüglich da er durch eine solche Darstellung das Einfache im Charakter seines Cato vortrefflich hätte kontrastiren können) wäre dieses heilige Gebäude nicht für äußerst einfach bekannt gewesen. Er hatte daher keinen anderen Antrieb als die Wahrheit, wenn er sagt:

*) Strabo. ed. Casaub. p. 806.

**) Strabo. ed. Casaub. p. 814.

Non illic Libycae posuerunt ditia gentes
Templa, nec Eois splendent donaria gemmis,
Quamvis Aethiopum populis Arabumque *beatis*
Gentibus, atque Indis, unus sit Jupiter Ammon:
Pauper adhuc deus est; nullis violata per aevum
Divitiis delubra tenens, morumque priorum
Numen Romano templum defendit ab auro.

Lucan. Lib. IX.

Wir können ferner annehmen, daß der Tempel des Jupiter Ammon nicht sehr groß gewesen sey. Die Geschichtschreiber Alexanders sagen: nur ihm allein habe man es, als Zeichen der größten Hochachtung, gewährt, das Innere des Tempels zu betreten, und Strabo führt an, daß alle seine Begleiter den Orakelspruch von Außen anhörten: — ἐξωθέν τε τῆς θεμεστείας ʼΑΚΡΟʼΑΣΑΣΘΑΙ πάντας πλὴν Ἀλεξάνδρου, τοῦτον δʼ ἐνδοθὲν εἶναι. Der aus der Tiefe des innern Tempels gegebene Orakelspruch konnte aber nur unter der Voraussetzung deutlich von Außen vernommen werden, daß der Eingang nicht weit vom Adytum entfernt und folglich der Tempel nicht groß war.

3) Nur Herr Hornemann allein bemerkt, daß das Gebäude zu Siwah sich innerhalb des Bezirkes einer starken Mauer befunden habe, die noch jetzt theilweise zu sehen ist. Um nicht durch unnöthige Citationen die Gränzen dieser Abhandlung zu überschreiten, verweise ich nur auf Pausanias, der kaum irgend eines Tempels in Griechenland erwähnt, ohne zugleich von der Einschließung desselben zu reden. Selbst die heiligen Haine waren oft mit einer

Mauer umgeben wie zum Beyspiel der der Venus, den Pausanias in Eliac. Cap. 24 beschreibt.

Man kann diese Mauern als Gränzlinien des heiligen Bezirks betrachten, sicher waren sie aber nicht allein darauf berechnet, sondern sie dienten auch zur Sicherheit in Hinsicht auf Räubereyen. Die Statuen waren oft von Gold und Elfenbein, und die Schilde und Becher und andere Geschenke, die von den Rathfragenden als Opfer gebracht wurden, bildeten einen Schatz, der nach Verhältniß des Rufes, in welchem ein solcher geheiligter Ort stand, mehr oder minder ansehnlich war. Cicero, in seiner Rede wider den Verres erwähnt, daß die Schätze eines Staates oft in Tempeln niedergelegt würden, die nicht nur durch ihre Heiligkeit sondern auch durch ihre Festigkeit gesichert seyen. So wurden die von den Athenern zu Ende der Persischen Kriege gesammelten Subsidien im Parthenon aufbewahrt, und die Reichthümer, die Philomelus bey der Plünderung des Tempels in Phocis vorfand, waren unermeßlich. Dieses war der Grund, warum größere Tempel sich oft in wirklichen Festungen befanden. Der Tempel der Minerva zu Syrakus stand in der Ortygia, das Parthenon zu Athen in der Akropolis, der Römische Tempel des Jupiter im Capitol. Ich selbst sah, bey meiner Reise in Sicilien, die Mauern, von denen die Tempel zu Selinus umgeben sind, so wie auch die der Tempel zu Agrigentum und Segesta, deren Festigkeit jedem Angriffe Trotz geboten haben muß.

Der Grund der alten Mauer der Siwaher Ruinen kann diesem zufolge einigermaaßen Aufschluß über den Ursprung und den Zweck des in ihrem Bezirke befindlichen Gebäudes geben. — Der Tempel des Jupiter Ammon war sicher mit einer starken Mauer umgeben „triplici muro circumdatum" wie wir dieses aus Diodor *) und Curtius **) wissen. Curtius bedient sich des Wortes munitio und die Ἀκρόπολις oder arx des Diodor entspricht in der Beschreibung dem Siwaher Berge selbst. Der Tempel hat sich, den auf uns gekommenen Nachrichten zufolge, in der dritten oder entfernteren Mauer-Einschließung befunden, seine Entfernung von der Citadelle mag daher vielleicht dieselbe gewesen seyn, als die der beschriebenen Ruinen von der Stadt Siwah.

Herr Hornemann berichtet ferner, das alte Gebäude habe sich im Mittelpunkte des Bezirkes und zum Theil auf einem Felsen befunden und der Boden umher sey, der Schätze wegen, die man zu finden hoffte, aufgewühlt gewesen. Man kann hieraus den Schluß ziehen, daß sich ursprünglich mehrere Gebäude in diesem Bezirke befunden haben. Es ist kaum erforderlich, sich hierbey auf ältere Autoritäten zu berufen. Bey Betrachtung der wohlbekannten Ruinen in Griechenland, Sicilien u. s. w. finden wir, daß die Alten oft für mehrere Tempel nur Eine Ringmauer hatten. So ergiebt es sich aus Pausanias (Achaic. Cap. 120), daß

*) Diod. Sic. lib. XVII.

**) Q. Curt. lib. IV. Cap. 7.

die Tempel der Minerva und der Diana Lapheia eine gemeinschaftliche Ringmauer befaßen. Dasselbe gilt von drey Tempeln die sich noch jetzt innerhalb einer und derselben Mauer in Paestum, jetzt Pesti befinden. — Vielleicht befanden sich die Ammonischen Tempel der Juno und des Merkurs, die, wie Pausanias erwähnt, in hohem Ansehen bey den Griechen standen, innerhalb derselben Mauer die den Tempel des Jupiter Ammon umgab. Letzterer, als der vornehmste unter den dreyen, stand, wie wir annehmen könnten, in dem Mittelpunkte und auf dem Felsen, welcher dauerhaften Grundfeste er mithin seine lange Erhaltung zu verdanken haben möchte. Was den Grund der beyden andern betrifft, so war dieser leichter zu zerstören und aufzugraben, die Materialien derselben konnten daher leicht fortgeschafft werden, so daß keine Spuren davon zurückblieben, als nur das umgewühlte Erdreich des Bezirks.

4) Man zeigte Herrn Hornemann eine Quelle „die in einem Dattelwalde entsprang, und eine sehr romantische Lage hatte."

Diese Beschreibung kommt genau mit der überein, welche die alten Schriftsteller von der Sonnenquelle geben, so wie auch beyde in Ansehung der Entfernung von dem vornehmsten Tempel überein zu stimmen scheinen. Diodor sagt*): „Haud procul arce *extrinsecus* alterum Hammonis fanum jacet, quod multae arbores procerae inum-

*) Diod. Sic. Tom II. p. 199.

brant, et *fons proximus est*, ὀνομαζομένη Ἡλίου κρήνη." So auch Curtius *): „Est etiam aliud Hammonis nemus; in medio habet fontem; *Aquam Solis* vocant."

Das Wasser der Sonnenquelle war des periodischen Wechsels seiner Temperatur wegen merkwürdig; Hitze und Kälte des Wassers folgten einander regelmäßig. Diodor sagt **) „Aquam enim habet cum horis diei miris subinde vicibus re variantem. Nam sub lucis ortum tepidam emittit. Die hinc progrediente, pro horarum succedentium ratione, frigescit. Sub aestum vero meridianum frigedo ejus summa est. Quae rursus parili modo remittit usque ad vesperam. Tunc appetente nocte rursus incalescit, ad mediam usque noctem, ubi exaestuat. Exinde calor sensim deficit: donec unà cum exorta luce pristinam teporis vicem recuperarit."

Herr Hornemann scheint keine weitere Erkundigung über diesen interessanten Gegenstand eingezogen zu haben. Er erkundigte sich bloß, ob irgend eine süße Quelle in der Nachbarschaft befindlich sey? und man wies ihm diejenige, die er beschrieben hat, und die ohne Zweifel die nächste war. Wahrscheinlich ist es dieselbe, welche Browne ***) sah.

*) Curt. lib. IV. Cap. 7.

**) Diod. Sic. ed. Wessel. II. p. 199.

***) Browne's Reisen in Afrika, Egypten u. Syrien. Weimar 1800. S. 27.

„Eine der in der Nähe der Ruinen befindlichen Quellen — sagt dieser Reisende — ist, wie die Eingebornen bemerkt haben, zuweilen kalt, zuweilen warm.“ — Browne scheint die Oasis von Siwah nicht für die des Jupiter Ammon gehalten zu haben; er hatte mithin keine Lieblings-Theorie, für die er Beweise aufsuchte. Die abwechselnde Temperatur der Quelle hatte kein anderes Interesse für ihn als das der Wahrheit; wir können sie daher, auf sein Wort, als Thatsache annehmen. Kommt nun dieser Umstand, in Verbindung mit den übrigen, als der Entfernung der Quelle von den Ruinen, der Schönheit ihrer Lage im Haine, mit den Beschreibungen überein, die uns die Schriftsteller des Alterthums von der Sonnen-Quelle gegeben, so ließe sich auch hieraus ein Beweis für die Wahrscheinlichkeit der Vermuthung nehmen, daß die Siwaher Ruinen Ueberbleibsel des Tempels des Jupiter Ammon seyn könnten.

5) Herr Hornemann sagt, die Steinart aus welcher das Gebäude aufgeführt ist, sey ein Kalkstein, welcher eine Menge kleiner Muscheln nebst Stückchen kleiner versteinerter Seethiere enthält und in der Nachbarschaft bricht. — Eben so benachrichtiget uns auch Strabo, daß allerley Muscheln und andere Seeprodukte auf der Oasis des Jupiter Ammon anzutreffen waren: „κατὰ τὴν μεσόγαιαν ὁρᾶται πολλαχοῦ κόχλων καὶ ὀστρέων καὶ χηραμίδων πλέθος, κὰι λιμνοθάλαττοι κατάπερ φεσὶ περὶ τὸ ἱερὸν τοῦ Ἄμμωνος.“ *) Er führt weiter hin den Era-

*) Strabo ed. Casaub. p. 50.

tosthenes an, der glaubte, die See habe einst bis zu dieser Gegend des Innern von Afrika gereicht, weil das Orakel nicht so berühmt und nicht so häufig besucht geworden seyn würde, wenn es sich weit im Innern des Landes befunden hätte, mithin nicht sehr zugänglich gewesen wäre. Casaubon's Uebersetzung giebt diese Stelle so: „fortassis etiam Ammonis templum, aliquando in mari jacuisse, quod nunc maris effluxu sit in media terra; ac conjicere se, oraculum illud optima ratione tam illustre ac celebre factum esse, quod in mari esset situm, neque ejus gloriam probabile esse tantam potuisse existere, quanta nunc est, si tam longe fuisset a mari dissitum." pag. 50. Lucan verfolgt die Idee des Erdbeschreibers, und nimmt aus ihr einen Denkspruch für seinen Cato:

Numen - - - - - - -
- - - - - - steriles nec legit arenas,
Ut caneret paucis, mersitque hoc pulvere verum.
Pharsal. lib. IX. v. 576.

Halten wir uns nun an die erstere Thatsache, so können wir annehmen, daß die Steine, aus denen der Tempel des Jupiter Ammon erbaut war, Fragmente von See-Thieren und Muscheln enthielten, so wie diejenigen, deren Hornemann Erwähnung thut. Was übrigens Strabo's oder vielmehr Eratosthenes Hypothese deshalb betrifft, so möchte diese wohl schwerlich anzunehmen seyn.

Der Libysche Jupiter Ammon war lange in Griechenland und durch die ganze damals civilisirte Welt verehret worden; am frühesten unter allen andern Völkern von den Aphytäen. *) Einen untergeordneten Tempel hatte er in Laconien; noch ein anderer wurde ihm in Böotien erbauet, dem Pindar eine Statue des Gottes widmete. Dieser Dichter schrieb auch eine Hymne zu Ehren der Libyschen Gottheit, und schickte eine Abschrift derselben nach Africa an die Priester. **) Da das Orakel des Jupiter Ammon von jeher in dem größten Ansehen stand, und die aufgeklärtesten Nationen Griechenlands, Asiens und Egyptens dasselbe um Rath fragten, so kann man erwarten, daß der Umstand, der Tempel habe sich nahe an der Seeküste befunden, ein Gegenstand der Tradition und Geschichte hätte werden müssen.

Da ich oben eine Stelle aus Lucan, nicht als Autorität, sondern der Folgerung wegen, und einen Denkspruch des philosophischen Helden des Gedichtes, der auf die inländische und isolirte Lage des Ammonischen Tempels hinweiset, mitgetheilt habe, so beschließe ich diese Bemerkungen mit der schönen Rede des Cato, die durch den hier aus einander gesetzten Gegenstand erst besonderes Interesse gewinnt. Lucan sagt, Cato sey, als er sich in der Nähe des Tempels des Jupiter Ammon in Libyen befunden habe, vom Labienus ersucht worden, das Orakel zu fragen: „Was Cäsars Schicksal seyn würde? — ob Rom in der Folge unterjocht oder frey seyn würde? worin Tugend bestehe? u. s. w.

*) Pausan. ed. Kuhn. p. 293.

**) Ebend. S. 741.

Ille Deo plenus, tacita quem mente gerebat,
Effudit dignas adytis e pectore voces:
„Quid quaeri, Labiene, jubes? — an liber in armis
Occubuisse velim potius, quam regna videre?
An sit vita nihil, sed longam differat aetas?
An noceat vis ulla bono? — Fortunaque perdat
Opposita virtute minas — laudandaque velle
Sit satis, et nunquam successu crescat honestum?
Scimus; et hoc nobis non altius inseret Ammon.
Haeremus cuncti Superis, temploque tacente,
Nil facimus non sponte Dei: nec vocibus ullis
Numen egit: dixitque semel nascentibus auctor
Quicquid scire licet; steriles nec legit arenas
Ut caneret paucis, mersitque hoc pulvere verum.
Estne Dei sedes, nisi terra et pontus et aër,
Et coelum et virtus? Superos quid quaerimus ultra?
Juppiter est quodcunque vides, quocumque moveris!
Sortilegis egeant dubii, semperque futuris
Casibus ancipites: me non oracula certum,
Sed mors certa facit: pavido fortique cadendum est.
Hoc satis est dixisse Jovem." — Sic ille profatur
Servataque fide templi discedit ab aris,
Non exploratum populis Ammona relinquens.

Lucan lib. IX. v. 564 sq.

Nachschrift

Fr. Hornemann's fernere Schicksale betreffend.

Da jeder Leser begierig seyn wird, etwas von Hornemanns Schicksalen nach dem Zeitpunkte bis zu welchem sein Tagebuch reicht, zu erfahren, so theilen wir hier dasjenige mit, was der Afrikanischen Association deshalb bis jetzt bekannt geworden ist.

Aus einem Briefe Hornemanns, datirt Tripolis den 19ten Aug. 1799. ergiebt es sich, daß er bey seiner Ankunft in Mursuck zu Ende Oktobers 1798 erfuhr, eine Karawane mache Zurüstungen um in drey Abtheilungen nach Sudan zu reisen, und die erste derselben werde sich im Verlaufe von drey Tagen auf den Weg machen. Da Hornemann fand, daß er bis zur Abreise der dritten Abtheilung, noch Zeit genug habe, die nöthigen Vorbereitungen zu einer solchen Reise zu machen, so entschloß er sich mit derselben nach Agades und Caschna abzureisen; doch hielt er es nachher für zweckmäßiger, diesen Plan aufzugeben. Er erfuhr nämlich, die Karawane werde wahrscheinlich, bey ihrer Reise durch das Land der damals mit Fessan in Krieg verwickelten Tuaricks, aufgehalten werden;

wozu noch kam, daß sie einzig und allein aus schwarzen Kaufleuten bestand, von deren Bekanntschaft er nicht viel für die freundlichere Aufnahme unter den Mohren des Innern von Afrika zu erwarten hatte. Diese und andere Umstände bestimmten ihn, die gegenwärtige Gelegenheit unbenutzt zu lassen, um so mehr, da die baldige Ankunft einer großen Karawane von Burnu erwartet wurde, mit der er, wenn sie zurückkehrte, auf eine bequemere und vortheilhaftere Art reisen zu können hoffte. Er blieb daher zu Mursuck, wo er von dem dort endemischen Fieber befallen wurde; sein Bedienter, Frendenburg, der dasselbe Schicksal mit ihm theilte, starb an dieser Krankheit, er selbst wurde wieder hergestellt.

Hornemann fand jetzt, daß noch einige Monate vor Ankunft der Karawane von Burnu verstreichen würden; er entschloß sich daher, weil Mursuck, außer zu der Zeit wenn Karawanen daselbst ankommen, ein Ort ist, der nichts Merkwürdiges enthält, nach Tripoli zu reisen, um von dort aus seine bisher gesammelten Bemerkungen an die Afrikanische Association abzuschicken. Nach einer Reise von zwey Monaten, um die Mitte des Augusts, kam er zu Tripoli an, richtete daselbst seine beabsichtigten Geschäfte aus, und trat alsdann, am 1sten Decemb. 1799, seine Rückreise nach Mursuck an, wo er den 20sten Januar 1800 eintraf.

Aus Mursuck sind seit der Zeit zwey Briefe von ihm eingelaufen; der letztere vom Abend vor seiner Abreise mit der Karawane nach Burnu. Von diesem entfernten Reiche aus beabsichtigte er seine Entdeckungsreise westwärts und in das Herz des Landes fortzusetzen.

Die beyden Briefe von Mursuck sind folgende:

Mursuck, d. 20sten Febr. 1800.

„— Ich verließ Tripoli den ersten Decemb. 1799 und kam, nach einer glücklichen wiewohl langsamen Reise den 20sten Jan. 1800, hieselbst in Fessans Hauptstadt an. Meine Gesundheit ist, wie ich sie wünschen kann, und ich darf hoffen, daß sie auch von Dauer seyn wird.

„Der Weg von hier nach Sudan ist noch nicht sicher genug, als daß ich es wagen dürfte, über Agades zu gehen.

„Es befindet sich jetzt in dieser Stadt ein Scheriff von Burnu, ein verständiger und vom Sultane jenes Landes sehr geschätzter Mann, dessen Freundschaft ich mir zu verschaffen gewußt habe. In seiner Gesellschaft werde ich den 15ten März nach Burnu abreisen, von wo aus ich Kaschna, welches etwa funfzehn Tagereisen von Burnu entfernt ist, im August oder September zu erreichen hoffe.

„Damit wenigstens einige Briefe zu Ihrer Unterrichtung und zur Beruhigung meiner Angehörigen eintreffen mögen, werde ich so oft schreiben, als sich mir Gelegenheit dazu darbietet.

„Ich verbleibe u. s. w.

(unterzeichnet)

„Fr. Hornemann."

(Dem Herrn Präsid. Baronet Banks Königl. Gr. Brit. wirkl. Geheimen Rathe ic.)

„Mursuck, d. 6. Apr. 1800.

„— Unsere Karawane ist im Begriffe, ihre Reise nach Burnu anzutreten; ich werde mich diesen Abend zu ihr begeben.

„Da ich mich ungemein wohl befinde, vollkommen an das Klima gewöhnt bin, die Arabische und auch ein wenig die Burnu-Sprache rede, da ich wohl bewaffnet, auch nicht muthlos bin und mich unter dem unmittelbaren Schutze zweyer Scheriffs befinde, so darf ich mit Recht hoffen, daß ich in meinen Unternehmungen glücklich seyn werde.

„Die Sudanische Karawane verließ Mursuck etwa vor einem Monate. Ich habe wohl daran gethan, mich ihr nicht anzuschließen, denn schon seit einiger Zeit hat man eine Menge Tibbo's umherstreifen sehen, die sicher böse Absichten auf diese Karawane haben.

„Da ich der erste Europäische Reisende bin, der eine so weite Reise in diesem Theile der Welt unternimmt, so will ich den besten Gebrauch von meiner Zeit zu machen suchen, und nicht länger in Burnu bleiben als bis Monat September, da ich mit der um diese Zeit regelmäßig von dort nach Sudan abgehenden großen Karawane meine Reise weiter fortsetzen werde.

„Was die Maaßregeln betrifft, die ich nach meiner Ankunft in Sudan oder Kaschna treffen werde, so kann ich noch nichts Bestimmtes deshalb angeben; doch kann ich versichern, daß es stets mein Bestreben seyn wird, mir den Beyfall der Association zu erwerben.

„Betrachten sie diesen Brief als den letzten für dieses Jahr oder vielleicht als den letzten vor meiner Ankunft in irgend einem Hafen der Küste von Afrika.

„Am 24sten März (?) schickte ich einen langen Brief von Tripoli ab, und da er mit guter Gelegenheit besorgt worden ist, so zweifle ich nicht an der erfolgten richtigen Ueberkunft desselben. *) Zu dem was ich in diesem Briefe angeführt habe, füge ich noch hinzu, daß das äußerliche Mittel dessen man sich hier bey den Pocken bedient, um die Augen der Kinder zu erhalten, aus Samsuc (Tamarinden) und Zurinbulu Zipollim (Zwiebeln) besteht. Dieses Mittel soll sehr gute Dienste leisten.

*) Dieser Brief ist nicht angekommen.

„Wegen der Lustseuche habe ich noch weitere Erkundigungen eingezogen, und kann hiemit bestätigen was ich vorher anführte, daß Salz und Koloquinten (im Arabischen Handal) hier zu Lande ein specifisches Mittel gegen diese Krankheit abgeben und auf die beschriebene Art angewendet werden.

„Zufolge aller Nachrichten, die ich über diesen Gegenstand bekommen habe, sind die Eingebornen von Fessan der venerischen Ansteckung nur Einmal unterworfen. Es ist merkwürdig, daß, obgleich zwischen der durch die Karawane von Sudan hierher gebrachten Lustseuche und der von Tripoli und Cairo ein großer Unterschied statt findet, ein Mensch doch niemals (oder wenigstens sehr selten) die eine dieser Arten bekommen kann, wenn er bereits die andere gehabt hat.

„Vor einigen Tagen sprach ich einen Mann, der Herrn Browne in Darfoor gesehen hatte. Er gab mir einige Nachrichten in Hinsicht der Gegenden, durch die derselbe gereiset war, und sagte, die Vereinigung des Niger mit dem Nil sey nicht zu bezweifeln, aber vor der regnigen Jahreszeit sey sie sehr unbedeutend, denn der Niger ruhe in der trocknen Jahreszeit oder sey non fluens.

„Vor nicht langer Zeit geschah dasselbe in Burnu, was vor Alters in Cairo gebräuchlich war — ein reich gekleidetes Mädchen wurde in den Niger geworfen.

„Zufolge der Nachrichten, die ich über Sudan, und dessen Verbindung mit den westlichen und südwestlichen Küsten von Africa eingezogen habe, muß die Verbindung durch Nyffé und Jerba zwölf Mal größer seyn als die zwischen Fessan und Sudan.

„Ich empfehle mich Ihrem geneigten Andenken und bin mit der größten Verehrung ꝛc.

(unterzeichnet)

Fr. Hornemann.

(Dem Herrn Präsid. Baronet Banks, K. Gr. Br. wirklichem Geh. Rath. ꝛc.)

Herr Hornemann hatte, vor seiner Reise nach Burnu, die freundschaftlichen Verhältnisse, in denen er mit verständigen Pilgern und Kaufleuten der Egyptischen Karawane stand, so wie auch mit Andern zu Mursuck, die nach verschiedenen Gegenden Afrikas Handel treiben, dazu benutzt, sich so gut als möglich von den Gegenden die er besuchen wollte unterrichten zu lassen. Die Resultate seiner Erkundigungen sind zugleich mit seinem Tagebuche bey uns angelangt und wir theilen sie hier dem Publikum mit.

Einige Nachrichten über das Innere des nördlichen Afrika.

Von
Fr. Hornemann.

I.

Ueber die Nation der Tibbo und ihre Stämme.

Im Westen von Fessan bis Süd-Südwest leben die Tibbo, ein großes merkwürdiges Volk, welches auch das Land von Fessan bis Egypten bewohnt, von welchem letztern es durch eine große Wüste getrennt seyn soll. Die nächsten bewohnten Oerter nördlich von Tibbo sind Augila und Siwah; gegen Süden wohnen nomadische Araber, gegen Westen befindet sich, außer Fessan, das Gebiet der Tuaricks.

Die Tibbo sind nicht ganz schwarz; ihr Wuchs ist schlank, ihr Gliederbau fein, ihr Gang leicht und schnell; sie haben lebhafte Augen, etwas starke Lippen, kleine aber nicht aufgeworfene Nasen und ihr Haar ist kurz, aber nicht so kraus wie das Haar der Neger. Sie scheinen viele natürliche Anlagen zu haben, nur fehlt es ihnen an Gelegenheit, sie auszubilden, denn sie sind von rohen Völkern oder Mahomedanern umgeben. Wahrscheinlich sind sie durch ihren Verkehr mit den Arabern, denen sie Sklaven zuführen, so verderbt worden. Man beschuldiget sie des Mistrauens, der Falschheit und Betrügerey. Die Fessaner reisen nicht mit ihnen, weil sie befürchten auf das Anstiften derselben, überfallen und ermordet zu werden.

Die Sprache der Tibbo wird mit außerordentlicher Schnelligkeit geredet. Sie enthält sehr viele Mitlauter, vorzüglich L und S. — Sie zählen so:

Eins	Tronó
*)	
Drey	Aggesó
Vier	Tüssó
Fünf	Fo
*)	
Zehn	Markum.

Die Kleidung der Tibbo besteht aus Schaffellen, die sie mit oder ohne Wolle zubereiten, jene für den Winter,

*) Die leeren Räume in der Handschrift sind vom Verf. nicht ausgefüllt worden. K.

diese für den Sommer. Die Einwohner der größern Orte (oder auch andere, wenn sie Fessan besuchen) tragen, wie die Burnuaner, weite blaue Hemden. Um den Kopf winden sie ein schwarzes oder dunkelblaues Tuch, so daß man nicht viel mehr von demselben erblickt als die Augen.

Ihre Waffen bestehen aus sechs Fuß langen Lanzen und aus 15 bis 20 Zoll langen Messern, von denen sie eins am linken Arme tragen. Die Scheide des Messers ist, vermittelst eines drey Zoll breiten ledernen Ringes oberhalb der Handwurzel befestiget.

Die Tibbo theilen sich in mehrere Stämme. Die vornehmsten sind die Tibbo von Bilma, deren Oberhaupt in Dyrki wohnt, welches eine Tagereise von Bilma entfernt liegt. Dieser Stamm ist sehr gemischt, weil er sich mit Gewalt unter den Negern niederließ, die diese Gegend ehemals bewohnten. Noch bis auf diesen Tag sind die Einwohner von Bilma größtentheils Neger; die von Dyrki hingegen sind ächte Tibbo. Von diesem Stamme wird Handel zwischen Fessan und Burnu getrieben, und zwar, wie es scheint, mit großer Sicherheit, denn sie reisen in kleinen Gesellschaften von acht bis zehn Mann. Diejenigen Sklaven und Sklavinnen von Burnu, die in Fessan frey werden, kehren niemals mit ihnen zurück, weil sie befürchten von ihnen geplündert, wieder verkauft oder gar ermordet zu werden; sie gehen mit den Tuaricks nach Sudan und kehren von hier nach Burnu zurück.

Die Religion der Tibbo von Bilma ist die Mahomedanische, die sie aber selbst für sehr schlecht halten sollen.

Der Stamm der Tibbo Rschade oder die Felsen-Tibbo. Sie haben diesen Namen, weil sie ihre Häuser unter Felsen erbauen, und auch wirklich noch zum Theil in Felsen-Höhlen wohnen, vor denen sie Hütten aus einer groben Binsen-Art aufschlagen, um sich des Sommers in denselben aufzuhalten. Das Oberhaupt dieses Stammes wohnt in Abo, nach welchem Orte Tibesti der größte ihres Gebietes ist. Die Tibbo Rschade kommen sehr häufig nach Fessan, wo sie die Kleidung der Tuaricks zu tragen pflegen; doch bemerkte ich auch einige, die mit ihren großen Schafpelzen bekleidet waren.

Die Tibbo-Bürgu sollen noch Heiden seyn. Die Gegend, welche von diesem Stamme bewohnt wird, ist sehr fruchtbar und reich an Datteln, Weitzen und Gras.

Der Sultan von Fessan sendete in diesem Jahre einige Truppen hierher, die aus 32 Reutern, 70 Arabern zu Fuß und etwa 300 Tibbo vom Stamme Rschade bestanden. Die Gelegenheits-Ursache war, daß einige der Bürgu eine von Begarmie nach Mursuck reisende Gesellschaft Fessaner geplündert hatten. Die Araber begaben sich von Mursuck nach Gatron, welches 54 Meilen südlich von diesem Orte liegt; von hier nach Tegerhi, 33 Meilen Süd-südöstlich von Gatron, hierauf nach Abo, in sieben Tagen, dann in östlicher Richtung, nach Tibesti in drey Tagen, und von hier nach Bürgu in 18 Tagen; auf jede Tagereise achtzehn

Meilen gerechnet. Sie raubten an 200 Menschen, die sie nach Tripolis führten und daselbst verkauften.

Die Weiber der Tibbo Bürgu tragen ihr Haar in Flechten, die sie über die Schultern herabhangen lassen; den vordern Theil des Kopfes scheeren sie kahl. Man beschuldigt die Mädchen, sie würden oft von ihren eignen Brüdern schwanger. Der Sklave eines meiner Freunde, der die Sprache der Tibbo verstand, versicherte mich, er habe ein schwangeres Mädchen gefragt, von wem sie in diese Umstände versetzt worden sey, und sie habe ohne Bedenken ihren Bruder angegeben.

Weiter gegen Osten von Bürgu, in der Entfernung von fünf bis sechs Tagereisen, liegt Arna, der Hauptort eines andern Tibbo-Stammes.

Südsüdöstlich von Augila wohnen die Febabo, die den jährlichen Plünderungen der Araber von Bengasi ausgesetzt sind. Diese Araber ziehen in Verbindung mit denen von Augila aus, um Datteln und Menschen zu rauben, zu welchem Zwecke sie gewöhnlich einige Hundert Kameele mit sich führen. Die Einwohner Augilas gaben mir die Entfernung nach dem Lande der Febabo auf zehn Tagereisen an (21 Meilen auf jeden Tag), und sagten, in den ersten sechs Tagen sey kein Wasserplatz anzutreffen.

Die südlichsten Tibbo sind die Romadischen Tibbo, die, wie man mir sagt, im Bahr-el-Gasal, einem, sieben Tagereisen und nördlich von Begarmie gelegenen, langen fruchtbaren Thale wohnen.

2.

Nachricht von den Tuaricks.

Westlich und südlich von Fessan wohnen die **Tuarick**, ein starkes Volk, dessen Gebiet gegen Süd-Osten von Burnu, gegen Süden von Burnu, Sudan und Tombuctu, gegen Osten von den Ländern der Tibbo und von Fessan, gegen Norden von einem Theile Fessans und den Arabern, die hinter Tripolis, Tunis und Algier leben, und gegen Westen durch die großen Reiche Fez und Marocco begränzt wird. Einzelne Kolonien dieses Volkes trifft man auch in Sockna (im Fessanischen Gebiete) in Augila und Siwah, in welchen Orten die Sprache der Tuaricks die eigene Sprache der Einwohner ist. *)

Die Tuaricks theilen sich in viele Nationen und Stämme, die alle einerley Sprache reden, sich aber in Ansehung ihrer Farbe und Lebensart, so wie auch wahrscheinlich ihres Ursprunges, sehr von einander unterscheiden. Da ich hier nur Bruchstücke mittheilen will, so beschränke ich mich in dieser Abhandlung auf die Tuaricks von der Nation der **Köllīwī** und des Stammes **Hágara**. Diese sind von schlankem Wuchse, mehr groß wie klein, von nervigem

*) Man findet hierüber Mehreres in der Beschreibung meiner Reise von Cairo nach Fessan.

Gliederbaue und sehr gelenk. Ihr Gang ist schnell aber fest, ihr Blick ernst und ihr ganzes Wesen äußerst kriegerisch. Gebildet und aufgeklärt würden sie, bey ihren natürlichen Anlagen, vielleicht eins der vorzüglichsten Völker der Erde seyn. Sie stehen in Ansehung ihres moralischen Charakters in sehr gutem Rufe, besonders die Kölluwi. — Die westlichern Stämme dieses Volkes sind weiß, so weit ihre Lebensart und das Klima es verstattet. Die Kölluwi, die das Reich Asben stifteten, Agades eroberten und sich mit den Einwohnern vermischten, sind von verschiedener Farbe. Viele derselben sind schwarz, aber ihre Gesichtszüge sind nicht negerartig; die Hagara und Matkara sind von gelblicher Farbe wie die Araber. Nahe bey Sudan giebt es vollkommen schwarze Stämme.

Die Kleidung dieses Volkes besteht aus weiten dunkelblauen Beinkleidern, aus einem kurzen engen Hemde von derselben Farbe mit weiten Aermeln, die sie am Nacken so zusammenbinden, daß die ganzen Arme frey sind. Den Kopf umwinden sie mit einem schwarzen Tuche, und zwar so, daß man das Ganze in der Ferne für einen Helm nimmt, denn man sieht von dem Gesichte nichts als die Augen. Da sie Mahometaner sind, so scheeren sie ihr Haar ab, doch lassen sie einiges auf dem Scheitel stehen. Um diese stehen gebliebenen Haare, wissen diejenigen, die keine Mützen tragen, ihr schwarzes Tuch so geschickt zu winden, daß es wie ein Helmbusch auf dem Kopfe liegt. Um den Leib tragen sie einen dunkelfarbenen Gürtel und über die Achseln herab hangen an verschiedenen Schnüren, ein Koran in einer ledernen Tasche, zehn bis zwölf an einan=

der gereihete kleine lederne Säcke mit Amuleten u. s. w. In der Hand tragen sie stets eine fünf Fuß lange, sehr zierlich gearbeitete Lanze. Ueber den rechten Ellenbogen am Oberarme befindet sich ihr Nationalzeichen, ein dicker schwarzer oder dunkelfarbener Ring von Horn oder Stein. Ihr Oberkleid ist ein Sudanisches Hemd, über welches ein langes Schwerdt von der Schulter herabhängt.

Die reisenden Kaufleute dieser Nation führen Feuer-Gewehre bey sich, die übrigen bedienen sich nur ihres Schwerdtes, der Lanze und des Messers, welches sie, wie die Tibbo, am linken Arme tragen. Die Hefte der Messer sind sehr fein, denn diese Leute wissen dem Kupfer dieselbe glänzende Farbe mitzutheilen, die man ihm in England giebt; doch halten sie diese Kunst sehr geheim.

Sie treiben Handel zwischen Sudan, Fessan und Gadàmes: ihre Karawane belebt Mursuck, denn sie lieben, wie die Sudaner, Gesellschaft, Gesang und Musik; ohne sie ist jener Ort äußerst öde.

Die Tuarick sind nicht ohne Ausnahme Mahometaner. In der Gegend von Tombuctu leben die Tagama, welche weiß und im Heidenthume sind. Diese haben wahrscheinlich Gelegenheit zu der ungegründeten Behauptung gegeben, auf die mich verschiedene Gelehrte aufmerksam machten, daß es weiße Christen in der Nachbarschaft von Tombuctu gäbe. Der Ausdruck Nazari (Christen), der sicher diese Fabel erzeuget hat, wird von den Mahometanischen Einwohnern Sudans für Ungläubige überhaupt gebraucht.

Der größere Theil der östlichern Tuarick führt ein nomadisches Leben; die Zahl der Einwohner ihrer Städte ist mithin verschieden. Ghad, z. B., ein Ort im Gebiete der Hagara, besteht nur aus etwa 25 bis 30 Häusern, zur Zeit des Marktes aber, der sehr beträchtlich seyn soll, begeben sich mehrere Hundert Männer mit ihren ledernen Zelten dahin, und verweilen einige Zeit daselbst.

3.

Tombuctu — Haussa oder Sudan — Nachricht von den Eingebornen.

Hinter diesen Ländern liegt Tombuctu, von dem ich weiter nichts sagen kann, weil die Nachrichten, die ich darüber erhalten habe, äußerst unbestimmt sind. Der Grund davon ist, daß zwischen dieser Gegend und Fessan nur wenig Verkehr statt findet. Uebrigens leidet es keinen Zweifel, daß Tombuctu die merkwürdigste und vorzüglichste Stadt des ganzen innern Afrikas ist.

Oestlich von Tombuctu liegt Sudan, Haussa oder Asnu; der erste ist der Arabische, der zweyte der im Lande selbst gebräuchliche und der letzte der Burnusche Name. Ich wähle von diesen drey Namen den zweyten, als den bestimmtesten. Der Araber versteht nämlich unter Sudan alles von Ghadum gegen Süden gelegene Land; der Burnuer nennt eigentlich nur Kano und Kaschna und die diesen Reichen östlich gelegenen Länder Asnu, unbestimmt geredet begreift er aber auch Tombuctu mit darunter.

In Ansehung des Landes, welches die Einwohner selbst Haussa nennen, hatte ich — wie ich denke — sehr glaub-

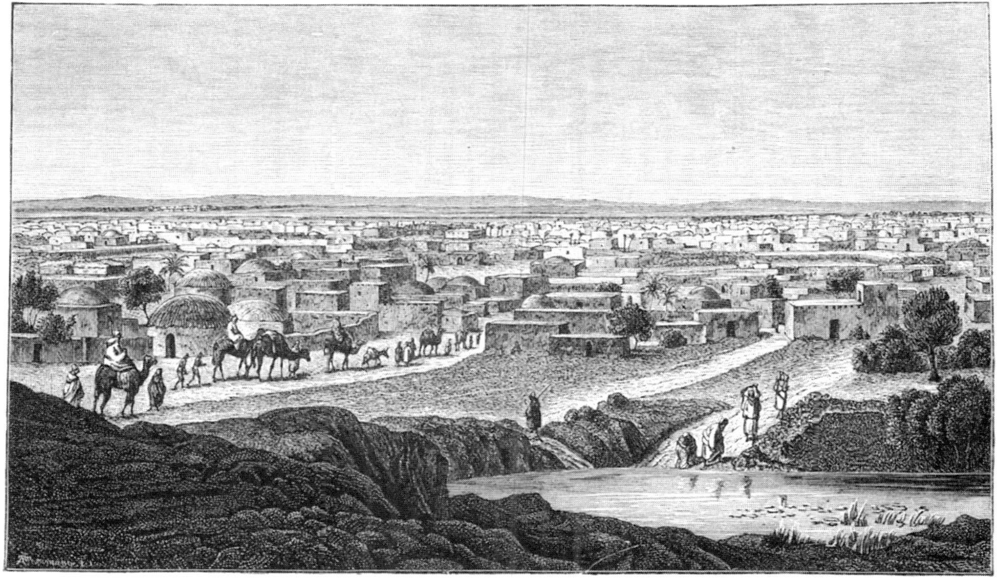

Ansicht von Kano

Ansicht von Sokoto

würdige Gewährsmänner. Einer derselben, ein Marabut, gab mir eine Zeichnung von der Lage der verschiedenen Reiche gegen einander. Ich theile sie hier mit, wie ich sie von ihm empfing.

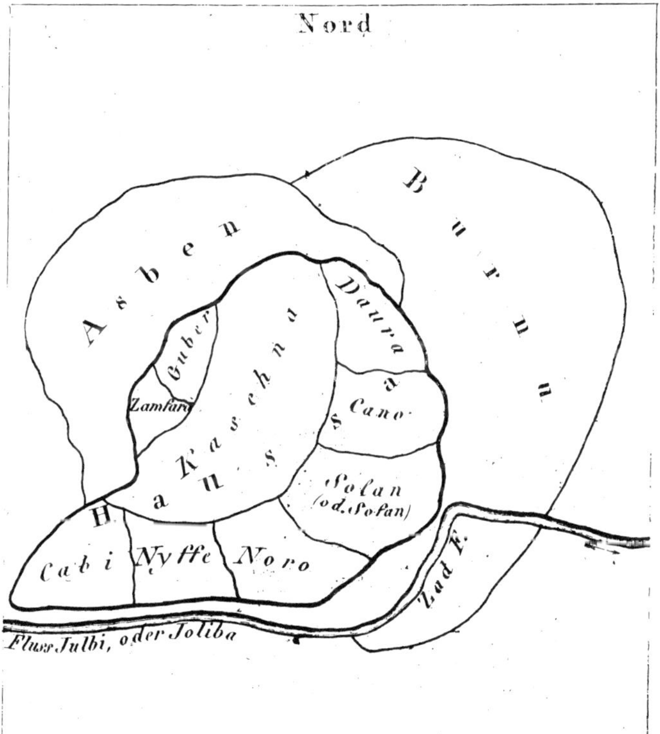

Das von der gröberen Linie eingeschlossene Land ist Haussa; mein schwarzer Freund rechnete, wie man sieht, Asben nicht mit dazu.

Alle diese Reiche werden von Sultanen beherrscht, von denen der zu Kaschna und Kano die mächtigsten sind. Sie entrichten alle, aus Zwang oder Staatsklugheit, Tribut an Burnu, ausgenommen Cabi und Nyffé, welche Länder zu weit von jenem Reiche entfernt liegen. Guber bezahlt überdies Tribut an Asben. Zampara macht mit Guber ein Reich aus; der Sultan des letzteren Landes eroberte nämlich jenes vor einigen Jahren, tödtete den Sultan desselben und verkaufte von den Eingebornen so viele als er gefangen nehmen konnte.

Die Haussaner sind zwar Neger aber nicht völlig schwarz. Sie sind das aufgeklärteste Volk des Innern von Afrika und unterscheiden sich von ihren Nachbaren durch einnehmende Gesichtszüge; die Nase ist klein aber nicht eingedrückt und der ganze Körperbau gefälliger als der der übrigen Neger. Ihre Liebe zu Vergnügungen, zu Gesang und Tanz ist ungemein leidenschaftlich, aber ihr Charakter ist dabey sanft und menschenfreundlich. In Ansehung des Kunstfleißes in Bearbeitung der natürlichen Produkte des Landes übertreffen sie die Fessaner bey weitem, und wirklich bekommen auch diese einen großen Theil ihrer Kleidung und ihres Hausgeräthes von den Sudanern. Sie wissen ihre Zeuge auf alle Art zu färben, nur nicht scharlachroth. Ihre Methode das Leder zuzubereiten ist so vollkommen wie die Europäische, nur ist sie beschwerlicher. — Wir haben die unrichtigsten Begriffe von diesem Volke nicht allein in Hinsicht seiner Kultur und natürlichen Anlagen, sondern auch in Hinsicht auf seine Stärke und den Umfang seiner Besitzungen, welche letztere bey weitem nicht so beträchtlich sind, als wie wir sie uns vorstellen.

Ihre Musik ist wie ihr Gesang in Vergleichung mit der Europäischen, unvollkommen, dessen ungeachtet wissen aber die Haussaerinnen ihre Männer dadurch bis zu Thränen zu rühren, und ihren Muth zur Raserey zu entflammen. Die öffentlichen Sängerinnen werden Kadanka genannt.

4.

Burnu und die umliegenden Gegenden.

Oestlich von Haussa liegen die Besitzungen des Sultans von Burnu, dessen Haupt-Ort Bürni (d. i. Stadt) genannt wird. Dieses Gebiet scheint sich seit Leo Africanus Zeiten sehr ausgebreitet zu haben, da jetzt mehrere Reiche dazu gehören, die er als unabhängig angiebt z. B. Edrisi's Cauga u. s. w.

Der Sultan von Burnu wird für den mächtigsten in jenen Gegenden gehalten; alle benachbarten Reiche entrichten ihm Tribut. Er besitzt wirklich einen großen Umfang von fruchtbaren Lande, doch gründet sich sein Ansehen mehr auf die immerwährenden Uneinigkeiten seiner Nachbaren als auf diese Besitzungen.

Die Burnuer sind schwärzer als die Haussaer und wirklich vollkommene Neger. Sie sind von stärkerm Gliederbaue als diese, sehr unverdrossen im Arbeiten, obgleich ihr Temperament im höchsten Grade phlegmatisch ist; auch sind sie im Ganzen roher und ungebildeter als die Haussaer. Die Männer lieben Frauenzimmer von starkem Wuchse, die Sudaner hingegen ziehen die schlanken vor.

Das einzige Nahrungsmittel der Burnuer ist Mehlbrey und Fleisch; ihr Getränk ist eine berauschende Art Bier, welches zugleich sehr nahrhaft ist.

Kupfer ist das vorzüglichste Produkt des Landes, und man soll es in kleinen Stücken gediegen vorfinden. Was in Tombuctu und Haussa das Gold ist, ist in Burnu das Kupfer; der Werth der Waaren jeder Art wird nach Pfunden dieses Metalls bestimmt.

Nördlich von der Hauptstadt dieses Reiches liegt Kanema, welches von der Kojam-Nation bewohnt wird, die ihren Namen von ihrer Nahrung bekommen hat, die aus Kuhmilch und Rindfleisch besteht. Nord-Oestlich liegt Begarmie, dessen Hauptstadt Mesna heißt. Beyde Gebiete sind abhängig von Burnu. Begarmie ist seines ansehnlichen Sklaven-Handels wegen sehr berühmt, vielleicht hauptsächlich aus dem Grunde, weil hier die mehrsten Knaben verschnitten werden.

Leibwächter des Herrschers von Bornu.

Der Sultan und das Volk liebten im 19. Jahrhundert farbenprächtige Aufzüge und militärische Schaustellungen.
Die „Panzerreiter“ (neben S. 137) waren der besondere Stolz des Sultans. Roß und Reiter wurden mit Wolldecken gepanzert.

PRANISHNIKOFF.

Südlich von Burnu liegen Margi und Cauga; gegen Westen Unguru (Wangara), welche durch Statthalter des Sultans regiert werden.

5

Fidri — Metko — Darfur.

Gegen S. O. von Begarmie liegt Liessi, von den Eingebornen Fidri, von den ihnen östlich befindlichen Völkern Cugu genannt. Die Besitzungen des Sultans von Fidri liegen um einen Landsee her, der denselben Namen führt. Ehemals war dieses Reich eins der mächtigsten; jetzt hat es aber durch die Eroberungen der Sultane von Begarmie und Wadey sehr am Umfange abgenommen. Die Einwohner leben in Strohhütten, welche sie den steinernen Gebäuden vorzuziehen pflegen, und scheinen überhaupt noch auf einer sehr niedrigen Stufe der Kultur zu stehn. Man findet in diesem Lande kein Salz außer in einigen Pflanzen; die Einwohner verbrennen daher, um es zu bekommen, große Haufen des getrockneten Gassab, schütten die Asche in Körbe und gießen Wasser darauf, welches sie beym Hindurchrinnen auffangen, und einkochen bis das Salz anschießt.

Südöstlich von Fidri liegt Metko, ein kleines unabhängiges Reich in einer gebirgigen Gegend. Gegen Osten liegt Wadey, welches ehemals aus vielen kleinen Staaten bestand, die nachher aber von Arabern erobert und zu einem Reiche vereiniget wurden. Die Hauptsprache in diesem Lande ist die Arabische; es giebt aber außer ihr mehr als zehen andere Sprachen daselbst. — Gegen Norden von Wadey bis Bergamie leben nomadische Araber.

Oestlich von Wadey liegt Darfur, aus welchem Reiche ein Fluß kommt, dessen Ufer sehr reich an Zuckerrohr sind; er fließt durch Wadey und ergießt sich in die oben erwähnte Fldri-See. Den Umfang dieses Sees hat man mir sehr verschieden angegeben, welches mir nicht auffallend war, da ich wußte, daß er sich in der Regen zeit um die Hälfte vergrößert. Die Angaben in Ansehung des Umfangs waren von vier bis zu acht Tagereisen.

6.

Flüsse in Haussa.

Der Fluß, den Herr Park auf seiner Reise nach Tombuctu gesehen hat, fließt südlich von Haussa. Er wässert Nyffé und Cabi, wo er den Namen Gúlbi hat, und fließt dann östlich in das Reich Burnu, wo man ihn Zad nennt, welches das große Wasser bedeutet. Auch in einigen Gegenden von Haussa nennt man ihn Gaora, das große Wasser.

Alle Burnuer und Haussaer, bey denen ich mich wegen des fernern Laufes dieses Flusses erkundigte, sagten einstimmig, „er fließe durch die Länder der Majus (Heiden) „verändere bey Sennaar (andere sagten bey Darfur) seine

„östliche Richtung, und nehme seinen Lauf nach Cairo —
„er sey mit dem Egyptischen Nil ein und derselbe Fluß.“

Nur ein Mann aus Osiut in Egypten, der mehrmals Reisen nach Darfur angestellt hatte, von Darfur südlich gegangen war, um Sklaven aufzutreiben und jetzt über Waden, Fidri und Begarmie nach Fessan kam, benachrichtigte mich, der Fluß, den man Bahr-el-Abiad nennt, sey einer und derselbe mit obigem Flusse. — Ueber eine große inländische See habe ich nichts erfahren können, ungeachtet ich alle mögliche Nachfrage deshalb anstellte.

Außer diesen beyden größern Flüssen giebt es in Haussa noch sieben andere kleinere, die sich in den Gülbi ergießen. Nahe bey Teroa, nördlich von Burnu, giebt es einen Fluß, welcher vor einem Gebirge verschwindet; er soll sich in die Erde stürzen. Alle diese Flüsse sind sehr schwach in der dürren Jahreszeit, schwellen aber zur Regenzeit außerordentlich an. Die Breite des Zad bey Burnu gab man mir zu einer Meile an, andere sagten indeß er sey zwey Meilen breit. Zur regnichten Jahreszeit soll seine Breite eine Tagereise (acht Stunden) betragen. In der Mitte dieses Flusses halten sich immer die Büdumá auf, ein heidnisches Volk, welches sehr roh ist.

Diese wenigen Nachrichten sind die vorzüglichsten von denen, die ich über das Innere von Afrika einsammeln konnte. Erzählungen von Menschen mit Schwänzen, ohne Hälse, ohne Haare, von Menschen die nicht auf dem Lande, sondern nur in der offenen See leben u. s. w. übergehe ich. Es würde mir sehr leicht seyn, Ihnen eine Menge Briefe über das Innere von Afrika zu schreiben, aber ich würde dann auch eine Menge unbestimmter Nachrichten einsenden müssen. Ueberdies hoffe ich ja nach England zurückzukehren, und für diesen Fall habe ich doch billig einiges aufzubewahren, was meine Rückkehr rechtfertigen kann.

Wenn ich nicht in meinem Unternehmen umkomme, hoffe ich in fünf Jahren die Societät mit den kurz beschriebenen Völkern und Ländern näher bekannt zu machen, 1798.

(unterzeichnet)

Friedrich Hornemann.

Auszug eines, obige Nachricht begleitenden, Briefes, datirt Tripolis d. 19ten August 1799.

„Eilf Tage nach unserer Abreise von Siwah (in vier derselben hatten wir in einer Wüste 18 Stunden täglich zurückgelegt) kamen wir in Augila an, einer elenden kleinen Stadt, die zu Tripolis gehört. Nach einer weiteren Reise von 16 Tagen erreichten wir Temissa, das erste Fessanische Dorf. Wir reiseten sieben von diesen 16 Tagen in

Tripolis

Der Tschadsee

einer schwarzen felsichten Wüste, die sicher eine der traurigsten Gegenden der Welt ist. Wahrscheinlich ist sie durch eine vulkanische Revolution entstanden. Sie heißt Harutsch und dehnt sich sehr weit nach S. W. aus.

„Von Temissa begaben wir uns über Zuila, Tuila und Tragan nach Mursuck, welches auch Fessan und von den Burnuern Zela genannt wird. Diese Stadt liegt in 25° 54′ 15″ nördlicher Breite.

„Was das Innere von Africa betrifft, so habe ich alle möglichen Erkundigungen deshalb eingezogen und werde Ihnen die Resultate derselben mit erster Gelegenheit zukommen lassen. Nehmen sie für jetzt über diesen Gegenstand folgende Nachrichten an.

„Der Fluß den sie Niger nennen, der in Sudan Gulbi oder Gaora, in Burnu Zad heißt, ist ein sehr großer Strom, in welchen sich mehr als zwölf andere ergießen. Er kommt von Tombuctu, wie man mir sagt, läuft südlich von Haussa (oder Sudan) zum Gebiet von Burnu, wo er eine südlichere Richtung annimmt und dann (wenigstens fand ich keinen Menschen der das Gegentheil behauptet hätte) südlich von Darfur in den Nil fällt. Noch ein anderer Fluß kommt von Darfur; er fließt Waden und Metko vorbey und ergießt sich zuletzt in die große See Fiddri in einem Reiche, welches von den Einwohnern desselben Fiddri, von den östlicher wohnenden Völkern Congu und von denen gegen Westen Liessi genannt wird. Die Fiddri-See hat vier Tagereisen im Umfange, weit mehr aber, wenn sie zur Regenzeit ausgedehnt ist, da sie einen großen Theil der umher liegenden Gegenden überschwemmt. Wenn das Wasser wieder abgelaufen ist, wird das Land bearbeitet und besäet.

„Nahe bey Mesna, der Hauptstadt von Begarmie, läuft noch ein anderer Fluß, der aber nur zur regnichten Jahreszeit beträchtlich ist. Bahr-el-Gazelles oder Wad-el-Gazelles ist kein Fluß, sondern ein langes fruchtbares Thal, das von Nomadischen Tibbo bewohnt wird, die ihre Häuser aus Häuten verfertigen.

„Burnu ist das mächtigste Reich im Innern von Africa. Auf seinen Sultan folgt, in Ansehung der Macht, der Sultan von Asben, der zu Agades residiret. Die Könige der Länder, aus denen Haussa besteht, bezahlen alle Tribut an Burnu; diese sind Kaschna, Daura, Keeno, Sofau, Noro, Nyffé, Gauuri, Cabi, Guber. Zanfara gehört mit zu Guber. Kaschna giebt als jährlichen Beytrag 100 Sklaven u. s. w. Einige dieser Länder entrichten Tribut sowohl an Burnu als an Asben. Die Könige von Asben und der größte Theil der Nation sind Tuaricks, vom Stamme Kolluwi. — Viele der Tuaricks in der Gegend von Tombuctu, so wie auch ein nahe bey Burnu wohnender Stamm sind so weiß, wie die Araber der nördlichen Küste von Africa.

„Begarmie entrichtet gleichfalls Tribut an Burnu. Ungura (ohne Zweifel Wangara des Afr.) und Cougu werden durch Beamte des Sultans regieret.

„Es ist die gewöhnliche Meynung der Einwohner von Burnu und Fessan, daß beyde Länder (nach unserer Art zu reden) unter demselben Meridiane liegen. Burnu ist 15 Tagereisen von Kaschna entfernt; wenn man sehr langsam reiset 20 Jisturnies oder etwa 330 Engl. Meilen. Die Entfernung Fiddri's von Burnu ist in N. O. 25 Tagereisen. Die Einwohner Fiddris haben kein anderes Salz, als das, welches sie aus der Asche gewisser Pflanzen ziehen.

„Ein großer Theil der Einwohner Wadeys, so wie auch ihr König, sind Araber.

„In der Richtung v. S. W. von Augila, in einer Entfernung von 10 Tagen oder 200 Meilen, wohnen die Febabo, und einige Tagereisen weiter südlich, die Birgu. Beyde Nationen gehören zu den Tibbo und sollen Heiden seyn. Ihr Land ist sehr schön und fruchtbar. Es ist sonderbar, daß die Augilaer, wenn sie von diesen Stämmen reden, beynahe dieselbe Vergleichung anstellen, deren sich Herodot *) bedient, wenn er der Aethiopischen Troglodyten erwähnt, wie sie von den Garamanten verfolgt werden: „daß ihre Sprache dem Pfeifen der Vögel ähnlich sey."

„Die merkwürdigste Nation Africas sind die Tuaricks. Leo Africanus nennt sie Terga طرجي. — Sie sind im Besitze der ganzen Gegend zwischen Fessan, Gadames, Marocco, Tombuctu, Sudan, Burnu und dem Lande der Tibbo.

*) Herodot. Melpom. c. 183.

Sie theilen sich in verschiedene Nationen, von denen die Kolluwi in Asben und die Hagara in der Nähe von Fessan die vornehmsten sind.

„Christen und geschwänzte Menschen möchten wohl schwerlich in Afrika zu finden seyn. Die Mahometaner nennen nicht allein die Christen Nazari, sondern auch jedes andere Volk, das eine verschiedene Religion von der ihrigen hat. Von geschwänzten Menschen ist mir nichts zu Ohren gekommen, ausgenommen die Nachricht eines nicht besonders glaubwürdigen Menschen, der die Gegend wo sie wohnen sollten, auf zehn Tagereisen südlich von Kano angab. Er nannte sie Yem Yem, und sagte sie seyen Menschenfresser. Innerhalb zehn Monaten hoffe ich mich nicht weit von jener Gegend zu befinden.

„Ich schließe diesen Brief und hoffe u. s. w.

Friedrich Hornemann.

Geographische
Erläuterungen
des
Hornemannischen Reiselaufes
nebst Beyträgen zur allgemeinen Geographie
von
Afrika
vom
Major Rennell. *)

Erstes Kapitel.

Bey gegenwärtiger Anordnung der Hornemannschen Beyträge zur geographischen Kenntniß des Innern von

*) Die geographischen Meilen, deren in diesem Aufsatze Erwähnung geschieht, sind durchaus die von mehreren italiänischen, französischen und englischen Geographen gebrauchten,

Afrika werde ich mich, so viel wie möglich, auf allgemeine Behandlung des Gegenstandes beschränken, und mir die weitere Auseinandersetzung desselben bis zur Ankunft mehrerer Materialien vorbehalten. So schätzbar die Nachrichten sind, die Herr Hornemann bis jetzt eingesendet hat, so enthalten sich doch keine sehr reiche Ausbeute für die mathematische Erdbeschreibung. Glücklicherweise setzen mich indeß die Bemerkungen des Herrn Browne und Anderer in den Stand, mehr Vortheil aus denen des Herrn Hornemanns zu ziehen, als ich aus ihnen allein es zu thun im Stande gewesen wäre.

Die geographische Lage Cairo's, Alexandria's und Fessan's, hat, neueren und wahrscheinlich genaueren Nachrichten zufolge, in der gegenwärtigen Charte*) einige Veränderung erlitten. Cairo ist, nach Französischen Beobachtungen, zwey und Alexandria 13 Min. weiter westlich; Murzuck, Fessans Hauptstadt, zufolge eines allgemeinen Resultats der verschiedenen Angaben, 39 Geogr. Meilen weiter südöstlich niedergelegt worden. Einige andere unbedeutende Veränderungen sind auch in Ansehung der Lage Siwahs und El-Baretons oder Parätoniums gemacht worden, die man aber, in Hinsicht auf die Erdbeschreibung im Allgemeinen, nur als Schatten von Verschiedenheit betrachten kann.

von denen 60 auf einen Grad des Aequators gehen. Die Längen sind von Greenwich gezählt.

*) Man sehe die Charte von Fr. Hornemanns Reise und die Generalcharte von Afrika, am Schlusse.

Die vorzüglichste Veränderung betrifft Mursuck, welches, vorigen Nachrichten zufolge, genau südlich von Mesurate liegen sollte. Diese Veränderung gründet sich auf Hornemanns Linie der Entfernung, nach welcher man die Länge des Weges zwischen Egypten und Fessan beynahe auf 25 geographische Meilen geringer annehmen muß, als jene Lage es erfordert; welches indeß, bey mehr als 300 M., nicht sehr erheblich ist. Wir dürfen annehmen, daß Hornemanns Zeit, obgleich er nicht ganz genau dabey zu Werke gehen konnte, doch nach den bloßen Gerüchten in Ansehung der Bestimmung der Lage und Entfernung von Mesurate aus, in der Entfernung von 17 bis 18 Tagereisen, um vieles vorzuziehen sey.

Ich werde damit anfangen, Hornemanns Weg von Egypten nach Fezzan zu verfolgen und mache in dieser Hinsicht vier Abtheilungen: 1) von Cairo nach Siwah 2) von Siwah nach Augila 3) von Augila nach Fessan und 4) Bemerkungen über die Lage Mursucks.

I. Cairo bis Siwah.

Man kann die Zeit, die Hornemann auf dieser Route zubrachte, ungefähr auf 123 Stunden *) annehmen,

*) Hornemann war unglücklich genug, seine Papiere bey Schiatha, drey Tage-Reisen oberhalb Siwah, zu verlieren; so daß er die Zeit vor diesem Zufalle, nach dem Gedächtnisse niedergeschrieben haben muß. Seine Zeit zwischen Cairo und Siwah ist auf folgende Weise angegeben:

welches, bey 2,05 Geogr. Meilen, als dem gewöhnlichen Verhältnisse des Fortrückens der Karawane, auf gerade Entfernung zurückgebracht, gleich 252 Geogr. Meilen ist. Rechnet man 2 ½ brittische Meilen auf die Stunde, welches die gewöhnliche Weg-Entfernung ist, und $\frac{1}{10}$ für die Krümmung des Weges (die Wege in der Wüste laufen in sehr gerader Richtung) so hat man 255. Nun giebt aber Browne's Weg längs der Seeküste von Alexandria aus und dann landeinwärts in der Gegend von Paraetonium, etwa 259 ½ Meilen oder 6 ½ mehr als die niedrigste dieser Berechnungen, 4 ½ mehr als die höchste. Browne's Weg lief zuerst längs der Seeküste 75 ½ Stunden, von da begab er sich unter S. 19 W. in 62 ¼ Stunde nach Siwah, in der Paralele von 29° 12′ zufolge der Beobachtungen. Bringen wir die Biegungen der Küste mit in Anschlag, die er

	Stunden
Cairo nach Wady-el-Latron oder zum Natron-Thale, ungefähr	19
Zu einem Sandberge (wahrscheinlich der Bergrücken zwischen dem Natron-Thale und dem Bette des Bahr-bela-ma)	4
Nach Muhabag	13
Mogara	4 ½
Biljoradeck	16
Nach einer Station auf den Bergen von Ummesogeir, welches ihm auf 40 Stunden oder mehr angegeben wurde, etwa	41 ½
Nach Ummesogeir	5
Siwah	20
Summa	123

beynahe den ganzen Weg hin verfolgte, so dürfen wir vielleicht die gerade Entfernung auf nicht mehr als 144 oder 145 Geogr. Meilen ansetzen.

Seine Station an der Küste etwa 20 Meilen östlich von Paraetonium, sollte, Herrn d'Anville zufolge, in der Br. 31° 7′ seyn, so daß die Direktions-Linie (the bearing) von S. 19 W. die Parallele von Siwah in der Länge 26° 24′ durchschneidet. Meine vorige Bestimmung in der Erdbeschreibung des Herodot ist 26° 21′ 30″. Da Herr Hornemann nicht Ansprüche auf vollkommene Genauigkeit in Ansehung der Zeitbestimmung macht (wahrscheinlich weil er seine Papiere eingebüßt hat) so nehme ich Browne's Bestimmung der Lage an, die, wie ich gezeigt habe, nur um 4½ Meilen von der andern abweicht.

Ich kann hier nicht unbemerkt lassen, daß die Einwohner von Siwah die Entfernung Cairos von diesem Orte nur auf zwölf Tagereisen ansetzten; es ist indeß nothwendig zu untersuchen, was für Tagereisen sie verstanden haben, weil wir sonst unmöglich Folgerungen aus solchen Angaben ziehen können. Die Rede kann hier nur von jenen leichten Reisenden seyn, deren Gesellschaft aus wenigen Personen besteht; nicht aber von Karawanen, bey denen, unter der großen Anzahl, nothwendig einige Kameele seyn müssen, die sich langsam bewegen, und nach welchen sich die ganze Karawane richten muß, der vielen Zufälle nicht zu erwähnen, durch die der schnellere Fortgang derselben unmöglich gemacht wird. Die Siwaher gaben die Dauer folgender Reisen so an:

Von Siwah nach	Charje in der größern Oasis	12 Tage
	Derna ⸗ ⸗ ⸗	14
	Fajume (durch die kleinere Oasis)	12
	Cairo ⸗ ⸗ ⸗ ⸗	12

Das Mittel von diesen giebt etwa 20,6 G. M. des Tages; die Reisen nach Charje und Fajume geben $19\frac{2}{3}$, die anderen $21\frac{1}{2}$. *) Da Siwah gerade zwischen Derna und der größeren Oasis liegt, so haben wir eine Linie von 26 Tagen, in Hinsicht auf die Entfernung, hinlänglich bestimmt, und auch hier ist das Resultat 206. Zwölf solcher Tage würden nur 247 für die Entfernung zwischen Cairo und Siwah ausmachen; so daß also Tagereisen von 21 [illegible] erfordert werden. Plinius **) giebt zwölf Tagereisen zwischen Memphis und Ammon an, welches 21 G. M. für jeden Tag erfordert.

Noch eine andere Angabe der Entfernung haben wir und diese ist: funfzehn gewöhnliche Karawanen-Tage-Reisen, zu $16\frac{1}{4}$ oder $16\frac{1}{2}$. Das Resultat davon ist $247\frac{1}{2}$, welches den zwölf Tagen des leichten Reisens ungefähr gleich ist.

*) Die gewöhnliche Karawanen-Tagereise von 8 Stunden, scheint an 20 brittische Meilen der Straße nach zu seyn, und in gerader Entfernung durch die Wüsten, etwa $16\frac{1}{4}$ oder $16\frac{1}{2}$ geographische Meilen.

**) Plin. lib. V. Cap. 9.

Es ist möglich, daß ich durch $259\frac{1}{2}$ die Entfernung etwas zu hoch angesetzt habe; aber ich weiß nicht, wie ich mir Browne's Linie von der Gegend von Paraetonium erklären soll, wenn ich bedenke, daß Hornemann seine Zeit nach dem Gedächtnisse angegeben haben muß. Auf keinen Fall kann die Lage Siwahs um viele Meilen verschieden seyn; so lange indeß die Längen der Oerter an der Seeküste ungewiß bleiben, wird man der Wahrheit nicht leicht näher kommen können.

Browne hat, wie es sich zeigt, von seiner Station in der Breite 28°40′ und nicht weit S. W. von Siwah 17 Tagereisen nach Alexandria gehabt. Das Resultat ist für jeden Tag $15\frac{1}{3}$ Meilen; da aber Browne den ganzen Weg über sehr krank war, so ist es höchst wahrscheinlich, daß seine Begleiter von ihrer Geschwindigkeit nachgelassen haben.

II. Siwah bis Augila.

Hornemanns Zeit von Siwah bis Augila ist $87\frac{1}{2}$ Stunde *), welches, zu 20,5 G. Meilen, 179,35, nach der Entfernung des Weges aber, zu $2\frac{1}{2}$ britt. Meilen,

*) Von Siwah zum Thale von Schiatha = = 23 Stunden
Nach Torfaue = = = $6\frac{1}{2}$
Durch die Wüste zu einem Wasserplatze an der Gränze von Augila = = = = = 49
Nach Augila = = = = = = 9
Summa $87\frac{1}{2}$

$181\frac{1}{2}$ giebt. Nach Hornemanns 11 Mittel-Tagen zu $16\frac{1}{2}$, kommen gleichfalls $181\frac{1}{2}$ heraus. Die Arabischen Erdbeschreiber setzen zehn Tage jeden zu 19 G. Meilen, welches gleich ist 190. Auch Herodot giebt zwischen Ammon und Augila 10 Tagereisen an.

Es ist zwar gewiß, daß Beaufoy's Handschriften 13 Tagereisen angeben, nämlich durch Gegabib (das Dattel-Thal), welches, zufolge der Belehrung, die uns Browne darüber giebt, nordwestlich von Siwah liegt, dahingegen der gewöhnliche Weg, über Schiatha, westwärts führt; wir können indeß kaum annehmen, daß die nördliche Straße zwey Tagereisen weiter um sey, als die andere. Freylich mag Hornemann, der seine Papiere zu Schiatha verlor, nachher seine Bemerkungen über die Zeit während der drey ersten Tage bis zu jenem Orte, nicht genau im Gedächtnisse behalten haben. Ich habe, diesem zufolge, als das Mittel zwischen Hornemanns und Edrisis Angabe, 186 angenommen.

Hornemann konnte keine genugthuende Nachrichten wegen der Entfernung von Augila nach Bengasi an der Seeküste einziehen. Edrisi giebt von Barca aus 10 Tagereisen an: aber diese, jede zu 19 gerechnet, treffen die Linie von Siwah in 30° 7′, welches die Richtung desselben von letzterm in W. 18° N. setzt; da es doch die allgemeine Meynung zu seyn scheint, daß beyde beynahe in derselben Parallele liegen. *)

*) Abulfeda und Ptolemäus geben es so an, und Ledyard hörte dieselbe Angabe zu Cairo.

Delisle und d'Anville geben eine weit größere Entfernung an, als Edrisi. D'Anville giebt 215 von Barca an, welches der Wahrscheinlichkeit gemäß ist; vielleicht ist seine Angabe auf die Berichte neuerer Reisender gegründet. Die Linie dieser Entfernung trifft mit der Linie 186 von Siwah in der Br. 29° 30′, L. 22° 50′ zusammen. In dieser Lage ist seine Direktion von Siwah etwa in W. ½ N.

Ptolomäus giebt 3° 16′ Differ. der Br. zwischen Derna (Darnis) und Augila, welches letztern Ort, auf unserer Charte, in 29½° bringen würde. Auch macht er die Direktionslinie zwischen Ammon und Augila beynahe parallel mit der Seeküste, zwischen Paraetonium und Derna; und es ist gewiß, obgleich Ptolomäus verschiedener Meynung war, daß die Küste sich sehr in nordwestlicher Richtung erstreckt. Es mag seyn, daß die Längen der Oerter an der Küste von Barca auf d'Anville's Charte zu westlich sind. Lucas scheint die Entfernung von Augila nach Bengasi nur auf 11 Tagereisen anzusetzen.

III. Augila bis Fessan.

Von Augila nach Fessan hat Hornemann seine Zeit nicht bestimmt nach Stunden angegeben. Wahrscheinlich sind die außerordentlichen Beschwerlichkeiten Schuld daran, die er im Harutsch (in der schwarzen Wüste) zu ertragen hatte, wo er seine Zeit nur nach ganzen Tagen bestimmt. Diese Tagereisen waren aber außerordentlich lang, vom frühen Morgen bis zur Nacht.

Alles was ich thun konnte, war, diese angegebenen Tage auf Stunden zurück zu bringen, und sie den aufgezählten Stunden im Tagebuche hinzuzufügen. Das Resultat nach der höchsten Berechnung giebt 195 bis 196 Stunden, die dann mit gehörigem Abzuge für die schlechte Beschaffenheit der Wege im Harutsch für 395 Geographische Meilen in gerader Richtung genommen werden können. *)

*) Folgendes ist die Berechnung:

	Stunden
Von Augila bis zu dem Moraje-Gebirge	26
Zur Ebene Sultin	18
Queer durch die Ebene oder Wüste Sultin u. s. w. zu einem mit Bäumen bewachsenen Fleck; drey Tage-Reisen, aber keine Stunden-Angabe — etwa	34
Bis zum Anfange des schwarzen Harutsch, etwa einen Tag; an	10
Zum Wasserplatze im Harutsch	4
Zum Ende des schwarzen Harutsch, $3\frac{1}{2}$ Tage — etwa	40
Durch den weißen Harutsch $1\frac{1}{2}$ Tage — etwa	15
Zu einem Wasserplatze an der Gränze von Fessan	4
Nach Temissa	9
Zuila	$6\frac{3}{4}$
Hamarra	7
Tragan	$10\frac{3}{4}$
Sidi Bischer	8
Murzouk	3
	$195\frac{1}{2}$

Die Weg-Entfernung, zu $2\frac{1}{2}$ Brittische Meilen die Stunde, giebt $488\frac{3}{4}$, welches, $\frac{1}{20}$ auf Windungen gerechnet, wie vorhin, $463\frac{1}{2}$ geben würde, oder in G. Meilen etwa 409.

Herr Delisle giebt die Entfernung auf etwa 405 an, also um 10 mehr als nach der obigen Berechnung. Wahrscheinlich ging er hier nach den Tagebüchern neuerer Reisenden; denn die Arabischen Erdbeschreiber geben nicht weniger als zwanzig ihrer Tagereisen als Entfernung von Augila nach Zuila an, welcher letzterer Ort etwa 60 G. Meilen näher als Mursuck ist.

Ich werde hier die Berichte verschiedener Schriftsteller über die Entfernung von Cairo nach Fessan mittheilen. Die oben angegebene ist größtentheils nach Hornemanns Berichten, und beträgt, auf eine gerade Linie zurückgeführt, 829 G. Meilen.

Browne und Ledyard setzen die Entfernung auf 50 Karawanen Tagereisen; welches, jede zu $16\frac{1}{2}$ G. Meilen angesetzt, 825 giebt.

Edrisi giebt vierzig Tagereisen von Cairo bis Tamest (Temissa) an. Diese, jede zu 19, sind gleich 760 G. Meil.; rechnen wir zu denselben die Entfernung von Temissa nach Mursuck, die Hornemann auf 73 ansetzt, so ist die Summe 833. Dieser Weg führt durch Bahnasa in der kleineren Oasis, und, unter Umständen (denn acht Tagereisen von Bahnasa zeigt sich ein Fluß) auch nahe bey Siwah vorbey.

Ich habe 14 für die außerordentlichen Windungen und Unebenheiten in dem schwarzen Harutsch abgezogen; es bleiben also 395 als geradlinichte Entfernung von Augila bis Mursuck übrig.

Von da geht der Weg südlich von Augila und über Selu ban, worunter die Ebene Cultin verstanden seyn mag. *)

Es ist einleuchtend, daß, wenn Augila noch weiter nach Süden läge oder mehr in gerader Linie zwischen Cairo und Fessan, dadurch die ganze Linie der Entfernung verlängert werden würde, und zwar um zehn bis zwölf Meilen.

Die Vergleichung der verschiedenen Autoritäten würde nun folgende Resultate geben:

Nach	Hornemann = = =	829	Mittel 827
	Browne und Ledyard = =	825	
	Edrisi (in gerader Linie) =	833	
	Edrisi und Abulfeda, blos von Siwah gerechnet und von da durch Augila und Zala = =	877	
	der Lage und Entfernung von Mesurate = = =	854 **)	

*) Herodot hat eine Linie der Entfernung von Theben nach Westen zu in Abtheilungen von 10 Tagen jede; doch ist sie nichts weniger als genau.

**) Die vorige Angabe (in der Geogr. des Herod. S. 167) ist 861. Die Verschiedenheit gründet sich auf die verschiedenen Projectionen der Charten; die im Herodot ist eine sphärische, die gegenwärtige aber eine rechtlinichte.

Mursuk im Königreich Fessan (Südlibyen)

Befestigungswerk in der Oase Siwah

Auf diese Weise ist Hornemanns Angabe der Entfernung von Cairo bis Mursuck, wenn die Lage des letztern Ortes nach der von Mesurata bestimmt wird, nur um 25 Meilen geringer; und die angegebene Karawanen-Entfernung zeigt sich nur um 4 Meilen geringer, als die Hornemannsche. Die Angaben der Arabischen Erdbeschreiber können nicht wohl mit den andern zusammengehalten werden.

IV. Ueber die Lage der Stadt Mursuck.

Hornemann giebt in seinem von Tripoli überschickten Tagebuche die beobachtete Breite, in welcher Mursuck liegt, 25° 54′ 15″ an: eine Parallele, die von den Resultaten anderer Autoritäten so sehr verschieden ist, daß nothwendigerweise letztere einer näheren Beleuchtung unterworfen werden müssen. Der Unterschied zwischen dieser und der in den Verhandlungen der Association vom Jahre 1798 angegebenen Lage, beträgt beynahe zwey Grade. Ohne es zu versuchen, den Grund eines so großen (scheinbaren) Irrthumes aufzufinden, will ich die Autoritäten der in meiner gegenwärtigen Charte angenommenen Parallele angeben.

1) Beaufoy hat, zufolge der von gewissen Tripolitanischen Kaufleuten eingezogenen Nachrichten, 17½ Karawanen-Tagereisen in genau südlicher Richtung von Mesurata an der Seeküste angegeben. *) Diese Reisen waren jede

*) Proceedings of the Afr. Assoc. for 1790. Chap. 4.

auf 8 Stunden oder 20 brittische Meilen angeschlagen, und ich hatte sie, in gerader Richtung, auf 15 Geogr. Meilen angesetzt; jetzt, da ich weiß, daß die Fußwege in der Wüste gewöhnlich sehr gerade sind, nehme ich $16\frac{1}{2}$ an; die $17\frac{1}{2}$ Tage werden also $288\frac{3}{4}$ oder etwa 289 Geogr. Meilen geben. Wären diese Meilen gänzlich Differenz der Breite, so würde Mursuck nicht niedriger als 27° 22′ 2″ liegen, da Mesurata in 32° 10′ liegen soll.

2) Beaufoy nimmt von Tripoli, über Gwarian und Sockna, 23 Tagereisen an, die beynahe dasselbe Resultat geben. Die Entfernung in welcher, über Mesurata, Tripoli von Fessan liegt, beträgt $24\frac{1}{2}$ Tagereisen; der Weg über Sockna ist folglich der kürzere, wiewohl er jetzt, seiner Unsicherheit wegen, gänzlich außer Gebrauch gekommen ist. *)

Zufolge der Durchkreutzung der beyden Linien der Entfernung von Augila und Mesurate, nämlich 395 Geogr. Meilen von ersterem und 289 vom andern Orte, liegt Mursuck unter der Breite 27° 23′ und 30 Geogr. Meilen östlich vom Meridian von Mesurate. Die Lage wird daher S. ½ O. seyn, statt Südlich, wie man bisher angegeben hat.

3) Edrisi sagt, die Entfernung von Sort nach Zuila sey neun Tagereisen, die, 19 Geogr. Meilen jede, gleich

*) Der Weg über Sockna scheint der kurze Weg nach Phazania zu seyn, dessen Plinius im 5ten B. Kap. 5. erwähnt.

171 Geogr. Meil. sind; und Abulfeda giebt an, daß beyde Oerter N. u. S. von einander liegen. Zuila, auf Hornemanns Wege, liegt etwa 60 Geogr. Meilen Nordöstlich oder ONOestlich von Mursuck; Sort liegt, nach d'Anville's Angabe, etwa in 30° 28'. Diesem zufolge sollte Zuila, wenn es unter demselben Meridiane ist, in der Br. 27° 37' oder 14 Mein. N. von Mursuck liegen. Nach meiner Angabe liegt Zuila etwa S. 7° W. von Sort, welches, in Hinsicht auf die Verschiedenheit der Breite, ziemlich auf eines hinaus läuft. — Mursuck darf daher nicht südlich von 27° 23' niedergelegt werden.

4) Ledyard hatte gehört, Augila liege westlich von Siwah; und Wadan (oder Zala) auf dem Wege nach Fessan W. S. W. von Augila. Hornemann giebt uns ziemlich dieselbe Idee; er sagt nämlich, die Karawane habe sich bey ihrer Abreise von Augila W. b. S. gehalten. Unglücklicherweise hat Hornemann unterlassen, die Entfernung von Fessan nach Tripoli anzugeben, ungeachtet er eine Reise von dem einen zum andern Orte anstellte.

5) Zala, welches auch Wadan *) genannt wird, liegt, nach Edrisi, (S. 40) neun Tage S. Oestlich von Sort entfernt, und zwischen Augila und Zuila in der Mitte,

*) Es befinden sich in dieser Erdbeschreibung verschiedene Oerter, die den Namen Wadan führen; er bedeutet nämlich den Zusammenfluß zweyer Wasserströme. Noch ein Wadan findet sich auf dem Wege von Mesurata nach Fessan, und eins zwischen Fessan und Burnu.

oder zehn Tagereisen von beyden. *) Ein Blick auf die Charte wird uns lehren, wie durchaus unwahrscheinlich es ist, daß Mursuck unterhalb der Parallele 26° seyn sollte, vorzüglich wenn wir seine relative Lage zu Wadan und Zuila in Anschlag bringen.

6) Wenn wir annehmen, daß Fessan das Land der Garamanten sey (und wirklich weiß ich, der Beschreibung der Alten zufolge, keine andere Gegend, wo ich es suchen sollte,) so kommt seine Entfernung von der Seeküste, die Strabo **) auf neun bis zehn Tagereisen angiebt, mit der Entfernung der alten Hauptstadt Garama genau überein. Plinius bestätiget dieses dadurch, daß er der Garamanten als über den Mons ater hinaus lebend erwähnt. Daß er unter diesen schwarzen Bergen die felsichte Wüste von Sudan zwischen Fessan und Mesurate verstanden hat, werde ich weiter unten beweisen, wenn ich vom Harutsch rede.

Uebrigens ist hier zu bemerken, daß diese Veränderung der Lage Mursucks, — nämlich an 39 Meilen südöstlich von seiner Lage auf der Charte vom Jahre 1798 — keinen

*) Herr Hornemann kam, einen Tag vor seiner Ankunft im schwarzen Harutsch, zu einem kleinen grünenden Geholz. Seine Lage kommt mit der von Zala überein, denn es befindet sich gerade zwischen Augila und Zuila. Bis jetzt weiß man von keiner daselbst befindlichen Stadt.

**) Strabo p. 835.

wesentlichen Einfluß auf seine Entfernung von Tombuctu hat.,*)

Zweytes Kapitel.

Allgemeine Beobachtungen über einige Gegenden auf Hornemanns Wege.

Ich theile hier einige geographische und andere Bemerkungen mit über folgende Gegenstände, die sich theils auf, theils neben Hornemanns Reisewege befinden. 1) Bahr-bela-ma und Mogara-Thal. 2) Siwah. 3) Kleinere Oasis. 4) Thal Schiatha und Gegabil. 5) Augila. 6) Harutsch. 7) Fessan und Gadamis.

1) Die Bahr-bela-ma und das Mogarathal.

Es ist bekannt, daß Bahr das Arabische Wort für irgend eine Wasserfläche ist, sie sey ein Meer, eine See oder

*) D'Anville setzt die Entfernung von Tripoli nach Mursuck nur auf 240 Geogr. Meilen an; Delisle auf 280 oder weniger, und Sanuto, der über die Afrikanische Geographie schrieb (im Jahr 1588) auf 255. Auf diese Weise übersteigen die oben angegebenen 289 von Mesurata, die höchste bis jetzt angestellte Berechnung von Tripolis aus, welches doch weiter als Mesurata von Mursuck entfernt liegt.

ein Fluß. Bahr=bela=ma bedeutet eine hohle Fläche, von der man glaubt, daß sie einst Gewässer enthielt, oder mit andern Worten, ein Meer, See, oder Fluß ohne Wasser. In Hinsicht auf unsern Gegenstand haben einige große Gelehrte behauptet, diese Bahr=bela=ma sey das Bette des Nils, der seinen jetzigen Lauf bey Benjusef verlassen, seinen Weg durch die Provinzen Fajume und die See Kairun genommen und sich beym Arabischen Meerbusen in die See ergossen habe. Da ich bereits meine Meynung über diesen Gegenstand geäußert habe, nämlich, „daß in alten Zeiten, das Bette des Nils niedriger lag, als die Provinz Fajume" so will ich hier nichts weiter darüber sagen, als nur daß diese meine Meynung bis jetzt durch nichts geschwächt worden ist. Es ist ausgemacht, daß die Oeffnung oder Ausfahrt bey Sakkara noch jetzt oberhalb der Wasser=Ebene des Nils ist.

Sowohl Hornemanns Beobachtungen als die des Generals Andreossy und Browne's *) verbreiten etwas helleres Licht über den Lauf dieses ausgehöhlten Bettes. Andreo=

*) Browne sah die Bahr=bela=ma nicht, sondern hörte, sie befinde sich eine Tage=Reise westlich von den Natron=Seen. Wenn sie sich indeß nicht nach Westen drehet und über die Stelle hinaus läuft, wo General Andreossy dieselbe sah, so muß Browne falsch benachrichtiget worden seyn. Ueber die Bahr=bela=ma in der Provinz Fajume sehe man Geogr. Herod. S. 503.

Die Beschreibung dieser Thäler befindet sich in den Memoires sur Egypte. S. 212.

offy und Browne kamen beyde etwa 32 Geogr. Meil. westwärts von Terané zum Natron-Thale. Ersterer fand westlich noch ein zweytes und größeres Thal, welches die Araber Bahr-bela-ma nannten oder auch Bahr-el-farigh, welches einen leeren Fluß bedeutet. Dieses Thal war nur durch einen schmalen Bergrücken von dem andern getrennt. Beyde liefen parallel etwa in der Richtung N. N. W. $\frac{1}{2}$ W. nach S. S. O. $\frac{1}{2}$ O. ungefähr 30 Meilen lang, so daß er nach keiner der Seiten das Ende derselben sehen konnte. Das Natron-Thal ist, nach seiner Rechnung, $2\frac{1}{2}$ Französische Meilen (Lieues) oder etwa $6\frac{1}{2}$ Geogr. Meilen, das andere 3 Lieues oder $7\frac{3}{4}$ solcher Meilen breit; beyde zusammen, von einem Ende zum andern, mehr als $14\frac{1}{2}$. Man sehe die Memoires sur l'Egypte. S. 239 240 so wie auch die Charte.

Hornemann kam, auf seinem Wege westwärts von Cairo, und in der Entfernung von etwa 40 Geogr. Meil. von dieser Stadt, dem Natronthale vorbey und zwar, nicht mehr als 9 oder 10 Meilen von dem südlichsten Theile, den General Andreossy gesehen hatte. In einer Entfernung von etwa acht Meilen vom Natron-Thale stieg er Bergab und kam zu der Stelle, die er den Fuß eines Sandhügels nennt. Da es dunkel war, so konnte er von dem Orte selbst oder von den umliegenden Gegenden keinen Begriff bekommen; doch giebt er künftigen Reisenden den Wink, sich an diesem Orte nach dem weitern Laufe der Bahr-bela-ma umzusehen, ohne Zweifel weil er einen großen tief ausgehöhlten Raum vorfand, dessen er aber nicht weiter erwähnt. Der Beschreibung des Generals

Andreossy zufolge halte ich Hornemanns Sandberg vielmehr für den Bergrücken, durch den die beyden hohlen Stellen oder Thäler von einander getrennt werden. Hornemann sagt, die Karawane stieg den Berg in unbeschreiblicher Unordnung hinab, welches auf einen langen und steilen Abhang schließen läßt. Da er den Ort verlassen mußte, ehe es hell genug war, ihn übersehen zu können, so machte er seine Nachfolger aufmerksam darauf; sicher aus keinem andern Grunde, als weil sich hier ein hohler Weg befand.

Man kann diesem zufolge annehmen, daß die Bahrbela-ma und die Natron-Thäler sich auf 40 oder mehr Geogr. Meilen erstrecken, nämlich nördlich gegen den Lacus Mareotis und den Busen der Araber, und von der andern Seite nach der Gegend der See Kairun, von welcher sie nicht volle 30 Meilen entfernt zu seyn scheinen.

Die Reise von vier Stunden zwischen der Station am Natron-Thale und dem Fuße des Sandberges, ist der Beschaffenheit des Bodens angemessen. Die Breite des Natron-Thales, nämlich 6½ Geogr. Meile, ist, wenn man das Hinabsteigen gegen Westen mit in Rechnung bringt, gleich 3¼ Stunde Weges, und General Andreossy sagt, er habe, um den Abhang hinunter zum Grunde der Bahrbela-ma zu gelangen, 40 Minuten gebraucht. *) Wir hätten also auf diese Weise die vier Stunden beynahe her-

*) Memoires sur l'Egypte. S. 240.

ausgebracht. Ueberdies ist es nicht unmöglich, daß sich Hornemann in schräger Richtung durch den hohlen Weg begeben hat.

D'Anville glaubte, wie wir sehen, an das Daseyn einer ausgehöhlten Fläche oder eines Thales, welches sich von der See Kairun bis in die Gegend des Busens der Araber erstreckte, und hat dasselbe auch in seiner Charte von Egypten angegeben. Die Franzosen scheinen nie Gelegenheit gehabt zu haben, diese Frage zu erörtern, welches wirklich Verwunderung erregt. — Ich gehe jetzt zu einem andern Thale über, welches vielleicht ein Arm der Bahr-bela-ma seyn mag.

Das Mogara-Thal.

Hornemann giebt an, er sey an demselben Morgen als er den Fuß des Sand-Berges verlassen hatte, in eine Wüste gekommen, die man als die „natürliche „Gränze Egyptens" betrachten könne. Diese Wüste erstreckt sich auf mehr als 150 Geogr. Meilen von Osten nach Westen. Wie weit sie sich nach Süden erstreckt ist nicht bekannt; wahrscheinlich ist es, daß sie an die kleinere Oasis gränzt. Ob sie einen Theil der großen Sandwüste von zwölf Tagereisen zwischen der größern Oasis und Siwah ausmache, hatte Hornemann nicht Gelegenheit zu bestimmen, da er in Ansehung des Laufes der Bergkette von Ummesogeir in Ungewißheit blieb.

Diese durchaus flache und mit Triebsand bedeckte Wüste ist nach Norden durch eine Kette von Kalkbergen begränzt, die beynahe von O. nach W. in der Richtung des Hornemannischen Reiseweges laufen. An der der Wüste zugekehrten Seite sind diese Berge steil und von einem merkwürdigen hohlen Wege oder Thale begränzt, von dem man weiß, daß es in der Nähe der Bahr-bela-ma anfängt und sich sieben Tagereisen weit nach Westen erstreckt. Die Breite dieses Thales ist von einer Meile bis zu sechs Meilen. Es befindet sich zu bestimmten Zeiten des Jahres viel stehendes Wasser in demselben; zu der Zeit als Hornemann dasselbe sah (im September 1798) hatte es indeß nur einige kleine Seen oder Teiche an einzelnen Stellen, und an verschiedenen andern traf er sumpfiges Land, das sich auf mehrere Meilen weit ausbreitete. Das Wasser der Sümpfe war bitter; doch fand sich oft, in der Tiefe von vier bis sechs Fuß, süßes Wasser ganz dicht darneben. Die Karawanen halten sich auf diesem Reisewege längs dem Rande des Thales, um sich alle zwey oder drey Tage aus demselben mit Wasser zu versehen. Dem Sandwege geben sie den Vorzug, weil er besser für die Füße des Kameels geeignet ist.

Wie weit sich das Mogara-Thal westwärts erstreckt ist unbekannt. Wir wissen nicht, ob es sich an der Stelle endiget, wo Hornemann die Berge von Ummesogeir erstieg, die eine Fortsetzung der erwähnten Kalk-Beegreihe sind, oder ob es mit den Thälern in Verbindung steht, welche die größere oder kleinere Oasis in sich fassen. Auf alle Weise scheint es von derselben Beschaffenheit wie jene Thäler zu seyn; es befindet sich am Fuße steiler Kalkberge und unterhalb der Fläche der flachen Wüste daselbst. Es ist bemerkt worden, daß die steilen Seiten aller dieser Bergreihen nach Süden oder Westen gerichtet sind. *) In einer Hinsicht unterscheidet sich indeß dieses Mogara-Thal wesentlich von denen, welche die Oasis in sich fassen, nämlich darin, daß keine Wasserquelle oberhalb seines Bodens zum Vorschein komme, worin auch der Grund liegen mag, daß keine solche Landstriche, die man Oases nennt, und die sich, wie es mir scheint, ganz besonders durch solche Quellen auszeichnen, in demselben anzutreffen sind. Uebrigens scheint das Mogara-Thal doch in mancher Hinsicht mit dem zu Schiatha überein zu kommen, von dem ich weiter unten reden werde.

General Andreossy benachrichtiget uns, bey Gelegenheit der Beschreibung der Bahr-bela-ma, von einem merkwürdigen Umstande. Er sagt **), die Einwohner von Tiranė am Nil, führen von einem drey Tagereisen oberhalb der Bahr-bela-ma befindlichen Thale eine Art Binsen ein, die zu Menouf und im Delta zu Matten verarbeitet werden. Andreossy ist der Meynung, der angeführte Ort

*) Die Berge über dem Mogara-Thale entsprechen den Bergen von Le Magra (des Herrn Beaufoy, welches Wort wahrscheinlich aus El Mogara gemacht worden ist. — Afr. Assoc. 1790 Chap. 10) so wie auch dem Berge Ogdamus des Ptolom. Afr. Tab. III.

**) Memoires sur l'Egypte p. 246.

sey eine Fortsetzung der Bahr-bela-ma, nach dem Innern von Afrika zu. Wirklich ist es gar wohl möglich, daß das Mogara-Thal ein Zweig jenes Thales ist, der in die Gegend ausläuft, wo Hornemann sich hinüber begab. Die vom General Andreossy angeführte Stelle mag sich vielleicht in der Gegend von Biljoradeck, und in einem der oben erwähnten sumpfigen Gegenden befinden; oder, wenn die drey Tagereisen als von Terané aus zu betrachten sind, in der Gegend von Mogara. In jedem Falle müssen wir dieses Thal für den Ort nehmen, von dem General Andreossy spricht.

Die Beschreibung, welche uns dieser Reisende von der Bahr-bela-ma giebt, verdient Aufmerksamkeit, sie ist aber zu lang, als daß ich sie hier mittheilen könnte. Er fand in derselben versteinertes Holz von derselben Art als Hornemann dasselbe in der benachbarten Sandwüste getroffen hat. Beyde Reisende machen die Bemerkung, daß dieses Holz durchaus keine Spur der Bearbeitung an sich trage, wie sich dieses einige eingebildet und daher das Thal als das alte Bette des Nils betrachtet haben, welches dieser Fluß etwa zur Zeit der Gründung von Memphis verlassen haben soll.

Ohne Zweifel hat der Hohlweg von dem hier die Rede ist, sowohl in Ansehung seiner Gestalt als seines Vorrathes an Kieselsteinen, sehr große Aehnlichkeit mit einem Wasserbette; aber wo ist die Masse von süßem Wasser, die es gebildet oder dasselbe ausgefüllt haben sollte? General Andreossy setzt die Breite desselben auf beynahe neun Brittische Meilen an, und seine Tiefe beschreibt er als sehr beträchtlich; der Nil führt aber zu keiner Zeit einen Wasserkörper, der nur eine Meile in der Breite hätte! Was für eine Beschaffenheit die Dinge in den früheren Perioden der Welt hatten, dies können wir nicht wissen; so weit indeß die Geschichte reicht, läßt es sich behaupten, daß der Nil ziemlich dieselbe Ausdehnung gehabt hat, die wir jezt wahrnehmen.

Aber dieses ist nicht die einzige Schwierigkeit. Die Provinz Fajume, durch welche der angebliche Arm des Nils seinen Lauf genommen haben müßte, ist vom Nil-Thale durch eine Fortsetzung der Bergreihe gebildet, die den westlichen Wall um Egypten bildet, und durch welche (wenn ich anders die Sache recht begreife) der Kanal zur See Kairun über Illahon und Hawara, durch die Kunst angelegt worden ist. Auf alle Fälle kann dieser Kanal nicht als eine Fortsetzung des alten Nilbettes von Ober-Egypten in die Bahr-bela-ma angesehen werden, weil die Dimensionen desselben viel zu gering sind. Es läßt sich also durchaus nicht denken, daß der Nil einen westlichen Arm abgegeben, oder sich in das Bette der See Kairun und in die Bahr-bela-ma ergossen habe; denn wenn wir auch den Zusammenhang dieser letztern zugeben, so müssen wir doch annehmen, daß die ausgehöhlte Fläche, welche die See enthält, und die Provinz Fajume ausmacht, eine Art Cul de sac der Bahr-bela-ma gewesen seyn müsse, so lange die Berge bey Illahon vorhanden waren. Deshalb machte ich auch bey einer andern Gelegenheit*) die Bemer-

*) Geography of Herod. p. 504.

kung, es sey möglich, daß die berühmte See Möris, die jetzt den Alterthumsforschern ein Rägel ist, dadurch gebildet seyn möge, daß man einen niedrigen Theil des westlichen Walles Egyptens durchschnitt, und das Wasser in den hohlen Raum ließ, der jetzt die See Kairun enthält. Hätte aber der Nil jemals in der Gegend des Busens der Araber Anschwemmungen hervorgebracht, so würden sicher, entweder längs dem Ufer oder in der See selbst, einige Spuren derselben zurückgeblieben seyn.

Noch bemerke ich hier, daß es längs dem Nil noch andere Thäler oder hohle Flächen giebt, die beynahe eben so groß sind als das von Fajume, zu deren Fläche aber der Nil noch nicht gestiegen ist. Ich wiederhole bey dieser Gelegenheit die bereits*) von mir mitgetheilte Bemerkung, daß obgleich der Nil heut zu Tage, wenn er anschwillt, in die See Kairun überfließt, es doch eine Zeit gegeben haben muß, in welcher sein Bette noch zu niedrig war, als daß es diese See hätte erreichen können; denn es ist nicht zu bezweifeln, daß sein Bette, als nothwendige Folge des Vordringens der Ufer des Delta in die See, nach und nach durch Absetzung gestiegen ist, und mithin, daß es immer fortfahren wird zu steigen.**)

*) Ebendas.

**) Dieser Umstand ist in der Geographie des Herodot im 15ten Abschnitte, bey Gelegenheit der Bemerkungen über die Anschwemmungen der Flüsse, weitläuftiger auseinander gesetzt worden.

Von der progressiven Bewegung des Sandes der Wüsten Libyens nach Osten zu, nach der Bahr-bela-ma u. s. w. hat General Andreossy in den angeführten Memoires S. 247. gehandelt. Diese Bewegung scheint nicht zu den seltenern Erscheinungen zu gehören, und Hornemann bemerkt, daß jeder im Wege liegende Körper einen Sandberg verursachet. Besonders erwähnt er einiger Sandberge, die sich um Stämme der Palmbäume her gebildet hatten, und so hoch waren, daß von den Bäumen nichts weiter zu sehen war, als nur die obern Aeste.

2. Siwah.

Die geographische Lage dieses merkwürdigen Ortes, im Allgemeinen betrachtet, ist jetzt ausgemacht, denn wir haben, außer dem was wir von Browne wissen, auch von Hornemann genaue Nachricht über diesen Punkt. Die Zeit, welche letzterer auf der Reise dahin zubrachte, die Nachrichten der Eingebornen in Ansehung der Entfernung dieses Ortes von Cairo, den Oasen, von Fajume und Derna, geben Resultate, die um so zuverlässiger sind, da sie von den früheren Längen-Angaben nur um einige Minuten abweichen.

Hornemanns Nachrichten sind der Meynung günstig, daß Siwah die Oasis des Jupiter Ammon und die Egyptischen Ruinen daselbst Ueberbleibsel des berühmten Tempels desselben sind, wiewohl die Ehre der Entdeckung Herrn Browne gebührt. Außer dem Theile, den man für den innern Tempel nehmen könnte, hat Hornemann den Grund desselben und auch einige Ueberbleibsel der Mauern untersucht, von denen man annehmen kann, daß sie zum einschließenden Tempel gehöret haben. Die Materialien dieser Mauer, befinden sich jetzt wahrscheinlich in den Wänden der steinernen Häuser der Stadt, die gegen 6 bis 7000 Einwohner haben soll. *) Zweifel, die auf das Verschwinden der Baumaterialien des von den Alten beschriebenen Tempels und Pallastes gegründet sind, können also kaum von einiger Bedeutung seyn. Uebrigens scheinen so viele Umstände, als die Dimensionen, die geographische Lage, die Fruchtbarkeit des Bodens, die Fruchtarten, die Quellen u. s. w. mit der Beschreibung alter Schriftsteller gut übereinzustimmen. So haben wir auch einen zwar negativen aber sehr genugthuenden Beweis dafür in der Aussage der Bewohner jener Gegend „daß nämlich kein fruchtbarer Fleck Landes in der Nachbarschaft zu treffen ist, als nur die kleinere Oasis."

Einen Beweis der ansehnlichen Bevölkerung und des Reichthumes des alten Staates der Ammonier haben wir in der Menge der Katakomben, deren Browne und Hor-

*) Mein Freund, Herr Morton Pitt Parl. Mitgl. hat durch Aufzählung der Einwohner eines Kirchspiels in Dorsetshire bewiesen, daß die Männer, welche, vermöge ihres Alters fähig sind Waffen zu tragen, den vierten Theil der ganzen Gemeinde ausmachen. Hornemann setzt, wenn ich ihn anders recht verstehe, die Zahl der wirklichen Krieger auf 1500 an; so daß wir vielleicht, um der Total-Summe der Bevölkerung näher zu kommen, jene Zahl mit 5 multipliciren müßten.

nemann Erwähnung thun; so wie es denn auch wahrscheinlich ist, daß die Felsenberge, auf denen die neue Stadt steht, voll von Katakomben sind. Wir wissen, daß sich dergleichen in den Wohnungen des benachbarten Dorfes Ummesogeir befanden, welches daher, in so ärmlichen Umständen auch jezt seine Einwohner sind, ein zum Ammonischen Gebiete gehöriger blühender Ort und wahrscheinlich das Siropum des Ptolomäus gewesen seyn mag.

Hornemann weicht in seiner Angabe der Größe des Siwaher Gebietes sehr von Herrn Browne ab. Letzterer giebt die Länge desselben auf 6, die Breite auf 4 Meilen an; nach Hornemann hat es 50 Meilen im Umfange. Er beschreibt es als ein wasserreiches Thal, welches mit kahlen steilen Felsen umgeben ist. Auch Abulfeda sagt, dieses Gebiet sey von Bergen umgeben. Wahrscheinlich meinte Hornemann, der ganze Raum sey von Bergen eingeschlossen; Browne sprach bloß von dem fruchtbaren Theile, und die von ihm mitgetheilten Dimensionen kommen mit denen der Alten überein.

Nach Hornemanns Bericht bleibt alles Wasser der Quellen innerhalb der Felder und Gärten zur Bewässerung derselben, so daß kein Strom über den Distrikt hinaus fließt. Es ist gewiß, daß Edrisi einen acht Tagereisen von Bahnasa in der kleineren Oasis nach Fessan zu fließenden Fluß beschreibt, den er Costara nennt. Diese Entfernung kommt ziemlich mit der von Cairo nach Siwah überein, nämlich funfzehn Tage, welche zu 19 Geogr. Meilen jeder, gleich 285 sind, und auf der Charte ist die

Entfernung 275 Geogr. Meilen. Zufolge Hornemanns Beschreibung der ansehnlichen und zahlreichen Quellen in Siwah, deren eine allein, wie er sagt, einen ansehnlichen Bach und eine andere verschiedene Bäche bildet, läßt es sich vermuthen, daß einige dieser Gewässer ansehnlich weit flossen, ehe sie gänzlich von dem Sande eingesogen wurden. Der Costarafluß mag indeß aus einer eigenen Quelle in der Wüste fließen; aber auf alle Fälle ist das Zusammentreffen der Lage ein merkwürdiger Umstand.

Die Beschreibung, welche Hornemann von den Ländereyen Siwahs giebt und Brownes Beschreibung der größern Oasis scheinen sehr mit einander überein zu kommen; beyde haben ansehnliche Quellen und grünende Felder, die sich entweder zu Wiesengrund oder zum Feldbaue eignen. Das Land der kleinern Oasis soll ziemlich von derselben Beschaffenheit aber etwas magerer seyn; es scheint daher dem Mogara-Thale, um eine Oasis zu werden wie die andere, nichts weiter abzugehen, als daß das gute Wasser, welches sich in demselben in der Tiefe von vier Fuß befindet, noch zur Oberfläche empor springt!

3. Die kleinere Oasis.

Herr Hornemann hörte, es liege in der Entfernung von sieben Tagereisen von Siwah, fünf von Fajume und nur wenige von Biljoradeck ein Land, das dieselbe Beschaffenheit wie Siwah, aber weniger Einwohner habe, die indeß eben dieselbe Sprache redeten. Mit

Recht machte er den Schluß, dieses Land sey ein Theil der kleineren Oasis der Alten, und zwar, zufolge der Lage desselben, der nördliche Theil jener Oasis.

Wenn wir unter wenigen Tagereisen, (da fünf und sieben vorher angegeben waren) etwa drey verstehen dürfen, so sollte der genannte Ort unter dem Parallel von 28 50′ liegen; etwa in der Mitte zwischen Cairo und Siwah *); und 89 Geogr. Meilen westlich von Bahnassa, am Josephs-Kanale. Sie käme also nicht weit von Bahnasa in der Oasis zu liegen, welches an einem andern Orte **) bereits als 83 Meilen vom erwähnten Orte entfernt angegeben worden ist.

Ptolomäus Angabe zufolge ist die Breite der kleinern Oasis 28° 45′, und seine Lage von Oxyrinchus, welches für Bahnasa gehalten wird, westlich in der Entfernung von 75 G. Meilen. Er wollte wahrscheinlich irgend einen besonderen Punkt der Oasis andeuten, und dieser ist wahrscheinlich die vornehmste Stadt, die sich an der Stelle Bahnasas in der Oasis befunden haben mag. Es findet also zwischen den Angaben der alten und neuen Schriftsteller, in dieser Hinsicht genaue Uebereinkunft statt.

*) Edrisi sagt, es sey sieben Tagereisen von Cairo entfernt — wahrscheinlich über Fajume gerechnet.

**) Geography of Herodotus S. 560. 561.

Browne hörte, als er sich zu Charjé in der größern Oasis befand, daß der südliche Theil der kleinern Oasis, die von den Eingebornen Al-wah-el-Gherbi genannt wurde, nur vierzig Meilen nordwärts entfernt sey. Wenn dieses wirklich der Fall ist, so breitet sich die kleinere Oasis auf mehr als hundert Meilen von N. nach S. aus, also weiter als die Oasis, welcher der Name der Größern beygelegt ist. Es liegt indeß kein Widerspruch hierin, denn die Beywörter Größere und Kleinere beziehen sich vielleicht nicht auf die Dimensionen, sondern auf andere Eigenschaften. Browne beschreibt die größere Oasis, die er ganz durchkreuzte, als eine Kette von einzelnen Flecken Landes oder Inseln (wie Siwah,) die sich von Norden nach Süden ausbreite und hin und wieder von zwey bis vierzehn Stunden langen wüsten Stellen durchschnitten sey. Die kleinere Oasis hat höchst wahrscheinlich ziemlich dieselbe Beschaffenheit, aber allen Nachrichten zufolge ist sie minder fruchtbar als die andere und mit Siwah ist sie in dieser Hinsicht kaum zu vergleichen. Man sehe hierüber die Beschreibung der Oasen in meiner Geographie des Herodot Abschn. 20 u. 21.

Browne bemerkt noch, die kleinere Oasis sey eine Art Haupt-Niederlassung der Muggrebine- oder westlichen Araber, die sich von hier aus nach dem westlichen Ende der See Kairun begeben, deren Ufer an dieser Seite gleichfalls zu ihren Besitzungen gehört.

Auf diese Weise ist die geographische Lage der drey Oasen, in Hinsicht auf Erdbeschreibung im Allgemeinen, ziemlich genugthuend bestimmt worden; genugthuender würde es indeß seyn, wenn wir bestimmt die Breite des nördlichen Theils der kleinern Oasis wüßten, und wenn wir im Besitze einiger Nachrichten von der Zahl und Lage der in ihr enthaltenen Inseln wären.

4. Die Thäler Schiatha und Segabib.

Etwa drey Tagereisen westwärts von Siwah kam Hornemann bey Schiatha an, einem fruchtbaren Thale zur Rechten. Wie es sich aus einem Umstande, der sich bey dem unangenehmen Besuche der Siwaher zutrug, ergiebt, befanden sich in der Gegend des Thales, wo diese Leute ihr Lager aufgeschlagen hatten, viele kleine Sümpfe. Sechs Stunden Weges weiter lag Torfaue, wo die Karawane gleichfalls frisches Wasser bekam. Auf dem Wege von Siwah nach Schiatha, sechs bis sieben Meilen vom letzteren entfernt, sah Hornemann, am Fuße der Berge, eine See, die mehrere Meilen im Umfange, und, der Vermuthung nach, süßes Wasser hatte.

Verbinden wir hiermit die Bemerkung Hornemanns, daß die Karawane von Siwah längs einer Bergkette gereiset war; daß diese eine Fortsetzung derjenigen Berge war, welche sie auf dem Wege durch die Wüste beständig nordwärts gesehen hatten und daß diese Berge sich allmählig von der Ebene der Wüste erhoben, und als bloße Felsen-Masse, ohne irgend eine auf derselben befindliche Lage von Sand oder Erde waren, so können wir folgern, daß das Thal am Fuße dieser Berge, ziemlich dieselbe Beschaffenheit als das Mogarathal haben muß. Ueberdies betrachtete er, die ganze Bergreihe, wenigstens von der Bahr-bela-ma bis nach Schiatha, als zusammenhangend, und als abhängig nach Süden zu. Der Zusammenhang ist indeß noch zu beweisen.

Das merkwürdige Gegabib-Thal, welches seiner Datteln wegen berühmt ist, kann nicht weit von Schiatha und Torfaue entfernt seyn, denn Browne sagt, er habe sich, als er zwey Tagereisen nordwärts von Siwah fortgerückt sey, nicht weit von Gegabib befunden. Beaufoy nennt dasselbe, nach Ben Ali's Beschreibung, „eine schmale, sandige und unbewohnte, aber reichlich mit Datteln versehene Ebene." Die Datteln, setzt er hinzu, werden von den Eingebornen von Duna an der Seeküste, die acht Tagereisen vom Thale entfernt sind, eingesammelt. *) Da Hornemann keine Dattelbäume auf seiner Reise von Siwah nach Augila bemerkte, so muß er seinen Weg weit von diesem Thale, ohne Zweifel südlich von demselben genommen haben. Einen Beweis dafür scheint Ben Ali's Beschreibung des Weges von Augila nach Siwah abzugeben; dieser führte nämlich „über die sich weit erstreckenden Berge von Gerdoba" nach diesem Thale. Hornemann sah auf dem ganzen Wege die Berge nordwärts liegen.

*) Man sehe die Proceed. of the Afr. Assoc. 1790. Kap. 10. Die Seeküste befindet sich wirklich an acht Tagereisen von Gegabib, aber ich kenne keinen Ort der Duna heißt. Derna ist sechszehn Tagereisen entfernt.

So wie die Datteln des Thales Gegabib jetzt von den Bewohnern der Seeküste eingesammelt werden, und die in der Gegend von Augila in älteren Zeiten von den Nasamonen der Syrtis-Küste fortgeführt wurden, so unternehmen auch noch gegenwärtig die Bewohner derselben Küste, mit Beyhülfe der Augilaer, Streifereyen in das Innere des Landes zehn Tagereisen weit von Augila, um Menschen und Datteln zu stehlen! *) Das System der Invasionen von der Küste in das Innere des Landes scheint zu allen Zeiten im Schwange gewesen zu seyn. Weiter unten werde ich mehreres hierüber zu sagen Gelegenheit haben. Augila war, zu Herodots Zeiten, ein bewohnter Ort, und doch wurden die Datteln von Fremden hinweggeführt; und wirklich scheint es, als ob die jetzigen Augilaer das Vergeltungsrecht an den Nachkommen dieser Plünderer ausüben wollen.

5. Augila.

Dieses kleine aber berühmte Gebiet liegt beynahe zwischen Egypten und Fessan in der Mitte, und etwas weniger als 170 Meilen von der nächsten Küste des Mittelländischen Meeres. Es scheint viele der Eigenschaften einer Oasis zu besitzen; es ist flach, wohl gewässert, fruchtbar, und von theils sandigen theils felsichten Wüsten umgeben. Vorzüglich arm an Gras ist die Wüste gegen Westen, so daß hier die Kameele der Hornemannschen Karawane ihr Futter mit sich führen mußten. Seine Ausdehnung von

*) Siehe oben Seite 128.

Osten nach Westen scheint nicht viel mehr als eine lange Tagereise zu betragen. Der Ackerbau der Augilaer scheint mehr Gartenbau zu seyn, denn Getreide findet man kaum. Der Wartung der Datteln, durch die sie zu jeder Zeit so berühmt gewesen sind, erwähnt Hornemann nicht. *)

Wir sehen daß die Augilaer die Kaufleute sind, die den Handel zwischen Egypten und Fessan betreiben, wozu sich denn auch ihre Lage im Mittelpunkte und ihre Verbindung mit dem Hafen von Bengasi, sehr wohl eignet. Die Einwohner einer ihrer volkreichsten Städte, **) Mojabra's, beschäftigen sich einzig und allein mit diesem Handel. Hornemann vergleicht den Charakter dieser Kaufleute mit dem der Einwohner der andern Städte, die sich mit dem Ackerbaue beschäftigen, wobey erstere in einem sehr ungünstigen Lichte erscheinen. Wir haben also hier einen Beweis, wie natürlich und beynahe nothwendig der Einfluß ist, den die Beschäftigungen der Menschen auf ihren moralischen Charakter äußern.

*) Abulfeda spricht sowohl von Augila's Datteln als von seinen Quellen, und Ben Ali benachrichtigte Herrn Beaufoy, es sey merkwürdig wegen „der Menge und des Wohlgeschmackes" seiner Datteln. Proceed. of the Afr. Assoc. ch. 10.

**) Herr Hornemann spricht von drey Städten in Augila und Ben Ali erwähnt noch einer Vierten oder eines Dorfes, Guizara, welches eine Tagereise ostwärts von der Hauptstadt liegt. In diesem Umstande kommt es mit dem Wasserplatze überein, zu welchem Hornemann, neun Stunden Weges vor Augila, kam. Auch scheint dieser Ort das Saragma des Ptolomäus (Tab. III. Africae) zu seyn.

Ungeachtet Augila sich im Besitze dieses Handels befindet, so ist es doch wirklich sehr arm. — Uebrigens bemerke ich noch, daß Augila einer von den wenigen Orten Afrikas ist, die ihre alten Namen unverändert beybehalten haben.

6. Weiße und schwarze Harutsch.

Diese merkwürdigen Gegenden (deren Beschreibung sich S. 58 u. f. befindet) hat auch Ben-Ali gegen Herrn Beaufoy erwähnt, von welchem letztern (im zehnten Kap. der Verh. der Afr. Assoc. für das Jahr 1790) einige Nachricht darüber mitgetheilt worden ist. Der einen geschieht unter der Benennung der vier Tagereisen langen Wüste mit schwarzen, nackten Felsen Erwähnung, der andern unter dem Namen der drey Tagereisen langen Wüste, mit weichen und sandsteinartigen Felsen. Beyde sind indeß auf eine sehr dunkele, unbefriedigende Art beschrieben worden, und in Ansehung der Lage derselben ist eine Verwechslung vorgegangen.

Hornemann hat auf seinem Wege durch die schwarze Harutsch beynahe funfzig Stunden zugebracht, und vierzehn in der weißen Harutsch; im Ganzen also 64 Stunden, die acht gewöhnlichen Karawanen-Tagereisen gleich sind. Diese Angabe ist also nicht sehr von der des Ben Ali verschieden, nach welcher es sieben Tagereisen sind.

Die weiße Harutsch macht einen Theil der Gränzen Fessans aus und erstreckt sich südlich bis in das Gebiet der Tibbo Rschade, von denen ich weiter unten mehr sagen werde. Die schwarze Harutsch scheint um vieles größer zu seyn. Hornemann hörte, sie sey von Osten nach Westen (er begab sich durch dieselbe in W. S. Westlicher Richtung) fünf Tagereisen breit, und sieben Tagereisen lang von Norden nach Süden. Er bemerkt indeß sehr richtig, daß diese Angabe zu gering seyn müsse, denn er kam auf seinem Wege von Fessan nach Tripolis durch eine Gegend von derselben Beschaffenheit; und selbst von dieser Gegend aus soll sich die Harutsch noch ansehnlich weit nach Westen ausbreiten. Ueberdies, sagt er, habe man ihm zu Mursuck berichtet, es gäbe auch auf dem Wege von dieser Stadt nach Burnu (folglich süd-östlich) solche schwarze Gebirge.

Auch Beaufoy hörte, es befinde sich auf dem Wege von Mesurata nach Fessan, eine Wüste, die Suda (d. i.) schwarz) genannt werde, welches mit Hornemanns Angabe überein kommt. Die Breite derselben in nördlicher und südlicher Richtung, ist auf vier Tagereisen angesetzt, mithin etwas geringer als sie Hornemann auf seiner Reiselinie von Augila fand. Nach Hornemanns Beschreibung besteht die schwarze Harutsch aus einer Gebirgsmasse, die, wie er glaubt, vulkanischen Ursprungs ist, oder sonst die Wirkung des Feuers erfahren hat. Die Art, wie sich diese Massen gebildet haben ist wirklich sehr sonderbar.

Wir finden im Plinius einen augenscheinlichen Beweis, daß die schwarze Harutsch den Römern bekannt gewesen sey, sie hatten sich auf ihren Zügen nach Fessan, zum Niger u. s. w. hindurch begeben, und selbst den kürzesten Weg, der durch dieselbe führt, aufgefunden und angemerkt.

Plinius *) sagt, es erstrecke sich von Cydamus (d. i. Gadamis, welches nach seiner Angabe Sabrata gegenüber an der Seeküste liegen soll) ein Gebirge weit nach Osten, welches von den Römern Mons ater genannt werde, und ein Ansehen habe, als sey es von den Sonnenstrahlen verbrannt. Er setzt hinzu, es befänden sich über diese Berge hinaus Wüsten und die Städte der Garamanten, die von den Römern unter Balbus erobert worden waren. In dieser Beschreibung wird man die Suda oder schwarze Wüste nördlich von Fessan, nicht verkennen. Hornemann sah sie sowohl hier als östlich in demselben Lande; und er hörte, sie erstrecke sich weit nach Westen, über der Linie des Weges von Fessan nach Mesurata hinaus, oder mit andern Worten, nach Gadamis zu.

Sockna, eine nicht ganz unbeträchtliche Stadt, liegt in der Mitte zwischen diesem Wege und Gadamis, und man weiß, daß die schwarze Wüste südlich von derselben läuft. Es ist also kaum zu bezweifeln, daß Plinius Recht habe, wenn er den Mons ater sich westlich nach Cydamus oder Gadamis und ansehnlich weit östlich von diesem Orte erstrecken läßt.

*) Plin. lib. V. c. 5.

7. Fessan.

Man hat gesagt, es finde zwischen der von Hornemann und der auf der Charte für die Afrikanische Association im J. 1790 und 1798 angegebenen Lage der Hauptstadt Fessans, in Hinsicht auf Erdbeschreibung im Allgemeinen, kein wesentlicher Unterschied statt. Aus diesem Grunde habe ich sie in der General-Charte nicht verändert, sondern die Lagen östlich darnach modificiret. In der Special-Charte, die Hornemanns Weg darstellt, sind indeß alle die Lagen, auf welche seine Beobachtungen Einfluß haben, nach diesen Beobachtungen angegeben worden.

Auch in Ansehung der Gränzen und Dimensionen, die uns Hornemann von Fessan mittheilt, findet keine wesentliche Verschiedenheit von denen statt, die Beaufoy gegeben hat. Dies ist wirklich merkwürdig, wenn man bedenkt, wie viel leichter es ist, Materialien an Ort und Stelle, als unter so unvortheilhaften Umständen zu sammeln, in denen sich Hornemann befand. Bey Bestimmung der Gränzen ist indeß ein Unterschied zwischen dem eigentlichen Lande Fessan und den dazu gehörigen nicht unmittelbar mit demselben zusammenhangenden Ortschaften zu machen.

Hornemann sagt, der angebauete Theil Fessans breite sich von Norden nach Süden auf 300 Brittische Meilen aus, 200 von Osten nach Westen. Diese Dimensionen kommen, in Ansehung des Flächen-Inhalts, mit denen die Beaufoy giebt, im Allgemeinen überein; aber dieser Reisende macht das Land zu einem Kreise, Hornemann hingegen legt ihm eine eyförmige Gestalt bey. Uebrigens scheint es auch, als ob Hornemann die ganze von ihm und Beaufoy angegebene Fläche für angebauet hält. Wir sind bis jezt zu wenig mit der Erdbeschreibung dieser Gegenden bekannt, als daß wir eine genaue Untersuchung hierüber anstellen könnten. Hornemann gelangte von Mursuck zu den östlichen Gränzen Fessans in 44 bis 45 Stunden, welches etwa 110 Brittischen Meilen Weges gleich ist. Um Hornemanns Berechnung zu rechtfertigen, müßte man annehmen, daß Mursuck beynahe im Mittelpunkte zwischen den östlichen und westlichen Gränzen stehe; aber Beaufoy sagt, das Gebiet erstrecke sich nicht weit westlich von der Hauptstadt.

Von der andern Seite giebt Beaufoy von der nördlichen Gränze, da wo die schwarze Wüste ihren Anfang nimmt, bis nach Mursuck fünf Tagereisen an, welches nach der Straße 100 Brittische Meilen ausmacht. Von Mursuck südlich nach der südlichen Gränze, den Bergen von Eyre, giebt er 14 Tagereisen an, oder 280 Brittische Meilen, zusammen 380 oder in gerader Richtung, vielleicht 350 solcher Meilen. Aber in der Mitte befindet sich eine Wüste, die fünf Tagereisen breit ist, und es ist nicht bestimmt, bis zu welchem Punkte Hornemann gerechnet hat.

Die zu Fessan gehörigen Distrikte sind ansehnlich groß. Die Gegenden der Harutsch, sammt denen von Wadan, Houn (oder Hun) und Sockna, die alle über die Harutsch hinaus liegen, werden von Hornemann mit zu Fessan gezählt. Sockna könnte ein ansehnlicher Ort seyn, weil sich seine Einwohner im Besitze des größten Theils des Handels zwischen Fessan und Tripoli befinden.

Herr Hornemann hörte, Fessan habe 101 bewohnte Oerter. Merkwürdig ist es, daß dieses gerade die Zahl ist, die Delisle in seiner Charte von 1707 angegeben hat. Beaufoys Gewährsmann sagte, es habe etwas weniger als 100. Aber unter diesen Orten giebt es nur wenige von Bedeutung, und noch weniger, deren Lagen genau bekannt sind; in letzterer Hinsicht weicht Beaufoys Gewährsmann etwas von Hornemann ab. Von der Lage Mursucks habe ich aber bereits mehreres gesagt.

Zuila oder Zawila (wahrscheinlich das Cillaba des Plinius *) liegt, nach Hornemanns Reise-Wege, 59 Geogr. Meilen östlich von Mursuck. Beaufoy hörte, es läge sieben Tagereisen entfernt, und die Richtung ist, in seinen Berichten, statt östlich, O. N. O. angegeben. Ich habe N. O. angenommen. — Zuila war zu Edrisis **) Zeiten die Hauptstadt und dieses ist wahrscheinlich der Grund, warum einige der benachbarten Nationen noch jetzt das Land Fessan Seela nennen, wie uns Hornemann berichtet.

Temissa, eine andere beträchtliche Stadt, liegt, nach Hornemann, etwa sieben Stunden Weges östlich von

*) Plin. lib. V. c. 5.

**) Hornemann sah einige Ruinen, die aber Mahomedanischen Ursprungs sind.

Zuila. Dieses möchte das Tamest des Edrisi seyn, welches 40 Tagereisen (nach seinem Maasstabe) von Cairo entfernt liegt.

Germah oder Jermah befindet sich, Beaufoys Nachrichten zufolge, südlich von Zuila, und beynahe in derselben Entfernung als von Mursuck. Es ist ohne allen Zweifel das Garama der Römer*) die Hauptstadt Fessans oder Phazanias, und scheint der ganzen Nation der Garamanten den Namen gegeben zu haben.**) Nach Hornemann, der es Yerma nennt, ist seine Lage westlich von der Hauptstadt; d'Anville hat es indeß, unter dem Namen Gherma, südöstlich von derselben niedergelegt, mit Tessoua oder Tosaua zwischen beyden in der Mitte. Eben dasselbe finden wir bey Beaufoy. Es ist hier zu bemerken, daß d'Anville diese Orte ganz unverhältnißmäßig zu weit süd-östlich von Mursuck setzt; er hat nämlich nicht bedacht, daß Gherma oder Garama in Fessan lag, obgleich er es als die Hauptstadt der Garamanten anerkennt.

Kattron liegt Beaufoys Nachricht zufolge, südöstlich von der Hauptstadt, und 60 Meilen Weges von derselben

*) Es befinden sich daselbst noch gegenwärtig ansehnliche Ueberbleibsel von Gebäuden, S. Proceed. of the Afr. Ass. 1790. ch. IV.

**) Da ich mich bereits in der Geogr. des Herodot. (Abschn. 22.) über diesen Gegenstand ausgebreitet habe, so verweise ich den Leser auf dieses Buch.

entfernt. Dieser Ort ist das Gatron des Herrn Hornemann, welches er genau südlich von Mursuck setzt. Nach d'Anville, der ihn Catron nennt, liegt er etwa S. S. Westlich in der Entfernung von 75 Geogr. Meilen. An einer andern Stelle, wo Hornemann des Marsches der Truppen von Fezzan nach Burgu erwähnt, setzt er die Entfernung Gatrons von Mursuck, auf dem Wege nach Teghery, auf 54 Meilen südlich an. Da nun Teghery, nach allen Nachrichten, Südwestlich von Mursuck liegt, so kann man annehmen, daß Katrons Lage nicht südwestlich, sondern südlich von Teghery liegen müsse. Was die Angabe der Entfernung betrifft, so weichen Hornemann und Beaufoy nur wenig in dieser Hinsicht von einander ab. D'Anville war wahrscheinlich in Ansehung der Entfernung nicht sowohl berichtet, als diese beyden Reisenden.

Mendra soll, nach Beaufoy, 60 Meilen von der Hauptstadt, beynahe in südlicher Richtung liegen. Hier befindet sich aber, wie Hornemann sagt und wie es sehr wahrscheinlich ist, Katron; Mendra, welches sowohl eine Provinz als eine Stadt ist, muß daher eine andere Lage haben. Vielleicht haben Mendra und Katron in Beaufoys Beschreibung bloß ihre Plätze zu vertauschen.

Teghery wird von Beaufoy als die westlichste oder vielmehr südwestlichste Stadt Fessans angegeben, und ihre Lage S. W. 80 Meilen Weges von der Hauptstadt. Dieser Ort befindet sich auch auf Hornemanns oben angeführtem Reisewege von Mursuck nach Burgu, und zwar nach seiner Angabe in S. S. W. 33 solcher Meilen von Katron. Die Lage Teghery's würde diesem zufolge etwa 85 Meilen in S. $\frac{3}{4}$ W., seyn. D'Anville giebt die Lage dieses Ortes 116 Geogr. Meilen in S. S. W. $\frac{1}{2}$ W. von Mursuck an. Obgleich die Entfernung in diesem Falle, so wie auch die in Ansehung Katrons, übertrieben ist, so verdient doch die Richtung einige Aufmerksamkeit. Das Mittel von den drey Angaben ist S. 26 W., und die mittlere Entfernung Beaufoys und Hornemanns, auf eine gerade Linie zurückgebracht, 68 Geogr. Meilen.

Auf einer, durch Herrn Magrah mitgetheilten, Reiseroute von Tunis nach Kaschna, befindet sich, funfzehn Tagereisen von Gadamis *) ein Ort Namens Tai-Gari, der höchst

*) Nach meiner Meynung sollte Gadamis weiter östlich liegen, als es auf der Charte von 1798 der Fall ist; die Linie des Weges von Tunis nach Teghery würde dann um so gerader werden.

Gadamis Lage von Tunis war Herrn Magrah als S. 4° O., und die Entfernung 23 Karawanen-Tagereisen angegeben worden. Von letztern führten die ersten Zehn nach Kabes, welches auf d'Anvilles Charte, in der Richtung S. etwas weniges W., 163$\frac{1}{2}$ Geogr. Meilen von Tunis entferrt liegt. Bringen wir noch die übrigen 13 Tage, die 212$\frac{1}{2}$ G. Meilen betragen, auf die S. 4° O. von Tunis laufende Linie, so wird Gadamis in Br. 30° 29′ 30″ L. 11° Oestl. fallen.

Herr Magrah hörte ferner, die Richtung dieses Ortes gegen Tripolis sey S. W., aber in Ansehung der Entfernung bekam er keine Auskunft. Plinius sagt, C y d a m u s liege

wahrscheinlich mit Teghery in Fessan ein und derselbe ist. Der Unterschied in Ansehung der Entfernung ist sehr unbeträchtlich. Könnten wir Gewißheit über diesen Punkt bekommen, so würde dieses ein weiteres Hülfsmittel zur Bestimmung der Lage Mursucks seyn. Ich kann nicht umhin, als für sehr wahrscheinlich anzunehmen, daß die Lage dieser Hauptstadt etwas westlicher oder nordwestlicher ist, als die auf der Charte angegebene.

Ich habe mich so lange bey diesen Angaben verweilt, um künftige Erdbeschreiber aufmerksam auf die Frage zu machen, ob der Weg der Tunis-Karawane nach Sudan wie ich es vermuthe, durch Teghery im westlichen Theile des Fessanischen Gebietes geht? so wie auch auf den Umstand, daß in Ansehung der geographischen Bestimmung der Oerter zwischen Tunis und den östlichen Lagen einige Irrthümer obwalten, die die geographischen Resultate in Bezug des vorbenannten Ortes Teghery unsicher machen.

Sabrata (Sabart oder Alt-Tripoli) gegen über. In einer der Ausgaben des Plinius ist die Entfernung dieses Ortes von der größern Syrtis auf zwölf Tagereisen angesetzt. In dieser Lage befindet es sich etwas mehr als 240 Geogr. Meilen von derselben entfernt, welches mit zwölf Tagereisen der oben Seite 184 angegebenen leichten Reisegesellschaften überein kommt.

Diese Angaben werden vielleicht von künftigen Erdbeschreibern benutzt werden, da Gadamis, zufolge seiner Lage, einen guten Punkt abgiebt, von dem man ausgehen kann.

Ehe ich diesen Gegenstand verlasse, muß ich noch bemerken, daß Hornemanns Untersuchungen die Meynung unterstützen, daß Fessan das Land der Garamanten sey, so wie es uns von den Schriftstellern des Alterthums beschrieben wird. Er hat nämlich dargethan, daß die schwarze felsichte Wüste, die Fortsetzung der schwarzen Harutsch, sich zwischen Fessan und Tripolis hinzieht, und sich noch weiter westlich, bis nach Gadamis, erstreckt. Da Plinius den Mons ater in diese Gegend legt, mit der Wüste und den Städten der Garamanten oberhalb desselben, so können diese Städte nicht wohl andere als die des Fessanischen Gebietes seyn. Ich werde an seinem Orte noch eines andern von Hornemann angegebenen Umstandes die von Herodot beschriebenen Troglodyten betreffend, die in der Nachbarschaft der Garamanten wohnten, Erwähnung thun. Es ist mir nämlich daraus sehr wahrscheinlich geworden, daß unter jenen die an den süd-östlichen Gränzen Fessans wohnenden Völker zu verstehen sind.

Drittes Kapitel.

Berichtigungen die allgemeine Erdbeschreibung Nord-Afrikas betreffend — Entfernte Quellen des Nils, und Ende des Niger — See Fittré oder Kauga.

Seit der Herausgabe der General-Charte von Afrika 1798 haben sich viele neue Materialien in Brownes Reisen dargeboten, zu denen noch die Beobachtungen und Untersuchungen Hornemanns gekommen sind. Man wird finden, daß diese beyden Reisenden, da wo sie von einer und derselben Gegend reden, einander wechselsweise zur Erklärung und Bestätigung dienen.

Brownes Nachrichten enthalten mehr Beyträge zur mathematischen Geographie; Hornemanns Untersuchungen sind zwar eben so wichtig, aber sie erstrecken sich nur auf das Allgemeine und bestehen nur in kurzen Notizen. Beyde Reisende haben gleich großes Verdienst, beyde zeigen sich als unermüdete Sammler. Vorwürfe wegen Mangel des Zusammenhanges solcher die Erdbeschreibung und den gegenwärtigen Zustand des Landes betreffender Nachrichten sind ungerecht, da man weiß unter welchen Beschwerden und Gefahren ein Europäischer Reisender im Innern von Afrika, diese Nachrichten einsammeln muß. Nicht allein bey den beyden Reisenden, die uns die neuesten Beyträge geliefert haben, sondern auch bey unserm ältern Bekannten, Herrn Park, finden sich die Beweise davon im Ueberflusse.

Browne hat seine Materialien auf einer geraden Linie von 16 Graden, von Cairo bis zur Hauptstadt von Darfur gesammelt, und sie nach eigenen Beobachtungen der Länge und Breite geordnet. Die Erkundigungen, die er bey Eingebornen und andern Reisenden einzog, erstrecken sich sechs Grade weiter, bis zu 8 N. B. In dieser Gegend sollen sich, wie man ihm anzeigte, die Quellen der Bahr-el-Abiad befinden, die für die entfernteste und lange gesuchte Quelle des Egyptischen Nils gehalten wird.

Außerdem erkundigte er sich nach den Gegenden östlich und südlich bis zu den Gränzen Abyssiniens; westlich und südlich bis Burnu und andere Länder von denen man bis dahin nichts in Europa wußte. Die ganze Strecke beläuft sich auf mehr als 15 Gr. der Br.

Die gerade Linie von Cairo zur Quelle des Bahr-el-Abiad ist über 1360 Geogr. Meilen lang, oder mehr als 1440 von der Mündung des Nils aus. In ihrer Richtung weicht sie so wenig vom Meridian ab, daß die Quelle des Flusses nur um etwa anderthalb Punkte von S. nach W., von der des Ortes, wo er sich in das Mittelländische Meer ergießt, verschieden liegt.

Dieser Weg nach Darfur weicht vom Nil zuerst bey Siout ab, läuft durch die größere Oasis und dann durch die Gegenden von Scheb, Selimé, Leghea, und Bir-el-Malha. Da Browne allgemein als vorsichtiger und genauer Beobachter bekannt ist, so ist diese Linie seines Weges für den Geographen von der größten Wichtigkeit. Was die Gegend betrifft, wo sich die Quelle des Bahr-el-Abiad befinden soll, so wird uns diese Angabe durch die von Ledyard und Maillet in Cairo eingezogenen Nachrichten im Allgemeinen bestätiget. Andere seiner geographischen Angaben finden in den neuern Beyträgen Hornemann's, in den Bemerkungen Edrisi's, Maillet's, und selbst Bruce's Bestätigung.

Ich werde die geographischen Entdeckungen des letztern Reisenden hier nicht aus einander setzen; das Publikum kennt sie bereits aus dem vortrefflichen Tagebuche seiner Reise, welches viele Aufschlüsse über den Gegenstand der gegenwärtigen Abhandlung giebt, vorzüglich in Hinsicht auf die Quelle des Bahr-el-Abiad (oder des Nils) und, durch Folgerungen, auch in Hinsicht auf den Verlauf des Niger.

Da ich voraussetzen konnte, daß Browne bey Verfertigung seiner Charte, in Ansehung der Entfernungen und Richtungen mit großer Vorsicht und Ueberlegung zu Werke gegangen ist, so habe ich, wo ich etwas aus derselben aufnahm, mir nicht die geringste Abweichung von seinen Angaben erlaubt, ausgenommen in Hinsicht auf die Lage der Hauptstadt Burnu's. Uebrigens habe ich doch einige der Wege und Lagen verschiedener Oerter, die er nicht in der Charte angemerkt hat, aus dem Anhange zu seinem Werke, meiner Charte hinzugefügt.

Browne sagt, die Nachrichten, welche er über die Entfernung des Nils von Selimé erhalten habe, seyen genugthuend. Wir können also annehmen, daß, obgleich die Lage des großen Wasserfalles und derer von Moscho und Dongola, nach Browne etwas mehr südlich oder südwestlich seyn sollte, dennoch im Allgemeinen die Uebereinkunft größer ist, als man es vermuthen konnte. Dasselbe gilt von Sennaar in Rücksicht auf Darfur. Browne überzeugte sich nämlich, daß seine Beobachtungen mit Bruce's Angabe der Entfernung vollkommen übereinstimmten. D'Anville hat, in seiner Charte von Afrika 1749, Sennaar beynahe vier Längen-Grade zu weit westlich niedergelegt. *)

Ich bemerke hier, daß, zwischen Egypten und Darfur, durchaus keine Gewässer von Westen aus mit dem Nil in Verbindung stehen. Browne hörte für gewiß, daß derselbe Umstand nach Süden, zwischen Darfur und der Quelle des Bahr-el-Abiad, statt habe. Wirklich sind die Gewässer in jener Gegend so weit davon entfernt ihren Lauf nach Osten zu nehmen, daß (wie Browne hörte und wie dieses zum Theil durch andere bestätiget ist) die Gewässer westlich und südwestlich von Darfur alle in westlicher oder nordwestlicher Richtung laufen.

Browne giebt an, (den von ihm in Darfur erhaltenen Nachrichten gemäß,) daß die Quelle des Bahr-el-Abiad aus einer Menge Ströme besteht, die ihren Ursprung aus gewissen hohen Bergen nehmen, welche Kumri oder Komri heißen und sich in einem Lande Namens Donga,

*) Bruce beschreibt eine Bergkette, die sich von dem Abyssinischen Arme des Nils, zwischen dem 11ten und 12ten Grade Nördlicher Breite, westwärts erstreckt; nördlich von derselben liegen Dyre und Tegla. Da diese Orte sich auf Browne's Wege, unter dem Namen Deir und Tuggala, in einer bergigen Gegend befinden, so habe ich den Lauf des oben erwähnten Bergrückens W. N. W. statt W. beschrieben. Diese Oerter sind übrigens, so wie auch Harraza und Lebeit, (welches Ibeit heißen soll,) auf Bruces Charte viel zu weit westlich von Sennaar niedergelegt.

eine Monats-Reise von Schilluk, befinden. Dieses letztere liegt 3½ Tagereisen näher als Sennaar, so daß sich die entfernteste Quelle des Bahr-el-Abiad etwa 45 Tagereisen von Sennaar befinden mag. Einige der von der Darfurschen Karawane nach Cairo gebrachten Sklaven benachrichtigten Herrn Ledyard, sie kämen von einem Orte, der 55 Tagereisen westlich von Sennaar entfernt liege und Browne giebt an, die Einwohner von Bergu (welches nahe bey Darfur liegt) pflegten sich in das Gebiet Donga auf die Sklavenjagd zu begeben.*) Ein anderer Sklave, von dem Ledyard glaubte, er komme von demselben Orte, sagte, die Quelle des Nils befinde sich in seinem Lande.**) Wenn wir annehmen, (und wirklich ist es nicht unwahrscheinlich,) daß diese Leute, bey Angabe der Entfernung Sennaars von der Quelle des Nils, den Weg durch Darfur im Sinne hatten, so liegt in der Entfernung von 55 Tagereisen nichts Widersprechendes; denn eine so große Entfernung würde sicher heraus kommen. Man rechnet 23 Tage von Darfur nach Sennaar und etwas mehr von Darfur nach den Kupfergruben von Fertit, die sich noch beträchtlich weit von der Quelle des Bahr-el-Abiad befinden.

In der Charte von Afrika von 1798 hatte ich die Quelle des Bahr-el-Abiad an 130 Meilen südöstlich von der Stelle niedergelegt, die ihr jetzt von Browne angewiesen ist.

*) Browne's travels. S. 473.

**) S. Proceedings of the Afr. Assoc. 1790. Ch. 2.

Da Hornemann wieder die Idee von der Vereinigung des Niger mit dem Nil auf die Bahn bringt, so halte ich es für nöthig, einige der geographischen Materialien Brownes, Hornemanns und Edrisi's einer näheren Prüfung zu unterwerfen, aus welcher die Unmöglichkeit jenes Umstandes hervorgehen wird. Hornemann hörte von Leuten, die nach Darfur gereiset waren, der Niger (Joliba) gehe, südlich von diesem Orte, in den weißen Strom (Bahr-el-Abiad) über. Es ist gewiß, daß Herodot *) fast dasselbe in Egypten hörte; aber eben so gewiß ist es auch, daß die Leute, bey denen Browne zu Darfur Erkundigung einzog, durchaus keiner solchen Vereinigung zweyer Flüsse Erwähnung thaten. Im Gegentheile berichteten sie ihn nicht allein, daß der weiße Strom durch südlich aus den Bergen hervorkommende Quellen gebildet werde, sondern auch, daß die Gewässer zwischen Darfur und jenen Bergen nach Westen zu laufen. Ich füge hinzu, daß die Berge, von denen hier die Rede ist, und die Kumri oder Komri heißen, die Mond-Berge sind, wie dieses der Name anzeigt; und in diesen befindet sich, nach Ptolemäus und den Arabischen Erdbeschreibern, die entfernteste Quelle des Nils. **)

Im sechsten Kapitel der Geographical Illustrations 1798 habe ich verschiedene Thatsachen angeführt, die es

*) Herod. Euterpe C. 32.

**) Ptolomaeus, Afr. Tab. IV. — Edrisi S. 15 u. f. — Abulfedas prolegom. Art: Flüsse. Komri oder Kumri bedeutet zum Monde gehörig (*lunaris*)

wahrscheinlich machen, daß sich der Niger, in den Gegenden von Wangara u. s. w. durch Verdunstung verliere. Die Nachrichten neuerer Reisenden sind dieser Vermuthung nichts weniger als ungünstig. — Browne hörte, westlich und südwestlich von Darfur werde das Land, auf mehrere hundert Meilen weit, von einer Menge Ströme durchkreutzt, die alle westlich oder nordwestlich liefen. Er spricht indeß mit weniger Bestimmtheit von dem Laufe aller übrigen Gewässer, ausgenommen von dem Misleäd und dem diesen begleitenden kleinern Flusse Batta. Diese letztern laufen ihm zufolge *) bestimmt von S. O. nach N. W.; von den übrigen sagt er bloß: „der Lauf dieser Flüsse, wenn man mich recht berichtet hat, ist größtentheils von Osten nach Westen.“ So sagt er aber auch: **) „das Land, durch welches sie fließen, soll, den größten Theil des Jahres hindurch, feucht und sumpfig seyn; die Hitze ist außerordentlich, und den Bemerkungen der Eingebornen zufolge, giebt es keinen Winter daselbst.“ — Der größte und entfernteste dieser Flüsse ist der Bahr-Kulla. Er ist nach einer Gegend desselben Namens benannt, die als sehr wasserreich beschrieben wird ***); dieser Bahr-Kulla ist ansehnlich genug, um das Hinüberfahren in Booten nöthig zu machen, deren einige zehn Personen fassen. ****)

*) S. Browne am a. O. S. 459-465 und die Charte.

**) Ebendas. S. 449.

***) Ebendas. S. 308.

****) Ich glaube in Browne's Beschreibung von Darkulla Spuren zu entdecken, daß der Boden dieses Landes durch An-

Wenn Browne recht berichtet ist, (woran ich, da er sehr vorsichtig zu Werke ging, gar nicht zweifle,) so scheint es, als liefen jene Flüsse von der erhabenen Gegend südlich von Darfur, in eine verhältnißmäßig niedrige, hohle Fläche nach Westen, in welcher sich auch auf Browne's Charte zwey große Seen befinden. Diese niedrige Gegend kommt, auf unserer Charte, zufolge der beym Edrisi gefundenen Nachrichten, beynahe in der Mitte zwischen der Quelle des Bahr-el-Abiad und dem Lande Wangara zu liegen. Hornemanns Bericht stimmt im Ganzen hiermit überein, denn er hatte gehört, Wangara liege westlich vom Reiche Bornu. *) Durch dieses Wangara läuft der große Fluß des Innern von Afrika unser Niger; über Wangara hinaus können wir ihn nicht verfolgen. **)

schlemmung der Flüsse entstanden sey, die es jetzt durchkreuzen, und von denen es periodisch überschwemmet wird. Browne sagt von den Eingebornen: „sie sind sehr reinlich, „ein Umstand, der durch den Ueberfluß an Wasser in „diesem Lande sehr begünstiget wird. Sie bedienen sich, um „über die Flüsse zu setzen, der Fährboote, die sie theils mit„telst Stangen, theils mit Hülfe der Ruder, wie wir unsere „Kähne, fortbewegen. Die Bäume werden hier, des Ueber„flusses an Wasser und des tiefen Kleybodens wegen, so „stark, daß man sie zu Kähnen aushöhlet, die geräumig genug „sind, um zehn Personen zu halten." Browne's Travels S. 308. 309.

*) Dieses sagt auch Leo Afr. S. 254.

**) Es ist hier anzumerken, daß Edrisi der Meynung war, der Niger nähme seinen Lauf nach Westen und zwar aus einer

Wenn man bedenkt, wie mangelhaft und verwirrt oft Nachrichten von Gegenden ausfallen, die von dem Orte, wo man Erkundigung einzieht, so viele hundert Meilen entfernt sind, wie jene Seen und Flüsse von Darfur, so darf man sich nicht wundern, wenn man in diesen letztern gar die Seen von Wangara findet. Die Entfernung der Wangara-Seen von Darfurs Hauptstadt kommt mit der Entfernung der Seen Hermad und Dwi ziemlich genau überein, und in Ansehung der Richtung findet kaum ein Unterschied von zwey Strichen des Kompasses statt. *) Es würde nichts außerordentliches seyn, wenn zwey Beschreibungen jener Seen und Flüsse, (wie wir sie hier von Edrisi und den Einwohnern von Darfur haben,) noch in mehrern Hinsichten von einander abwichen, als in der Lage derselben, so wie sie auf der Charte angegeben ist. So unbestimmt dasjenige seyn mag, was wir von den westlichen Strömen zwischen der Quelle des Bahr-el-Abiad und Wangara wissen, so ist es doch gewiß, daß die Flüsse und Ströme von den südlichen und südwestlichen Gegenden Darfurs, nordwestlich laufen, und, etwas weiter als 160 Meilen östlich von Wangara **) eine große See bilden. Dieser Umstand spricht dafür, daß sich nordwestlich von Darfur eine tiefe Fläche befinden müsse;

diesem Flusse und dem Egyptischen Nil gemeinschaftlichen Quelle.

*) Man sehe die Generalcharte von Nord-Afrika.

**) Edrisi sagt nämlich (S. 13) dieser See (Kauga) befinde sich 10 Tagereisen östlich von Semegonda in Wangara.

ob aber diese Vertiefung eine Fortsetzung derjenigen ist, welche die Gewässer des Niger aufnimmt, und einen Theil derselben in Wangara zu Seen ansammelt, dies bleibt künftigen Entdeckungen aufbehalten. Edrisi war dieser Meynung; denn er beschreibt eine den ganzen Weg fortlaufende Wasserkommunikation.

Ich komme jetzt zu denjenigen Gewässern, die von Darfur nordwestlich fließen. Browne hörte, die Gewässer bildeten südlich von Darfur und zwischen diesem Lande und dem weißen Strome einen ansehnlichen Fluß, der Misselàd heiße. Er verfolgt denselben auf seiner Charte und im Anhange S. 449-468. nach N. N. W. und N. W. bis zu einem Punkte oberhalb des Parallels von 15° N., d. i. durch einen Raum von beynahe 400 Geogr. Meilen; was aber den weitern Lauf desselben betrifft, so läßt er ihn nur errathen. Vom zweyten Flusse, dem Batta, der zwischen dem Misselàd und Darfur fließt, und zwar ersterem sehr nahe, sagt er indeß, er komme von Süden, theile sich gegen Westen und ergieße sich in den Bahr-el-Fittré. *) Ich füge noch hinzu, daß, wenn man den westlichen Weg von Wara nach Bagherme in Browne's Anhange S. 464 verfolgt, man zur Bahr-el-Fittré kommt, ohne vom Passiren des Flusses Misselàd etwas erwähnt gefunden zu haben. Wir werden bald sehen, daß Hornemanns und Edrisis Nachrichten Aufschluß über diesen Umstand geben.

*) Browne am angef. O. S. 465.

Browne sagt ferner: die Eingebornen an den Ufern des Bahr-el-Fittré bedienen sich kleiner Boote um sich auf dem Flusse von einem Orte zum andern zu begeben. Das Wort Bahr bedeutet sowohl eine See als einen Fluß, und ist hier von Browne in der letztern Bedeutung genommen. Wir erfahren indeß von Hornemann, daß das Gebiet des Sultans von Fiddri, (so schreibt er dieses Wort,) um eine große See mit süßen Wasser herliege, die denselben Namen führt, daß sich in diese See ein von Darfur kommender Fluß ergieße, und daß die Ufer derselben Ueberfluß an Zuckerrohr haben.

Diese Nachrichten von der See finden wir durch mehrere Umstände bestätiget. Hornemann sagt, der Distrikt Fiddri, welchen Namen ihm die Eingebornen geben, werde von den östlich wohnenden Völkern (den Arabern) Couga oder Cuja, von den westlichen Lussi genannt. Nun erwähnt aber Edrisi Couga's oder Kauga's als einer Gegend und als einer Stadt, die 30 Tagereisen westlich oder südwestlich von Dongola, 36 östlich von Gana liegen soll; und dieses ist wirklich dieselbe Lage. Browne erwähnt überdies, auf dem oben angegebenen westlichem Reisewege $3\frac{1}{2}$ Tagereisen diesseits Bahr-el-Fittré, einer Gegend, Dar Cuka, die sicher eine und dieselbe mit Couga oder Cuju ist. *)

*) Wir haben hier einen Beweis, daß die östlich wohnenden Völker den Distrikt Futré mit dem Namen Kauga (oder Cuka) belegen, wie uns Hornemann berichtet. Dar drückt, nach Browne, den Begriff Land aus, wie z. B. Dar Fur, das Land Fur.

Der Umstand, daß man sich der Boote auf dem Bahr-el-Fittré bedient, wie Browne bemerkt, *) läßt gleichfalls eine See vermuthen. Auch ist es keinem Zweifel unterworfen, daß der Misselàd, von dem Browne redet, der aus der Gegend von Darfur kommende Fluß sey, dessen Hornemann erwähnt, und daß sich derselbe sowohl als der Battafluß in die See Fittré ergieße. **)

Ich bemerke hier, daß dasjenige, was Edrisi als den obern Theil des Niger (*Nilus Nigrorum*) beschreibt, augenscheinlich dieser Fluß ist; aber nach ihm nimmt er seinen Ursprung aus derselben Quelle als der Egyptische Nil und fließt westwärts. Auch nach Ptolomäus entspringt derselbe Fluß etwa im 10ten Grade Nördl. Br., wie der Misselàd.

Es scheint also ausgemacht zu seyn, daß das Land von Darfur aus nach dem innern Afrika, nach N. W. und W. niedriger wird. Edrisi's Beschreibungen beweisen, daß dasselbe nach N. O. und S. W., gegen die See Fittré

*) Browne a. a. O. S. 465.

**) Diese See hat, nach Hornemann, vier bis acht Tagereisen im Umfange. Ihre Dimensionen richten sich nach der trocknen und regnichten Jahreszeit; sie nimmt mit dem Regen dreyfach im Umfange zu, und läßt, wenn die trockne Jahreszeit wiederkehrt, dem Landmanne einen fetten Boden zurück.

zu, der Fall sey. Ihm zufolge nimmt nämlich der Kukufluß seinen Lauf nach Süden zu. *)

Eben so verhält es sich mit dem Antelopenflusse oder dem Wad-el-Gazel, der nach Browne zwey Tagereisen N. W. von der See Fittré, nach Beaufoy eine Tagereise von Burnu's Hauptstadt fließt. Hornemann wurde freylich benachrichtiget, der Wad-el-Gazel sey kein Fluß, sondern ein fruchtbares und ansehnlich bewohntes Thal. Wahrscheinlich ist es beydes: ein fruchtbares Thal, mit einem durch dasselbe laufenden Flusse. Hieraus wird es wahrscheinlich, daß der Wad-el-Gazel noch ein anderer von Norden herkommender Fluß sey, der sich in die See Fittré ergießt, mithin daß die See das Bassin für die östlichen Gewässer des Innern von Afrika sey.

Edrisi zufolge liegt Semegonda zehn Tagereisen W. oder S. W. von Kauga (unserm Fittré) und innerhalb der Gränzen Wangaras, welches gänzlich von den Armen des Nigers umgeben und einer periodischen Ueberschwemmung ausgesetzt ist. Es ist gewiß, daß Edrisi das Daseyn einer Wasserkommunikation zwischen Wangara und Kauka annahm, denn er sagt, das Salz werde nach Osten von jener Gegend den ganzen Niger hinabgeführt. Nach Hor-

*) Dieser scheint der Fluß zu seyn, dessen Ibn al Wardi (in Hartmanns Edrisi S. 62) erwähnt, als komme er von Osten und fließe, durch Ghama (Begama oder Begarmé) in den Nil; nämlich in den Nil der Neger, unsern Niger.

nemann besitzen die Einwohner Fittri's (Kauga's) kein anderes Salz, als dasjenige, welches sie aus vegetabilischen Substanzen gewinnen. *)

*) Es ist hier zu bemerken, daß Edrisi (S. 13) Kauga als zu Wangara gehörig ansieht: obgleich es, wie er sagt, dem Urtheile einiger Andern zufolge, Kanem angehört.

Eine Uebersicht und Verbesserung der Linie der Entfernung zwischen Gana und Dongola, so wie sie in den Proceed. of the Afr. Assoc von 1798 S. 121 angegeben ist, wird hier nicht am unrechten Orte seyn. Wir finden daselbst, daß die Entfernung Kaugas von Dongola, von Edrisi auf 30 Tagereisen (gleich 570 Geogr. Meilen) gesetzt ist; nach Brownes Angabe kommen 578 solcher Meilen heraus. Hernemann sagt, Fittré (Kauga) liege 40 Tagereisen östlich von Kaschna. Dieser Zwischenraum der Entfernung giebt, wenn wir Kaschna die Lage geben, die ihm auf der Charte von 1798 angewiesen ist, 653 Geogr. Meilen, oder 16$\frac{1}{3}$ für jeden Tag; ein Resultat, das vollkommen befriedigend ist. Edrisi rechnet 36 Tagereisen zwischen Gana und Kauga, so daß Gana, dieser Angabe zufolge, Kauga vier Tagereisen näher liegen muß, als Kaschna. Auf der Charte von 1798 ist Gana acht Meilen zu weit östlich angegeben worden. Verbessert man diese Unrichtigkeit, so kommen für die Entfernung Ganas von Kaschna 82 M. heraus, welches indeß noch immer zu viel für vier Tagereisen ist und etwa für fünf derselben gelten könnte.

Gana und Kauga liegen, dieser Verbesserung zufolge 575 Geogr. Meilen in gerader Richtung von einander entfernt, welches, für Edrisis 36 Tagereisen, nicht mehr als 15$\frac{1}{2}$ auf jeden Tag bringt; da hingegen seine Tagereisen im Allgemeinen gleich 19 Meilen sind. Ist Edrisis Angabe

Giebt es, wie Edrisi sagt, eine Wasserkommunikation zwischen Kauga und Wangara, (es kommt nicht darauf an, nach welcher Richtung das Wasser fließt,) so wäre dies natürlich ein Beweis für einen gemeinschaftlichen Niveau,

richtig, so muß entweder Gana weiter östlich liegen, oder der Lauf des Nigers, (längs welchem Flusse, bis auf zehn Tagereisen von Kauga, der von ihm angegebene Weg fort läuft) muß, nachdem er das Gebiet Houssa, wovon Gana einen Theil ausmacht, durchflossen hat, nach Süden zu eine ansehnliche Beugung machen. Daß dieser Fluß sich wirklich nach Süden neige, davon benachrichtigte man Herrn Hornemann zu verschiedenen Malen (Seite 141); ob aber diese Neigung so beträchtlich sey, daß aus derselben der oben erwähnte Unterschied entstehen konnte, darüber haben wir keine bestimmte Auskunft erhalten.

Auch d'Anville war (vielleicht eingezogenen Nachrichten zufolge) der Meynung, daß der Niger, südlich oberhalb Gana, eine Beugung mache, die auch auf seiner Charte von 1749 angegeben worden ist; die Ergießung dieses Flusses in die See Semegonda fiele also $3\frac{1}{2}$ Breiten Grade südlich von Gana, auch käme der ebengenannte See etwa in derselben Parallele zu liegen als Browne's Bahr Hemad. Wir müssen uns vor der Hand damit begnügen, die Entfernung von Gana bis Kauga nach Verhältnissen zu bestimmen, da dann, wenn wir die Beugung nach Süden zu annehmen, $16\frac{1}{2}$ oder $15\frac{1}{3}$ Geogr. Meilen hearuskommen. Ich habe gezeiget, daß Hornemanns Angabe der Entfernung zwischen Kaschna und Fittré nichts Widersprechendes enthält; es ist daher keine Frage, daß sie der andern vorzuziehen sey, die auf ihrem Wege zu uns durch so viele Hände gegangen ist.

mithin wäre es äußerst unwahrscheinlich, daß der weiße Strom in irgend einer Gegend südlich von Darfur einen niedrigeren Niveau haben sollte, als die See Fittré. Mancher wird indeß die Richtigkeit der Angabe Edrisi's bezweifeln, und dies vielleicht mit so größerm Rechte, da dieser Schriftsteller sagt, der Niger laufe nach Westen zu.

Wenn wir übrigens auf diesen Umstand nicht weiter Rücksicht nehmen, und die von Browne und Hornemann angegebenen Thatsachen für sich selbst reden lassen, so können folgende Fragen aufgeworfen werden:

1) Ist es wahrscheinlich, daß der Niger, nach einem Laufe von etwa 2250 Engl. Meilen in gerader Richtung von seiner Quelle, nicht einen niedrigern Niveau, als den der um die Quellen des Nils her befindlichen Gegend, angenommen haben sollte *).

*) Die Themse hat zwischen der Brücke bey Maidenhead und Mortlake (etwa 41 Br. Meilen in gerader Linie) einen Fall von etwas mehr als einem Fuß und acht Zoll auf jede Meile. Dieses ist indeß eine der ebenern Gegenden des Laufes der Themse; denn obgleich sie nicht sehr hohe Gegenden herabkommt, so kann man doch annehmen, daß sie, im Durchschnitte genommen, nicht weniger als vier Fuß auf jede Meile fällt. Nach diesem Verhältnisse würde der Niger in seinem, auf seinem angenommenen Laufe zum Bahr-el-Abiad, einen Fall von mehr als 8000 Fuß haben. Selbst wenn wir nur 2½ Fuß annehmen, (welches sehr mäßig ist) würde der Fall nicht weniger als 5625 Fuß, oder 115 Yards mehr als eine Brittische Meile, betragen. —

2) Ist nicht der Lauf des Misselàd-Flusses, als südlich von Darfur, beynahe gänzlich dem Laufe entgegengesetzt, den der Niger von Wangara nehmen muß, um zum Bahr-el-Abiàd zu gelangen?

3) Heißt es nicht auch, der Lauf der Gewässer westlich von Darfur und der Quellen des Bahr-el-Abiad sey nach der Gegend hin, wo sich der Niger befindet, statt von derselben her? — und sollen nicht diese Gewässer ihren Lauf durch ein sumpfiges Land nehmen, da doch die Gegend östlich zwischen Fittré und dem Bahr-el-Abiad erhaben und bergig ist? *)

4) Trägt nicht die Gegend von Wangara u. s. w., wie die von Fittré, das Gepräge eines mehr als 350 Engl. Meilen langen, und mehr als 170 breiten, von den periodischen Fluthen des Nigers angespülten Landstriches, und hat sie nicht, so wie Gana, in der trocknen Jahreszeit große Seen mit süßem Wasser? **) —

Kann man wohl mit Wahrscheinlichkeit annehmen, daß das Bette des Bahr-el-Abiad, südlich von Darfur und nicht sehr weit von seiner Quelle entfernt, eine Meile niedriger als die Quellen des Joliba oder Nigers sey?

*) Browne a. a. O. S. 473.

**) Edrisi sagt: Ab urbe Gana ad primos limites terrae Vancárae est iter octo dierum (orientem versus) — Atque haec eadem est insula longitudinis trecentorum milliarium, centum et quinquaginta latitudinis, quam Nilus undequaque circundat toto anni tempore. Adveniente

Sollte nicht eine so ausgebreitete Fläche zur Verdünstung der Gewässer des Nigers hinlänglich seyn, da wir bereits ein Beyspiel dieser Art in Persien haben, wo der Heermend, ein mehr als 400 Meilen weit laufender Fluß, mit einer Oberfläche, die 20 mal geringer ist als die der überschwemmten Gegend von Wangara, sich durch Verdunsten verliert? *) — Kehren wir jetzt wieder zur allgemeinen Geographie zurück.

Bey Beschreibung der Lage der südlichen Staaten führt Hornemann Wadey an, welches nach Westen an

vero mense Augusto, et aestu gravescente, Niloque inundante, insula ista vel certe major pars illius aquis obruitur, manetque sepulta aquis, quamdiu Nilus terram inundare consuevit." — (Sionita p. 11 et 12 Man sehe auch Hartmanns Edrisi. Art. Vankara. S. 47 u. f.)

*) Ebn Haukal, ein Arabischer Erdbeschreiber des zehnten Jahrhunderts, der neuerlich von Sir William Ouseley ins Englische übersetzt worden ist, giebt vom Flusse Heermend folgende Nachricht: „der ansehnlichste Fluß Sejestans ist der Heermend. Er fließt von Ghaur nach der Stadt Bost, und von da nach Sejestan und zur See Zareh. Diese See ist sehr klein, wenn der Fluß wenig Wasser hat; ist dieser aber voll, so nimmt auch die See verhältnißmäßig am Umfange zu. Die Länge der See beträgt an 30 Farsangs (etwa 110 Br. Meilen;) die Breite etwa ein Merhilisch (eine Tagereise oder 24 Br. Meilen.) Ihr Wasser ist süß." ꝛc. Es ist bekannt, daß die See Zareh keinen Ausfluß hat.

Darfur gränzt; ferner Metko westlich (oder vielmehr nord-westlich) von Wadey, und Fittré nordwestlich von Metko; die beyden ersteren werden nach ihm von dem Flusse, der von Darfur zur See Fittré fließt (d. i. vom Misselàd), bewässert. Begarmé *) liegt, nach seiner Beschreibung, nordwärts von Wadey; Burnu nordwärts von Fittré. Bergu scheint unserm Reisenden gar nicht bekannt gewesen zu seyn; oder vielleicht hat er es mit Burgu (dem Berdoa Delisles und d'Anvilles,) welches nach Augila zu liegt, verwechselt. Bergu ist, Brownes Nachrichten zufolge, ein unabhängiges Land, so wie auch Metko und Wadey. Das Reich Burnu endiget sich daher mit Fittré (oder Cuka,) Margi und Wangara nach Süden zu. **)

Browne hatte weder etwas von Wangara ***) noch Wadey noch von Metko, unter diesen Namen gehöret; indeß hat er doch den Landstrich, der diese Ortschaften enthält, auf seiner Charte angegeben. Auch scheint, Dar Cuka ihm nicht als Edrisis Kauga oder Hornemanns Fittré bekannt gewesen zu seyn.

*) Begama des Edrisi.

**) Browne giebt (Seite 473) die Entfernung von Donga nach der (südlichen) Gränze von Burnu auf zwanzig Tagereisen an.

***) Hornemanns Gewährsmann nannte es Ungara. Bey den Arabern heißt es auch Belad-el-Tehr oder das Goldland (Herbelot und Bakui.) Browne hörte zu Darfur, es befinde sich kein Gold in Menge nach Westen zu. Aber Wangara, ein Goldland, wenigstens in vorigen Zeiten, liegt westlich von Darfur!

Brownes lehrreiche Untersuchungen endigen sich nordwärts mit der Hauptstadt Burnus; da sich aber Hornemanns Nachforschungen bis zu den Gränzen Darfurs erstrecken, so überreichen sie einander (overlap each other.) wodurch die Nachrichten von dem Laufe der Gewässer von Darfur nach der See Fittré um so zuverlässiger werden.

Was die Linie der Entfernung zwischen Fessan und Darfur, und zwischen Darfur und Sennaar betrifft, (die Linie von Gana nach Dongola ist bereits Seite 205 angegeben worden,) so habe ich darüber folgendes anzumerken:

Beaufoy giebt zwischen Temissa (in Fessan) und der Hauptstadt Burnus, 43 Karawanen-Tagereisen in südöstlicher Richtung an. Den Erkundigungen zufolge, die Browne in Darfur eingezogen hat, ist die Breite derselben Hauptstadt 19° 45′ die Länge 21° 33′, so daß die Entfernung von Temissa nach Burnu gleich 562 Meilen ist, welches nur etwas weniges mehr als 13 Meilen für den Tag ausmacht, und also nicht im Verhältnisse der Geschwindigkeit ist, mit welcher die Karawanen reisen. Auch ist es gar möglich, daß die Rasttage mit in den 43 Tagereisen eingeschlossen sind, welches bey solchen Nachrichten oft zu geschehen pflegt. In den Verhandlungen der Afrikanischen Gesellschaft vom Jahr 1798 wird angegeben, Burnu liege 534 Geogr. Meilen von Dongola am Nil, und Brownes Resultat ist etwa 600 solcher Meilen. Es ist indeß zu bemerken, daß Brownes Tabellen (S. 467) zwischen Begarmé und Burnu die Richtung N. ¼ W. angeben. Ich habe lieber von dieser letztern Angabe, als von der auf seiner Charte, wo N. 18

W. angegeben ist, Gebrauch machen wollen, und setze diesem zufolge die Entfernung Burnu's von Dongola auf 362 Geogr. Meilen an. Das Mittel zwischen der Lage auf der vorigen Charte und zwischen Brownes Angabe würde 367 seyn. Da indeß keine Linie der Entfernung angegeben ist, auf die man sich sicher verlassen kann, so bleiben wir in Ansehung der Lage dieses wichtigen geographischen Punktes, noch immer in Ungewißheit. Hornemann hörte, Burnu befinde sich 15 Tagereisen von Kaschna, und, in der Richtung W. b. S., 25 Tagereisen diesseits Fittré. Dieses gilt ohne Zweifel von den Gränzen des Reiches Burnu nach Kaschna zu, nicht aber von der Hauptstadt; und in diesem Falle ist die Angabe wahrscheinlich richtig, da sich das Burnusche Gebiet nach jener Seite mit dem Lande Wangara endigen soll.

Viertes Kapitel.

Ueber die Völkerstämme, welche die bewohnbaren Gegenden der großen Wüste inne haben — Die Tibbo und Tuarick — Die Reiche Burnu, Asben und Haussa — Allgemeine Bemerkungen.

Die von Hornemann eingezogenen Erkundigungen verbreiten auch einiges neues Licht über die Vertheilung der bewohnbaren Gegenden, die von dem, östlich von Tombuctu liegenden, Theile der Sahara entweder eingeschlossen oder von ihm begränzt sind; so wie auch über den Landstrich, der in demselben Verhältnisse zur östlichen oder libyschen Wüste steht.

Die Reiche Houssa und Burnu, die aus verschiedenen kleinern Staaten bestehen, scheinen die Fläche Landes längs dem Niger, von Tombuctu bis Darfur, östlich, zu theilen, und sich ansehnlich weit nordwärts über die allgemeine Linie des Flusses hinaus zu erstrecken.

Zwey ansehnliche Völker, die Tibbo und Tuarick scheinen den übrigen Theil des Raumes nördlich innerhalb der Wüste einzunehmen. Sie umgeben Fessan von allen Seiten, außer der nördlichen, und schließen sich an die Küstenstaaten des Mittelmeeres von der Wüste an, die Egypten westlich begränzt bis zum Atlas. Hornemann ist der erste Reisende, der uns diese allgemeinen Ideen von den Tibbo und Tuarick mitgetheilt hat, und sie verdienen wirklich Aufmerksamkeit.

Die Tibbo oder Tibbu besitzen den östlichen, die Tuarick den westlichen und größten Theil dieses ungeheuren Landstriches. Fessan*) trennt sie nach Norden zu, und der

*) Eine ansehnliche Strecke S. W. von Fessan befindet sich eine Stadt, die Tabu heißt. D'Anville schreibt diesen Namen Tibedou. Sie scheint das Tabidium des Plinius, eine der unter Balbus von den Römern eroberten Städte zu seyn. Plinius (B. 5. Kap. 8) sagt: „Die Römer waren im Besitze des Landes, selbst bis zum Niger-Flusse, der

Meridian desselben bildet beynahe ihre gemeinschaftliche Gränze, bis, wo sie nach Süden zu sich an Kaschna und Burnu anschließen.

Hornemanns Nachrichten zufolge, fangen die Niederlassungen der Tibbo beym südlichen und südöstlichen Theile Fessans an, und erstrecken sich von daselbst nach Osten längs dem südlichen Theile der Harutsch und der Augilaer-Wüste bis zu der großen Sand-Wüste Lebetae *) (Libya,) die Egypten nach Westen zu begränzt. Diese Wüste bildet die östliche Gränze der Tibbo. Nach Süden zu besitzen nomadische Araber den Landstrich zwischen den Tibbo und dem Burnuischen Reiche; nach Westen wohnen die Tuaricks von Asben (Agades,) Tagasi, u. s. w.

Die Tibbo sollen sich in folgende Stämme abtheilen.

Afrika von Aethiopien trennt," und giebt ein langes Verzeichniß der ihnen unterworfenen Provinzen und Städte. Es ist wahrscheinlich, daß sie, außer Fessan, Gadamis, Tabu u. s. w. den fruchtbaren Landstrich bis zum Niger, nämlich Agades, Kaschna und vielleicht auch Gana besaßen.

Es ist hier noch zu bemerken, daß Plinius (Kap 8) von zwey Aethiopien spricht, und den Homer anführt, der sie in das östliche und westliche abgetheilet habe. Es läßt sich denken, daß unter der einen Abtheilung der Landstrich zu verstehen ist, der sich von Fessan in der Richtung nach dem Niger zu ausbreitet.

*) Lavata des Leo Afr. (S. 245.)

1) Rschade oder Felsen-Tibbo.

2) Die Febabo.

3) Burgu oder Birgu.

4) Arna.

5) Bilma.

6) Nomadische Tibbo.

1) Die Rschade. Dieser Stamm besitzt die südlich und südöstlich an Fessan gränzenden Gegenden. Sie sind mit den Bewohnern der an ihr Gebiet stoßenden Gegenden Fessans untermischt, so wie die Tuarick mit den Bewohnern der westlichen und die Araber mit denen der nördlichen Gegenden. Die Städte der Felsen-Tibbo sind Abo und Tibesty, deren Lage nach der von Hornemann mitgetheilten Reise-Route im Allgemeinen angegeben werden kann. *)

*) Von Mursuck nach Gattron (Kattron) südlich 54 Meilen, als Engl. Meilen angenommen, und die Krümmungen des Weges mit eingeschlossen. Von Gatron nach Tegerhy S. S. W. 33 Meilen. Nach Abo 7 Tage, und von da nach Tibesty 3 Tagereisen in östlicher Richtung. Endlich, nach Burgu, 18 Tagereisen. Jede der 28 Tagereisen ist zu 18 Engl. Meilen nach dem Wege gerechnet worden. S. oben S. 185 — Wir haben S. 189 als Resultat der verschiedenen Autoritäten gefunden, daß Tegherу 68 G. Meilen S. 26 W. von Mursuck liegt. — Die 10 Tagereisen von Tegherу nach Tibesty in östlicher Richtung können zu 140

Die Tibbo Rschade oder Felsen-Tibbo bereiten sich ihre Wohnungen unter Felsen und Höhlen, vor denen sie, zum Sonnen-Aufenthalte, Hütten von Binsen zu errichten pflegen. Von diesen Wohnungen haben sie den Namen erhalten.

Von dem Landstriche, den dieser Stamm inne hat, bekommen wir einigermaaßen einen Begriff durch die Nachrichten, welche Beaufoy von der Gegend zwischen Fessan und Burnu giebt, so wie auch durch Hornemanns Beschreibung der weißen Harutsch. Der Weg nach Burnu führt aus dem Lande Fessan, nämlich von Temissa. Von dieser Stadt hat man sieben Tagereisen bis zur Ebene von Tibesty, die von Mahomedanern bewohnt seyn soll, zu deren Religion sich wirklich auch die Felsen-Tibbo bekennen. Die letzten vier Tagereisen führen durch eine „bergige Sandwüste." — So weit Beaufoys Gewährsmann.

Die weiße Harutsch, durch welche Hornemann ging, befindet sich in dieser Gegend, und erstreckt sich südlich von der Linie des Weges den er durch dieselbe nahm, von Augila nach Mursuck; so daß, aller Wahrscheinlichkeit nach, die eben erwähnte „bergige Wüste" eine Fortsetzung der weißen Harutsch ist. Was diese Vermuthung unter-

G. Meilen angesetzt werden. Diese Linie der Entfernung trifft die von Temissa gezogene Linie von 7 Tagen oder 98 G. Meilen (S. die Proceedings of the African Assoc. 1790. Ch. 4) und bestimmt die Lage Tibestys auf 133 Meilen S. O. b. O. von Mursuck.

stützt, ist, daß man Herrn Hornemann benachrichtigte, der Weg von Fessan nach Burnu führe über gewisse schwarze Berge, die er für einen Theil der schwarzen Harutsch hält. Nun gränzt aber, wie oben gezeiget worden ist, die schwarze Harutsch nach Osten an die weiße Harutsch. Ein solcher Zusammenhang mag auch nach Süden zu statt haben, nach welcher Richtung sich die schwarze Harutsch, wie man Herrn Hornemann berichtete, über die Linie seines Reiseweges hinaus erstreckte.

Hornemanns Beschreibung zufolge, besteht der bergige Theil der weißen Harutsch aus lockerem zerreiblichen Kalksteine, in welchen die Versteinerungen so lose eingesenkt sind, daß sie ohne Mühe heraus genommen werden können. Keine Felsenmassen enthalten wahrscheinlicher Weise mehr Höhlen, oder eignen sich besser zur Anlegung derselben, als diese. Es scheint daher diese Gegend, sowohl zufolge der Beschreibung als der Lage, diejenige zu seyn, die von den Felsen-Tibbo bewohnt wird.

Ein Umstand im Herodot *) läßt vermuthen, daß diese Tibbo die Aethiopischen Troglodyten sind, die von den Garamanten verfolgt wurden. Ich glaube es wahrscheinlich gemacht zu haben, daß die Garamanten der Vorzeit, die Bewohner Fessans waren; und wirklich haben wir die Troglodyten als die Gränz-Nachbarn dieses Volkes. Sie werden uns von Herodot als sehr schnellfüßig beschrieben; Hornemann sagt, der Gang

*) Herod. Melpom. 183.

der Tibbo sey sehr leicht und schnell. Freylich spricht er hier von den Tibbo im Allgemeinen; indeß scheint er doch mehr von den Felsen-Tibbo gesehen zu haben, als von irgend einem andern ihrer Stämme. Er sagt von ihnen, daß sie in großen Haufen nach Fessan zu gehen pflegten. Vielleicht gründet sich seine Meynung von der ganzen Nation größtentheils auf das, was er bey diesem Stamme wahrnahm. *)

Noch eines andern sonderbaren Umstandes erwähnt Herodot in Ansehung der Troglodyten. Er sagt, ihre Sprache habe einige Aehnlichkeit mit dem Geschreye der Fledermäuse. **)

*) Die Troglodyten befanden sich allenthalben in Menge, wo die Natur oder die Kunst Schlupfwinkel für sie bereitet hatte. Die Schriftsteller, die ihrer erwähnen, legen ihnen ohne Ausnahme eine große Schnellfüßigkeit bey. Man sehe vorzüglich Plinius B. 7. K. 2 und Hanno.

Bedenkt man, daß Fessan, unter dem Namen Garamanta, von allen nach innen gelegenen Gegenden Afrikas, den Griechen am frühesten bekannt wurde, so ist es nicht ganz unwahrscheinlich, daß die erste Idee der charakteristischen Geschwindigkeit der Aethiopischen Troglodyten von dort aus ihren Ursprung nahm. Da die Griechen auch eine falsche Vorstellung von der geographischen Lage der westlichen Seite Afrikas hatten, so mochte Hanno der Meynung seyn, die Quelle des Flusses Lixus, wo sich seine Troglodyten befinden sollten, sey im Mittelpunkte Afrikas gelegen.

**) Hornemann hörte zu Augila, die Febabo und Burgu redeten eine Sprache die dem Pfeifen der Vögel gleiche.

2) Die Febabo. Dieser Stamm befindet sich 10 Tagereisen in S. S. W. Richtung von Augila; zwischen beyden Gebieten findet sich, näher nach Augila zu, eine 6 Tagereisen lange Wüste, die kein Wasser hat. Dieses Umstandes ungeachtet, und der Entfernung, in welcher sie sich von Bengasi befinden, (wenigstens 20 Tagereisen) sind sie doch jährlich den Verheerungen dieser Küstenbewohner ausgesetzt, die sich mit den Augilaern vereinigen, um Menschen und Datteln zu stehlen.

3) Bürgu oder Birgu. (Muß nicht mit Bergu, einem Staate im Lande Darfur verwechselt werden.) Bey d'Anville, Delisle und auch beym Leo finden wir ein Berdoa; jener Name ist aber zu oft von Hornemann angeführt worden, als daß er als ein Irrthum angesehn werden könnte. — Der Bürgu-Stamm wohnt südlich von den Febabo, in der Entfernung von einigen Tagen, und achtzehn Tagereisen östlich von Tibesty; diesem zufolge kann man annehmen, daß er sich S. ein wenig W. von Augila und unter der Parallele des südlichen Fessans befindet.

Das Gebiet der Bürgu soll fruchtbar seyn, dessen ungeachtet aber sind sie berüchtigte Räuber. Eine Kara-

Auch erwähnt er desjenigen, was Herodot von der Sprache der von den Garamanten verfolgten Aethiopen sagt. Doch soll wahrscheinlich letzteres keine Beziehung auf das Land Fessan haben.

wane Fessaner von Begarmé und Burnu, wurde, zu der Zeit als sich Hornemann daselbst aufhielt, von ihnen geplündert. Der Sultan von Fessan schickte ein Detachement Soldaten ab, um sie zu bestrafen; nach der geringen Anzahl dieser ausgesandten Mannschaft zu schließen, müssen die Burgu entweder nicht besonders zahlreich seyn, oder sonst zerstreuet von einander leben. Die Marschroute der Mannschaft des Sultans trägt zur bessern Bestimmung sowohl Burgu's als der Felsen-Tibbo bey *).

Beaufoy erzählt (Kap. 4. 1790), bey einer andern Gelegenheit haben die Tibbo von Tibesty eine Fessaner-Karawane geplündert, wegen welcher Räuberey sie gleichfalls bestraft worden seyen; späterhin hätten indeß die

*) Es ist weiter oben angegeben worden, daß sich Burgu 18 Tagereisen von Tibesty befindet. Diese, jede zu 14 G. M. angesetzt, geben 252 Meilen. Burgu liegt, wie gleichfalls weiter oben auseinander gesetzt ist, einige Tagereisen in südlicher Richtung von Febabo. Auf der Charte reicht die Linie von 252 Meilen so weit östlich über Febabo, (welches 10 Tagereisen S. S. W. von Augila liegt) hinaus, daß Burgu südöstlich statt südlich von Febabo zu liegen kommt. Es mag seyn, daß Febabo nicht so sehr westlich als S. S. W. von Augila liegt, da nicht wohl weniger als 14 Meilen des Tages von Tibesty gerechnet werden können. Ich habe daher die Richtung von S. S. W. geändert, und sie dem Meridiane etwas näher gebracht. Dies kommt auch mit der Lage überein, die Leo seinem Berdoa oder Bardeo giebt, nämlich 500 Arabische Meilen vom Nil, in der Mitte der Libyschen Wüste in einer dattelreichen Gegend.

Tibestianer, (welches die Felsen-Tibbo sind,) dem Sultane Beystand geleistet. Wir sehen aus der Geographie dieser Gegenden, daß die Karawanen von S. O. auf ihrem Wege nach Fessan den Burgu und Tibesty sehr ausgesetzt sind. *)

4) Arna. Dieser Stamm soll fünf bis sechs Tagereisen ostwärts von den Bürgu wohnen, folglich an den Gränzen der Libyschen Sand-Wüste. Hornemann scheint ihn nur dem Namen nach gekannt zu haben.

5) Bilma. Diese machen den vorzüglichsten Stamm der Tibbo aus. Sie haben den mittlern, zwischen Fessan und Burnu befindlichen, und an die große

*) So viel Gerechtigkeitsliebe auch der Sultan von Fessan durch diese Angriffe auf die Tibbo an den Tag zu legen scheint, so erfahren wir doch von Herrn Hornemann daß der jetzige Sultan „seit einigen Jahren seine Einkünfte „durch Streifzüge gegen die Tibbo vom Stamme Bürgu „beträchtlich vermehrt hat", wodurch sich jener Umstand sehr wohl erklärt. Die obige Expedition endigte sich damit, daß „an zweyhundert Menschen gestohlen und nachher verkauft wurden" u. s. w. Browne (S. 229) bemerkt vom Sultane von Darfur, daß er einen Theil seiner Einkünfte der Theilnahme an der Selatia oder Sklavenjagd zu verdanken hat. Vom Neger-Lande Dar Kulla sagt er: (S. 308) man habe daselbst öffentliche Anordnungen getroffen, um Menschen in die Falle zu locken und sie zu Sklaven zu machen. Der Sklavenhandel findet also in diesem Theile von Afrika, wo keine Sklaven von Europäern gekauft werden, fast auf dieselbe Art statt, wie im westlichen Afrika.

Wüste von Bilma gränzenden Raum inne. Ihre Hauptstadt Dyrke soll eine Tagereise weit von Bilma entfernt liegen, welches das Balmala des Edrisi seyn mag. Dieser Stamm treibt Handel zwischen Burnu und Fessan. — Das Billa des Ptolomäus könnte wohl dieses Bilma seyn, nur scheint es zu weit östlich zu liegen.

Beaufoy sagt, die Entfernung von Agades zum See Dumboo, der sich in der Bilma-Wüste befindet, sey, zufolge der hier gehenden Salz-Karawanen, 45 Tagereisen. Diese, zu 13 G. Meilen für jeden Tag,*) geben 585 Meilen. Der auf der Charte von Afrika angegebene Zwischenraum ist etwa um 60 Meilen geringer. Agades müßte diesem zufolge weiter westlich oder Dumboo weiter östlich liegen. Zwey Umstände machen das erstere wahrscheinlich: Herr Magrah hörte, daß es S. 30° W. von Fessan, und fürs andere nördlich von Kaschna liege. Dieser Theil der General-Charte von 1798 ist nicht verändert worden.

*) Die Karawanen-Reisenden sind geneigt, die Entfernung eines Ortes von dem Andern, nach der Zeit zu bestimmen, die zwischen der Abreise von dem einen und der Ankunft am andern Orte verfließt. Auf diese Weise sind die Rasttage oft den Reisetagen hinzugezählet worden, welches eine fehlerhafte Berechnung der Entfernungen zur Folge gehabt hat. Hieraus erklären sich ohne Zweifel die geringen Verhältnisse in Ansehung der Angaben, kurz nach Errichtung der Afr. Gesellschaft. Nur Erfahrung ist vermögend in diesen Fällen zu entscheiden.

6) Nomadische Tibbo. Diese wohnen weiter südlich, als alle die übrigen Stämme, nämlich in der Bahr-el-Gazel, welche, wie Hornemann berichtet wurde, ein sieben Tagereisen von Begarmé befindliches, langes und fruchtbares Thal ist. Von der Bahr (oder Wad) el-Gazel ist bereits oben die Rede gewesen. Eine Entfernung von sieben Tagereisen nördlich von Begarmé würde die Nomadischen Tibbo in das Reich Burnu setzen. Vielleicht hat Burnu, wie Persien (das alte sowohl wie das jetzige,) hinlänglichen Raum für nomadische Stämme *); daß es aber so weit südlich sey, möchte einigen Zweifel erregen, da ein Fluß, der Wad-el-Gazel heißt, selbst in der Wüste Bilma fließen soll. Antilopen befinden sich in der Nachbarschaft von Dumboo, und es könnte sich in dieser Gegend eben sowohl als in der von Begarmé ein Fluß befinden, der von diesen Thieren den Namen bekommen hat.

Von den Tuarick. **)

Dieses Volk, welches von Hornemann eine mächtige Nation genannt wird, scheint die bewohnbaren Gegenden

*) Den Beweis hiervon finden wir beym Herodot und beym Ibn Haukal, einem geographischen Schriftsteller des 10ten Jahrh., dessen Werk neuerlich von dem um die Erdbeschreibung sehr verdienten Sir William Ouseley ins Englische übersetzt worden ist.

**) Hornemann hält dieses Volk für die Terga des Leo, die den westlichen Theil der großen Wüste bewohnen. (Leo. p. 245.)

der grossen Sahara, die sich westlich von Fessan befindet einzunehmen. Die Tuarick müssen nothwendig weit zerstreuet leben, und wirklich theilen sie sich in verschiedene Stämme. Hornemann beschränkt sich sehr eigentlich in seiner Beschreibung auf das, was er von ihnen wußte, und erstreckt sich fast einzig auf die Stämme der Kolluwi und Hagara, die Fessan am nächsten wohnen, und zwischen diesem Orte, Sudan und Gadamis Handel treiben.

Die Kolluwi besitzen, (wie es scheint durch neuerliche Eroberungen,) das Land Agades, welches, mit andern daran stoßenden Provinzen, einen Staat bildet, der Asben heißt. Agades gränzt gegen Süden an Kaschna (einen Theil des Reiches Houssa,) gegen Osten an Burnu. Seine Hauptstadt Agades ist, Herrn Magrahs Gewährsmanne zufolge, so groß, als die Vorstadt von Tunis, die, wie Herr Magrah bemerkt, den größeren Theil dieser Stadt ausmacht. Zufolge der von diesem Reisenden überschickten Sudanischen Reise-Route bestehen die Niederlassungen der Tuarick in andern Gegenden als Gaser, Tagasi, Dschenet u. s. w., nur aus kleinen in sehr großer Entfernung von einander liegenden Dörfern, so wie dieses denn wirklich mit den mehresten in dieser Gegend wohnenden Stämmen der Fall ist. Sanfara und Guber, die dicht neben einander liegen sollen, zahlen Tribut an Asben.

Die Hagara, welche nahe bey Fessan wohnen, sind die östlichsten der Tuarick. Ich bin nicht im Stande gewesen, ihnen auf der Charte einen Platz anzuweisen. Wahrscheinlich haben sie entweder Ganat, südlich von Fessan, oder, da die Tuarick Dschenet und Sockna N. W. von demselben besitzen, die Stadt Agara inne, welche sich in derselben Gegend befindet, und einerley mit Hagara seyn mag. Sie befindet sich auf den, von Herrn Magrah zu Tunis gesammelten Reise-Routen.

Herr Hornemann erwähnt auch, wiewohl ohne den Wohnort anzumerken, des Matkara-Stammes. Der Stamm der Tagama befindet sich gegen Tombuctu und Sudan zu. *) In Ansehung der letztern theilt er eine nicht ungegründete Vermuthung mit. Sie sind nämlich weißer (oder vielmehr weniger schwarz) als die Afrikaner des Innern, und der Mahometanischen Religion nicht ergeben. Da nun die Benennung Nazary, oder Christ, gewöhnlich allen denen von den Mahometanern beygelegt wird, die sie für Ungläubige halten, so glaubt Herr Hornemann, daß dieser Umstand Gelegenheit zu dem Gerücht gegeben hat, daß sich ein, aus weißen Christen bestehender Stamm in der Gegend von Tombuctu befinde. **)

*) Beym Ptolomäus finden wir eine Stadt, Tagama, am Niger, aber zu weit östlich, als daß sie der hier angegebenen Lage entspräche. (Afr. Tab. VI.) — Auch bey Kaschna befindet sich ein Ort, der Tegoma heißt.

**) Viele Schriftsteller sind der Meynung gewesen, es befinden sich im Innern von Afrika, Abkömmlinge einer durch die Römer vertriebenen Kartaginiensischen Nation. Bedenken wir aber den ansehnlichen Zeitraum, so können wir kaum erwarten, die Ueberbleibsel einer Nation zu finden, die so durchaus von Vermischung mit andern Nationen frey ge-

Die östlichen Tuaricks führen hauptsächlich ein Nomadisches Leben.

Ein merkwürdiger Umstand ist es, daß die Tuaricks Niederlassungen in Siwah, Augila und Sockna angelegt haben, die alle Handelsplätze sind, und eine Kette bilden, die sich an der nördlichen Gränze der Libyschen Wüste, zu den Küsten-Staaten längs dem Mittelmeere hin erstreckt. Zu diesen kann die kleinere Oasis hinzugefügt werden, weil daselbst dieselbe Sprache als zu Siwah geredet wird. Und wirklich bestätigt dieses Browne, denn er sagt *) die kleinere Oasis sey eine der vorzüglichern Niederlassungen der Muggrebine-Araber. Auch Gadamis könnte vielleicht eine Kolonie dieses Stammes seyn, dessen Niederlassungen sich längs der nördlichen Gränze der ganzen Sahara hin erstrecken mögen. **)

blieben wäre, daß sich ihre Bildung und Sprache bis auf diese Zeit erhalten haben sollte. Ueberhaupt scheint es, als ob die ehemaligen Karthager selbst (nämlich die Abkömmlinge der Phönicier) nicht als eine für sich bestehende Nation zu betrachten waren, sondern mehr als Gemeinden von Bürgern, welche Handelsstädte bewohnten; so daß ihre Sprache vielleicht niemals über die Barbarey allgemein verbreitet gewesen ist.

*) Browne a. a. O. S. 132.

**) Browne nennt sowohl die Bewohner der größern als der kleinern Oasis Muggrebine-Araber. Es ist also wahrscheinlich, daß alle Oasen Kolonien der Tuarick sind.

Die Tuarick sind, Herrn Hornemanns Nachrichten zufolge, eine sehr liebenswürdige Nation, wenigstens die liebenswürdigsten unter den Volks-Stämmen der Sahara. Aber noch merkwürdiger als sie, in Ansehung ihres Verstandes, ihrer Gutmüthigkeit und Milde, sind die Bewohner Houssa's — wiewohl sie Negern sind.

Dieses Houssa (oder wie Hornemann es nennt Haussa) dessen Lage so lange unbekannt geblieben ist, ist, den Nachrichten unseres Reisenden zufolge, ein Reich, welches aus einer Anzahl kleinerer Staaten besteht, und im Mittelpunkte des nördlichen Afrika liegt. Kaschna oder Kasna, welches auf der Charte so lange als ein unabhängiges Reich angegeben worden ist, muß daher, nach Hornemanns Beschreibung, die nichts widersprechendes enthält, dem Reiche Haussa weichen, von welchem es nichts mehr als eine Provinz ist. Er schließt in Haussa, auf die Autorität eines Marabut, alle die Länder ein, die zwischen Tombuctu, Asben und Burnu liegen.*)

Hornemann sagt, man belege dieses Reich mit drey verschiedenen Namen; Haussa ist der Name, den ihm die Bewohner selbst geben; Soudan**) (welches

P 2

*) Man sehe die kleine Charte.

**) Die Mauren und Araber belegen das Land der Negern, welches von den Römern Nigritien genannt wurde, mit dem Namen Sudan. Abulfeda begreift den ganzen bekannten Theil von Afrika, südlich von der großen Wüste, unter

das Land der Schwarzen bedeutet,) wird es von den Arabern, und Asna von den Burnuern genannt. Dieser letzte Name, fügt er hinzu, bezeichnet eigentlich bloß die

Belad Sudan, Land der Sudan. — Suda ist ein Arabisches Wort und bedeutet schwarz. —

Browne, der einen Theil von Sudan nämlich Darfur besucht hat, sagt gleichfalls, Sudan entspreche unserm Nigritien, und sey der allgemeine Ausdruck für ein Land der Schwarzen. In der Vorrede zu seinem Tagebuche sagt er: „nichts ist unbestimmter und schwankender als das Wort „Soudan oder Sudan. Bey den Egyptern und Arabern „ist Ber=es=Soudan der Ort, wo die Karawanen „anlangen, wenn sie den ersten bewohnbaren Theil von „Dar=Fûr erreichen. Aber jene Benennung scheint bloß „dem östlichen Theile des Landes beygelegt zu werden, „denn ich habe niemals gehört, daß man Kordofân oder „Sennaar so nannte. Man bedient sich auch dieser Benen„nung in Dar=Fûr, um das Land westlich zu bezeichnen; „am gewöhnlichsten scheint man aber denjenigen Theil des „Landes der Schwarzen, der Egypten am nächsten ist, dar„unter zu verstehen."

Wir haben indeß gesehen, daß die Eingebornen von Tunis und Fessan, auch Haussa, welches Kaschna ist, und die benachbarten Gegenden zu Sudan zählen; weshalb es sich westlich wenigstens bis nach Tombuctu erstrecken muß. Ob es sich noch weiter nach Westen erstreckt, kann ich nicht bestimmen. Das Wort, welches Arabischen Ursprungs ist, mag vielleicht zur Bezeichnung eines bestimmten Landstriches angewendet werden, und nicht das ganze Land der Negern bezeichnen.

Länder Kasna, Kano (Gana) und denjenigen Theil Haussas, der östlich von denselben oder den Burnuern am nächsten liegt.

Was das Daseyn einer Stadt Haussa betrifft, so schweigt Hornemann davon; aber er hörte, daß Tombuctu (zwischen welchem Orte und Fessan übrigens kein großer Verkehr ist) sicher der Hauptort und die merkwürdigste Stadt des Innern von Afrika sey.

Es ist nicht zu läugnen, daß die von Herrn Magrah zu Tunis eingezogenen Nachrichten, in Betreff Haussa's, mit Hornemanns Bericht übereinkommen. Aber dessen ungeachtet ist es möglich, daß sich in der Gegend nach Tombuctu hin und innerhalb der Gränzen des jetzt Haussa genannten Reiches, eine Stadt befinden könne, die den Namen des letztern führt, und die in frühern Zeiten, die Hauptstadt des Reichs gewesen ist.

Herr Magrah sagt (in Beaufoy's Handschriften): „Alle meine Gewährsmänner stellen mir Haussa als „ein ansehnliches Reich dar, welches viele kleinere Gebiete „in sich begreift. Kasna (sagt Sidi Cossim) ist „die große Stadt, Houssa das Land der Neger. Der „Weg von Tunis nach Gadamis ist genau in südlicher „Richtung, so wie auch der von letzterm Orte nach Haussa." (Derselbe Reisende gab vorher die Direktion von Fessan nach

Agades S. 30° W., und von da nach Kasna genau S. an.) *)

Allgemeine Bemerkungen.

Es ist unläugbar, daß die Erdbeschreibung durch Hornemanns Reise sehr viel gewonnen hat; dieses würde aber noch in einem größern Maaße der Fall gewesen seyn, wenn er im Allgemeinen die Richtung der verschiedenen Theile seiner Reise-Routen, die Breite einiger wichtigen geographischen Punkte und die Zeit, welche er zwischen Fessan und Tripolis zubrachte, zugleich mit angegeben hätte. Indeß die kritische Lage, in welcher sich dieser Reisende oft befand, und die Schwierigkeit, die sich der Ausführung seiner Plane entgegenstellte, sind hinlängliche Entschuldigungen für ihn.

Es ist nicht zu läugnen, daß im Verlaufe einiger wenigen Jahre, in Ansehung der Geographie und Naturgeschichte Afrikas, viele Fragen gelöset sind, die seit Jahrhunderten als wichtig und merkwürdig aufgeworfen waren; und die physische Geographie dieses Welttheils hat sich überaus merkwürdig in ihren Resultaten gezeigt.

*) Folgende Nachricht findet sich in einem Briefe von Herrn Jackson in Santa Cruz an Herrn Willis, vom 1ten Jul. 1797.

„Ich habe mich sorgfältig nach Houssa erkundiget, und „finde, daß es keinen Ort dieses Namens giebt. Die umlie„gende Gegend bey jeder großen Stadt wird im Arabischen „dieses Landes El-Hus oder Husa genannt.

Zu den Problemen, die entweder gänzlich oder zum Theile gelöset worden sind, können folgende gezählt werden:

1) Der Lauf des Nigers ist, wie Mungo Park bewiesen hat, von Westen nach Osten; wiewohl der Ort und die Art seiner Beendigung nicht genau bekannt sind.

2) Der Ort der entfernten Quelle des Nils, ein Problem aller Zeiten. Obgleich dieser Ort nicht wirklich besucht worden ist, so haben wir doch Browne's Nachrichten deshalb, auf die wir um so größeres Vertrauen setzen können, da sie so gut mit den Berichten, die Ledyard zu Cairo von den Bewohnern Darfurs empfing, mit den Nachrichten der Arabischen Erdbeschreiber, und mit den von Maillet in Egypten übereinstimmen.

3) Die Gegend der Oasis und die Ueberbleibsel des Tempels des Jupiter Ammon — Browne's Entdeckung, die von Hornemann bestätiget worden ist — so wie auch die genaue Angabe der Lage und des Umfanges der größern und kleinern Oasis, durch die Bemühungen desselben Reisenden.

4) Der Wohnplatz derjenigen Nation, die bey den Alten den Namen der Garamanten hatte — nach eingesammelten Nachrichten durch die Afrikanische Gesellschaft.

5) Die Beantwortung der Frage den Lotus betreffend, den man jetzt kennt wie er von den Alten beschrieben ist, wenn man nämlich das Dichterische ihrer Beschreibung hinwegnimmt. Das Verdienst dieser Aufklärungen gehört größtentheils Herrn Park.

6) Bestätigungen gewisser von den Alten angegebenen Thatsachen; als

a) Einsammlung der Datteln der entfernten Gegenden im Innern durch die Bewohner der Seeküste.

b) Der Mons ater des Plinius; nämlich die schwarze Harutsch;

c) Die Lage der Stadt Memphis, von welcher man nichts Bestimmtes wußte.

d) Die merkwürdigen Befestigungen zu Bubastis in Nieder-Egypten durch die Französischen Gelehrten in Egypten dargethan. *)

Obgleich wir nur einen Theil dieser Entdeckungen Männern zu verdanken haben, die von der Afrikanischen Gesellschaft ausgesandt worden sind, so ist es doch wahr-

*) Man vergleiche die Beschreibung, die Herodot (Euterpe 137, 138) von diesem Bubastis giebt, mit der in der Reise am Tanitischen Arme des Nils in den Mémoires sur l'Egypte S. 215 u. f. — Auch das Geogr. System.

scheinlich, daß derjenige Reisende, dem die Ehre der wichtigsten unter denselben gebühret, zu seinen Untersuchungen hauptsächlich durch die früheren Verhandlungen dieser Gesellschaft bestimmt worden ist, die einige Jahre vor der Antretung seiner Reise gestiftet wurde.

Nach-Schrift.

Als ich obige Abhandlung schrieb, wußte ich nicht, daß in Hornemanns Briefe vom 6ten April 1800, von Mursuck, folgende Stelle *) befindlich ist: „vor einigen „Tagen sprach ich einen Mann, der Herrn Browne in „Darfoor gesehen hatte. Er gab mir einige Nachrichten „in Hinsicht der Gegenden, durch die derselbe gereiset war, „und sagte, die Vereinigung des Niger mit dem Nil sey „nicht zu bezweifeln, aber vor der regnigen Jahreszeit sey „sie sehr unbedeutend, denn der Niger ruhe in der trocknen „Jahreszeit oder sey non fluens.“

Kann man der Nachricht dieses Gewährsmannes Glauben beymessen, so wird durch dieselbe zweyerley bewiesen:

Erstens, daß der Niger und Nil (d. i. der westliche Arm oder der weiße Strom) keineswegs ein und derselbe Fluß sind, sondern daß im Gegentheile ihre Quellen vollkommen verschieden seyn müssen. Wir wissen nämlich bestimmt, daß der weiße Strom zu allen Jahreszeiten sehr ansehnlich ist; da wir nun hier erfahren, daß der Niger während der trocknen Jahreszeit dem Nil nur

*) S. 122.

eine geringe Menge Wasser abgiebt, so muß das Wasser des letztern einen andern Ursprung als den aus dem Niger haben.

Fürs andere wird dadurch bewiesen, daß während der trocknen Jahreszeit das Wasser des Nigers im Innern des Landes fast gänzlich verdunstet; eine Thatsache, die von Manchen, der weniger mit den Erscheinungen des Verdunstens bekannt ist, bezweifelt werden dürfte.

Die oben erwähnte Kommunikation möchte vielleicht die zwischen den Seen Wangara und Fittré seyn, die vom Edrisi, als ein Theil der Straße für den Salz-Handel längs dem Niger beschrieben worden ist. — Ich wiederhole hier, daß der Misselàd auf der Charte dem obern Theile des Nigers des Edrisi entspricht.

J. Rennell.

Bemerkungen über die Sprache der Siwaher.

Von
Willhelm Marsden.
Sekretär der Admiralität. In einem Briefe an den Herrn Geheimen-Rath Baronet Banks.

Werther Herr!

Ich bin ihnen für die gütige Mittheilung der kleinen Probe, welche Herr Hornemann von der Sprache gegeben hat, die zu Siwah, oder in der Oasis des Jupiter Ammon, in der Libyschen Wüste, geredet wird, und die nicht geringe Neugierde in mir erregt hatte, sehr verbunden. Es wird ihnen Freude gewähren, dafür zu erfahren, daß, ungeachtet des zu beklagenden Verlustes der Papiere, den unser Reisender erlitt, und wodurch, in Ansehung der Richtigkeit des in der Folge nach dem Gedächtnisse aufgezeichneten, bey Manchem einiger Zweifel entstehen könnte, ich doch im Stande gewesen bin, die Wörter, welche er eingesandt hat, in einem der bereits bekannten Dialekte Afrikas wieder zu erkennen und dadurch das Zutrauen, welches wir in die Genauigkeit dieses eifrigen und unternehmenden Mannes setzen, um so mehr zu rechtfertigen.

Da ich keine vorläufige Kenntniß von dem ansehnlichen Volke hatte, welches er die Tuarick nennt, und von deren Sprache, wie man ihn berichtete, die Siwahische ein Dialekt ist, so richtete ich zuerst meine Aufmerksamkeit auf die Wörter-Verzeichnisse, welche ich von den Sprachen der verschiedenen Neger-Stämme im nördlichen Theile des festen Landes besitze; war aber nicht im Stande in einem derselben nur die geringste Spur von Aehnlichkeit aufzufinden. Ich setzte darauf meine Vergleichungen durch das Arabische, Hebräische, Syrische, Chaldäische und die verschiedenen Zweige des Aethiopischen fort; aber wiewohl ich hin und wieder einige entfernte Verwandschaft zu finden glaubte, so war sie doch nie hinlänglich. Ich untersuchte hierauf die Sprache, welche von den Bewohnern des Berges Atlas geredet wird, und in Marocco unter dem Namen Schilha شلح, und Breber oder Berber بربر, in dem Lande selbst Amasigh أمزيغ, bekannt ist, und hier hatte ich das Vergnügen, Aufklärung über den Gegenstand meiner Untersuchung zu finden. Folgende Beyspiele werden ohne Zweifel hinlänglich seyn, zu beweisen, daß die Sprachen der, durch die ganze Breite Afrikas von einander getrennten Gegenden, Siwah und Schilha, eine und dieselbe sind. Bey so großer Uebereinkunft in den Wörtern halte ich es kaum für nöthig, zu erinnern, daß, in Ansehung der orthographischen Verschiedenheit, billigerweise auf die verschiedenen Umstände, unter denen Sammlungen dieser Art gemacht werden, Rücksicht zu nehmen sey:

	Siwah:	Schilha:
Kopf	Achfè,	Eghf, Eaghph.
Augen	Taun,	Tet, Tetten, Awin.
Hand	Fufs,	Efus, Aphoofe.
Wasser	Aman,	Aman.
Sonne	Itfuct,	Taffought, Tafogt.
Kuh	Ftuneft,	Tefnaft, Taphoueft.
Berg	Iddrarn,	Adarar.
Datteln	Tena,	Tini, Teeny.

Die früheste Nachricht, welche wir, so viel mir bekannt ist, von der Schilha-Sprache aufzuweisen haben, ist diejenige, welche Jesreel Jones in einem, am Ende von Chamberlayne's Oratio Dominica 1715 befindlichem Briefe mitgetheilt hat. Er sagt: „Lingua Shilhenfis vel *Tamazeght*, praeter planities *Meffae*, Hahhae et provinciam Darae vel Drà, in plus viginti viget provinciis regni Sûs in Barbaria meridionali. Diverfae linguae hujus dantur dialecti in Barbaria, quae ante arabicam, primariam Mauritaniae Tingitanae et Caefarienfis provinciarum linguam ibi obtinuere, et hodiernum inter Atlanticorum Sûs Dara et Reephean Montium incolas folum exercentur." Diesem ist eine Liste von etwa hundert Wörtern hinzugefüget. Auch in dem vortrefflichen, von Georg Höst im Jahre 1779 in Dänischer Sprache herausgegebenen Werke, über Marocco, befindet sich ein kurzes Wörterbuch dieser Sprache, in welchem die Wörter, wie es scheint mit Genauigkeit, in Arabischer Schrift mitgetheilt sind.

Vor mehreren Jahren hatten Sie die Güte, dem K. Groß-Britannischen Konsul zu Marocco, Herrn Matra — einem Manne, dessen Eifer, nützliche, besonders aber den Zweck der Afrikanischen Gesellschaft betreffende, Kenntnisse zu verbreiten, das größte Lob verdient — von mir ein Exemplar eines langen Verzeichnisses Englischer Wörter zu übersenden, welches ich, um das Studium der Sprachen zu erleichtern, die man nicht in den Wörterbüchern findet, dem Drucke übergeben und vertheilt hatte. Ich empfing darauf von Herrn Matra, durch Sie, einen ungemein schätzbaren Beytrag. „Beykommendes Verzeichniß" sagt er in einem dasselbe begleitenden Briefe von 1791, „ist „nicht das gedruckte Exemplar, welches mir Herr Marsden „überschickt hat, sondern eine genaue Abschrift desselben. „Jenes ist, mit Uebersetzung der Wörter in das Arabische, „nach Tombuctu geschickt worden; doch befürchtete ich, „daß wenig Hoffnung zur Rückkehr desselben vorhanden „ist." — Wirklich ist dieses Exemplar nicht zurückgekommen; aber die Abschrift desselben, die ich empfangen habe, enthält die Uebersetzung aller Wörter in den Mauritanischen Dialekt des Arabischen, wodurch man einen Talb oder Priester aus dem Lande Schilha in den Stand setzte, jedem Worte das ihm entsprechende seiner eignen Sprache, mit denselben Charakteren gegenüber zu schreiben. —

Selbst als ich noch glaubte, der mir übersandte Beytrag beziehe sich allein auf die westliche Küste von Afrika, habe ich ihn immer als ein sehr merkwürdiges Dokument betrachtet. Aber um vieles wichtiger würde er dem Sprachforscher werden, sollte es sich finden — wie ich Gründe habe es zu vermuthen — daß die Schilha oder Berber, in der Richtung zwischen den Neger-Dialekten an der südlichen Seite, und den Moorischen oder Arabischen Dialekten der Küsten des Mittelmeeres, sich durch das ganze Land erstreckt, und daß sie, vor den Mahometanischen Eroberungen die allgemeine Sprache des ganzen nördlichen Afrika gewesen sey. Außer den wirklich Arabischen Wörtern die bey Ausübung dieser Religion nicht fehlen können, glaube ich auch in derselben eine große Verwandschaft mit derjenigen Klasse der orientalischen Sprachen zu bemerken, die bey Deutschen Schriftstellern unter dem Namen Semitic vorkommt. Sollte dieses wirklich so seyn (wiewohl Höst der entgegengesetzten Meynung ist,) so ist es nicht unwahrscheinlich, daß wir in ihr das alte Punische wieder finden, welches durch die von den Kolonien oder Armeen der Griechen, Römer und Gothen eingeführten Wörter verdorben wurde, und sich zuletzt wieder, durch Verbindung mit dem Neu-Arabischen, mit einem Arme des ursprünglichen Stromes vermischte.

Spring-Garden

d. 1sten May 1800. Ich bin u. s. w.

N. M.

Nach-Schrift.

Seitdem ich obige Bemerkungen niedergeschrieben habe, sehe ich aus dem, die Oasis des Jupiter Ammon betreffenden Kapitel des vortrefflichen Werkes meines Freundes, des Major Rennells (The Geographical System of Herodotus examined S. 589. 590.) daß die Ammenier, nach

Herodots Meynung, aus Egyptern und Aethiopern bestanden, und daß ihre Sprache aus den Sprachen dieser beyden Nationen gebildet war, welches auch zu der Zeit dieses Geographen der Fall möge gewesen seyn; die Arabischen Geographen Edrisi und Ibn Al Ward, behaupteten aber, Santarich (welches, wie Herr Major Rennell bewiesen hat, die Oasis des Jupiter Ammon oder Siwah ist,) sey von Berber mit Arabern untermischt bewohnt gewesen.

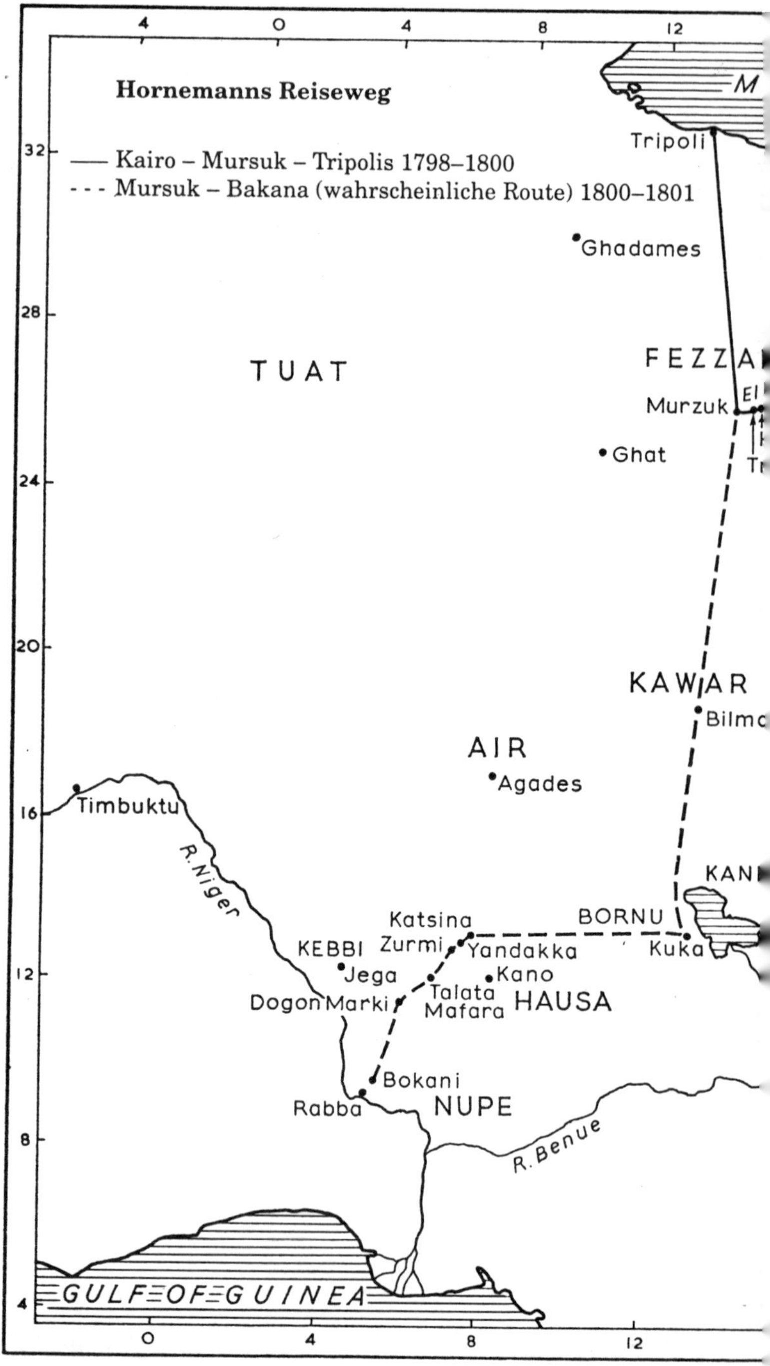
Hornemanns Reiseweg
—— Kairo – Mursuk – Tripolis 1798–1800
- - - Mursuk – Bakana (wahrscheinliche Route) 1800–1801
Tripoli
Ghadames
FEZZA
TUAT
Murzuk
Ghat
KAWAR
Bilma
AIR
Agades
Timbuktu
R. Niger
KANI
BORNU
Katsina
Zurmi
Yandakka
Kuka
KEBBI
Jega
Kano
Talata Mafara
HAUSA
Dogon Marki
Bokani
Rabba
NUPE
R. Benue
GULF OF GUINEA